Ruta Alterna

Ruta Alterna

Por
Enrique Lopetegui

Índice

Invocación..........9
Dedicatoria..........11
Che Zapata..........12
Pitos y matracas..........15
Prólogo por Gustavo Santaolalla..........18
Intro y agradecimientos..........25
MTV Latino..........33
Roco (Maldita Vecindad)..........38
Charly en el Palace..........43
La Castañeda..........48
La Ley..........53
Maná..........58
Rita Guerrero..........63
Alejandro Marcovich..........67
MTV Latino y Sergio Arau..........72
Divididos..........76
Calendario Rockero '94..........81
Rocanrol en L.A...........85
Miguel Mateos..........90
Divididos 2..........94
Sergio Arau..........99
Rocanrol en La Cadena Deportiva..........103
Café Tacuba vs. los eunucos..........106
Revolución '94..........110
El Ave Félix..........115
Carlos Vives..........120
Louis McCorkle..........124

Maldita Vecindad en Revolución '94 128
La Cama 132
Alex Lora 136
Víctimas del Dr. Cerebro 141
León Gieco 146
Rock sin slam = taco sin salsa 151
Re: ¿El disco del año? 156
La Cama y el *slam* 160
Los Fabulosos Cadillacs 164
Pedro Aznar 170
Rockangol 175
La Cama 2 180
Pappo 183
Rocanrol en Montreux 187
Chau Maná 191
Carlos Varela 196
Re 200
Culebra y L.A 204
Pappo y Lora 207
Lora y Pappo 211
Spinetta 216
Mucho público, poco apoyo 222
El sueño de la gallina 226
La Jornada Rockera 231
Retorno al paisito 235
Resumen porteño 239
Gases del oficio 243
10 años de rock argentino 249
Botellita de Jerez 253

Big Top Locos...259
Alejandra Guzmán..263
El Guateque (El Rock de la Cárcel)..................268
Voz D'Mano..275
Rok Era...280
Adiós Miguel..284
Boom..289
Yendo de La Cama al Hotel...........................294
1995..298
Lo mejor/peor del '94....................................303
Los de afuera son de palo..............................308
Caracol Puccini...313
Tequila Soul...317
Los Fabulosos Cadillacs 2..............................323
La Culebra Solitaria......................................330
Circo Fito...335
L.A. *hija de la lágrima*....................................340
Tex Tex...344
María Fatal...347
Víctimas 2...350
We Fought the Law..354
Mano a mano en el Palace.............................359
Mirage..362
Tijuana No..366
Maná 2..370
La moda según Byron...................................374
Semana rockera..378
Sobre el autor...384

Texto © 2020 por Enrique Lopetegui.
Dibujo de portada de Lalo Alcaraz, concepto de Enrique Lopetegui, publicado por *Nuestro Tiempo* en 1994.
Diseño de portada de Enrique Lopetegui y Guillermina Zabala.
Diseño general: Haig Norian y Cascade Press.

Con excepción de "Che Zapata" (creada especialmente para esta edición en 2020), todas las fotos e ilustraciones de este libro fueron publicadas originalmente en *Nuestro Tiempo* en las fechas indicadas en los capítulos.

Primera edición © 2020 por Enrique Lopetegui, © 2020 Yulelé Media. Todos los derechos reservados.

Queda prohibida la utilización o reproducción total o parcial de este libro sin el consentimiento por escrito, a excepción de las breves citas contenidas en los artículos y reseñas críticas.

Enrique Lopetegui. *Ruta Alterna*.
Rock en español en Los Ángeles (1993-1995).

ISBN edición de bolsillo 978-1-7353457-0-3
ISBN (EBK) 978-1-7353457-1-0

Contacto con el autor: candombe108@yahoo.com

*om ajnana-timirandhasya jnananjana-salakaya
caksur unmilitam yena tasmai sri-gurave namah
sri-caitanya-mano-'bhistam sthapitam yena bhu-tale
svayam rupah kada mahyam dadati sva-padantikam*

*vancha-kalpatarubhyas ca krpa-sindhubhya eva ca
patitanam pavanebhyo vaisnavebhyo namo namah*

हरे कृष्ण हरे कृष्ण , कृष्ण कृष्ण हरे हरे
हरे राम हरे राम , राम राम हरे हर

Para Shanti y Guillita Babau.

Para Rubita y Guillo.

Para lxs rockerxs latinoamericanxs de Los Ángeles de los '90. Como mínimo, esta parte de la historia ya no se va a perder.

Para los que siguen al pie del cañón, especialmente los músicos (de ayer y hoy) y lxs periodistas jóvenes que agarraron la posta.

A la memoria de los fallecidos Rocky Macías, Octavio Hernández y Miguel Ángel Rodríguez, gladiadores rockeros cuyo trabajo merece ser compilado y publicado porque también fueron parte importante de esta historia.

Para mí.

"Si estas palabras te pudieran dar fe/si esta armonía te ayudara a creer/yo sería tan feliz, tan feliz en el mundo/que moriría arrodillado a tus pies". (Charly García, "Cerca de la revolución")

"Y que los eunucos bufen". (Roberto Arlt)

CHE ZAPATA
Gran Caudillo de Ruta Alterna

"El verdadero rockero está guiado por grandes sentimientos de amor a la buena música. Prefiere morir de pie que vivir arrodillado al ritmo del reggaetón".

(Ilustración de Ashley Perez parcialmente basada en la foto "Guerrillero Heroico", de Alberto Korda. Idea de Enrique Lopetegui y Guillermina Zabala. Ilustración usada con permiso del Alberto Korda Estate. Foto original de Emiliano Zapata cortesía CSU Archives/Everett Collection/ Alamy Stock Photo. PROHIBIDA SU REPRODUCCIÓN.)

Pitos y matracas

"Hay periodistas que, además de manejar ideas, acumular datos y escribir bien, ostentan un don misterioso: el de la ubicuidad. Enrique Lopetegui pertenece a ese selecto grupo. Estuvo en el lugar exacto, en el momento exacto. Cuando el rock sajón parecía algo fatigado, llegó con su lupa y puso en foco los manantiales latinos. El rock se acordó de su condición de género esponja, de su esencia de ritmos y etnias fraguadas, de su indispensable tendencia al hibridaje. Y ahí estaba: escaneando el aluvión de las periferias que, como suele ocurrir, se acercan al centro con la fuerza centrípeta de un tifón. Lopetegui trazó su propio mapa musical y definió un triángulo virtuoso formado entre México, Argentina y su Uruguay natal. Y más allá también. Desde Los Ángeles fue el cronista de Indias de otro descubrimiento de América.

La última vez que lo vi fue en una pantalla de Zoom; la anteúltima, un domingo de sol en el Cilindro de Avellaneda, el estadio del glorioso Racing Club. Me unen a él demasiadas cosas: además de la Academia, el amor por la música uruguaya y el rock argentino, por Rubén Paz, por las buenas historias. Yo celebro estas columnas en castellano, este libro. Lopetegui es un testigo que ve el revés de la trama. En tiempos pre-internet, fue clave en la difusión del rock latino.

Si, como se dice, el periodismo es el borrador de la historia, estos artículos van en ese sentido: son, ni más ni menos, que los fragmentos de una conquista, las piezas de un puzle que revela la imagen de una escena vigorosa: la de los '90, que puso al rock patas para arriba para siempre". — **Mariano Del Mazo** (co-autor de *Patricio Rey y sus Redonditos de Ricota* junto con Pablo Perantuono, y autor de *Entre lujurias y represión: Serú Girán, la banda que lo cambió todo* y *Sandro, el fuego eterno;* dos veces ganador del Premio Konex)

"Disfruté tremendamente trabajar con Enrique Lopetegui, quien fue una gran adición a la sección de música pop de *Los Angeles Times*. Él no solamente escribe sobre música, sino que su manera de pensar y estar interesado en ella lo ayuda a explicar el papel que la música juega en nuestra vida y cultura". — **Robert Hilburn (crítico de música pop en *Los Angeles Times* entre 1970 y 2005 y autor de *Corn Flakes with John Lennon and Other Tales From a Rock 'n' Roll Life, Johnny Cash: The Life* y *Paul Simon: The Life*)**

"Mención especial merece la columna 'Ruta Alterna' de Enrique Lopetegui, que se publicaba en un suplemento (ya desaparecido) de *Los Ángeles Times*, entre [1993 y 1995]. Lopetegui era irreverente, prolífico y siempre se esforzaba por darle espacio a las bandas locales". — *Al Borde,* **"200 momentos del Latin Alternative"** #11

"Enrique Lopetegui es, como nosotros mexicanos decimos de gente genial, un pinche chingón. Sus artículos siempre han sido chistosos, educativos, pioneros, y nunca aburridos. ¡Un uruguayo muy gallo! Y un verdadero *rockero god*". — **Gustavo Arellano** *(Ask a Mexican!, OC Weekly, Los Angeles Times,* **dos veces ganador de los *AAN Awards* entregados por la *Association of Alternative Newsweeklies*)**

"Nuestros caminos se han cruzado un número de veces. Las mismas avenidas que nos acercan, nos alejan, pero sólo físicamente, porque siempre hemos tenido gustos parecidos. Documentar el amor por el rock en español, por la música cantada en tu idioma, aquel desvelo de los '60, fue lo que nos ha puesto en un mismo plano en distintos momentos de las últimas décadas. Enrique tuvo un rol clave para las bandas hispanas en los Estados Unidos y me tocó descubrirlo y corroborarlo desde distintos puntos del mapa. Primero desde Argentina, donde las noticias publicadas por un medio prestigioso como *Los Angeles Times* significaban poco menos que una consagración prematura, o — cuanto menos — el punto más alto a nivel prensa y difusión en la carrera de una banda. Como editor del Suplemento Joven del diario *Página/12* —

cargo que me dio la oportunidad de mi vida, porque me dio visibilidad y me permitió ser contratado por MTV a mediados de los '90 — vi a Enrique darle la entidad que los argentinos sabemos que ciertos artistas nuestros tienen... pero él lo hacía para el gran público y en Estados Unidos, nada menos que desde Los Ángeles, una de las tantas mecas del género. Y en ambos idiomas. Para los artistas, ser tratados con respeto y devoción no es cosa de todos los días. Que eso suceda en EE.UU. es altamente improbable. Pero ahí estaba Enrique haciendo escuela. No tantos años después, una de esas vueltas del mercado laboral nos puso en el mismo equipo de verdad: por un buen tiempo Enrique puso palabras en mi boca para que las leyera en forma de noticias en el proyecto *Radio MTV*. Como conductor del noticiero panregional que, por primera vez, estaba uniendo la información sobre creaciones y conquistas de las bandas de todo el continente, no daba abasto para escribir guiones radiales cuando el equipo de *Noticias MTV* amplificó su alcance y, a la tele, se sumó la radio. Como amante de las palabras y celoso defensor de los textos bien escritos, no me gusta dejar en manos de otro el escribir las palabras que luego me toca decir poniendo la cara. Por suerte, estaba Enrique para hacerme la vida más fácil". **— Javier Andrade (conductor de *Noticias MTV* en 1995-1999 y actual Project Manager en Programación de DIRECTV para América Latina)**

Prólogo
Por Gustavo Santaolalla (*)

(Gustavo Santaolalla por Alejandra Palacios)

Éste es un libro que tenía que hacerse y Enrique Lopetegui es la persona indicada para compilarlo.

En estos últimos tres años recorrí Latinoamérica con el concierto "Desandando el Camino", en donde presenté mi álbum solista *Raconto* el cual, a su vez, traza un recorrido de mi vida y mi carrera a través de mis canciones. México, al igual que todo el resto del continente, siempre me trató muy bien. El cariño y el respeto de la gente es la mejor recompensa a muchos años de trabajo y dedicación a la música. Luego de esta última recorrida por la región, una de las cosas más gratificantes que percibí es el impacto que aún tiene en más de una generación de latinoamericanos el rock en español de los '90.

La primera camada fue **Caifanes**, **Maldita Vecindad**, **Café Tacuba**, **Los Prisioneros**, **Soda Stereo**, **Aterciopelados**, **Los Fabulosos Cadillacs**, **La Lupita**, **Santa Sabina**, **Fobia** y otros. Después vino una segunda camada que fue **Control Machete**, **Molotov**, **Julieta Venegas**, **Peyote Asesino**, **La Vela Puerca**, **Árbol**, etc., y finalmente surgió la hoy ya establecida y reconocida banda **Zoé**, quienes llegaron a la escena con un sonido más reminiscente a los '80, cerrando así de alguna manera esa década de una creatividad realmente destacable. Esos '90s quedaron registrados como años fundamentales para el desarrollo y crecimiento del rock en español, en la región y en el mundo. Me siento muy orgulloso de haber sido parte y también contribuido a que nuestra música alternativa, nuestro rock en español, llegara a ser visto y apreciado en el planeta a la par del rock anglo ya establecido. En México hoy, discos como *Re*, como *El circo* o *¿Dónde jugarán las niñas?* marcaron definitivamente a una generación.

Enrique Lopetegui retrató esa época de una manera muy especial y fidedigna, y por eso el contenido de este libro es muy valioso. Cuando Enrique me comentó que estas columnas no se conseguían en internet y que sería ésta la primera vez que se podrían leer desde los años '90, no dudé ni un segundo en transmitirle mi entusiasmo por el proyecto. Uno de los primeros artículos que releí fue la columna que trata sobre la primera vez que nos juntamos Enrique, algunos integrantes de **Café Tacuba**, el ingeniero **Tony Peluso** y un servidor a escuchar de punta a punta, y por primera vez, *Re*, el icónico álbum de los Tacubos. Ése es el ejemplo perfecto de una de las tantas veces que a Lopetegui le tocó estar ahí, antes que nadie, en momentos claves de la historia del rock en español.

Como bien lo ilustran estas páginas, Lopetegui con su oído y visión crítica pronosticó el impacto que *Re* iba a tener. Lo mismo puede decirse de tantos otros álbumes que también marcaron la época, como *El circo* (Maldita Vecindad), *¿Dónde jugarán las niñas?* (Molotov) y *La era de la boludez* (**Divididos**). El primero vendió más de un millón de copias y el segundo más de dos, cifras totalmente disparatadas para los parámetros de la industria en esa época. Es importante contextualizar un poco más esos momentos.

Antes que nada, Lopetegui escribía en inglés

y en español para *Los Angeles Times* (el diario más importante de Los Ángeles y uno de los más importantes de EE.UU.). En inglés para la sección Calendar bajo la dirección del legendario **Robert Hilburn**, y en español para *Nuestro Tiempo*, la revista semanal en español del *Times*, donde estas páginas fueron publicadas por primera vez. Trabajar para *Los Angeles Times* y que Hilburn lo hubiera tomado bajo su ala calificaba a Lopetegui como *la* persona, *la* autoridad en la materia, el individuo con la capacidad necesaria, tanto en lo musical como en lo periodístico, de ser el cronista del pujante y ecléctico movimiento del rock en español de EE.UU. y de su capital natural, Los Ángeles. La combinación de su momento personal y la época en sí logró un fenómeno que golpeó en mí fuerte y tuvo gran influencia en mi propio desarrollo profesional.

Todo empezó cuando, a principios de 1993, **Jessica Chornesky** (entonces mánager de Café Tacuba) me llamó por teléfono para comentarme que el *Times* estaba buscando a alguien para escribir de música latina. Ella inmediatamente pensó en Lopetegui, pero antes de recomendarlo me llamó para preguntarme qué me parecía la idea. Inmediatamente le dije que ésa era la mejor opción.

Tiempo después, ya trabajando en el *Times*, Enrique publicó en la revista dominical (en inglés, con una circulación de casi un millón de ejemplares) una especie de guía para aquellos interesados en el movimiento con las que, a su juicio, eran las 10 mejores bandas de rock en español en ese momento. **Zach Horowitz** (entonces presidente de Universal Music Group), interesadísimo en el tema través del artículo, llamó a Lopetegui al *Times* para invitarlo a almorzar. Varias de las bandas que formaban parte de la selección que había hecho Enrique habían sido producidas por mí y mi socio **Aníbal Kerpel**, pero nosotros, hasta ese momento, no teníamos relación de ningún tipo con Lopetegui.

En el encuentro, Zach le preguntó quién sería la persona indicada para liderar un sello especializado en música alternativa como productor ejecutivo y cazatalentos. Lopetegui le dio mi nombre. Eso resultó en la creación de mi sello **Surco**, que dio discos como los primeros tres de **Juanes**, Molotov, **Bersuit Vergarabat**, La Vela Puerca y tantos otros.

Fue Lopetegui quien me hizo escuchar a Bersuit por primera vez, fue él la persona obsesiva que me mostró (¡por teléfono!) por primera vez a La Vela Puerca. Recuerdo que me pasó fragmentos de varios temas pero, luego de escuchar "Mi semilla", supe que debía trabajar con ellos. Fue Lopetegui quien le hizo escuchar "Amándote" a **Rubén Blades** (el clásico de **Jaime Roos** terminó en *La rosa de los vientos*, de 1996, que le valió otro Grammy a Blades). Historias como éstas hay varias, pero la influencia de Lopetegui en los años '90 va más allá de simples momentos puntuales.

Siempre hay buenos grupos en todas las épocas, pero los años '90 fueron fundamentales en lo que hace a la historia, desarrollo y popularidad del rock en español, y Los Ángeles jugó un papel clave en esa historia.

Los Ángeles es la ciudad donde más mexicanos hay en el mundo luego de la Ciudad de México, y el hecho de que Lopetegui estuviera allí, en ese preciso instante, resultó en una combustión especial e inusual: un cronista que no sólo estaba en contacto con el rock mexicano, sino que conocía bien el nacimiento y desarrollo del rock argentino y que siempre vio al fenómeno como una cosa global y no circunscripta a un país. Su figura fue creciendo a medida que crecía el movimiento también.

Cualquier banda de Latinoamérica de rock en español que tuviera la pretensión de internacionalizarse, tenía que pasar por Los Ángeles.

Ése es el contexto donde apareció Lopetegui y, después de años de conocerlo a él y a su trabajo, decidí invitarlo a que escribiera los *liner notes* de los discos de **Bajofondo**. Porque, al hecho coyuntural del momento y a la capacidad periodística e informativa de Enrique, hay que sumarle un estilo inconfundible. Una identidad que lo separa y destaca. Las notas de Lopetegui comunican con una escritura que tiene MUCHA GARRA, mucho *bite*. Sus escritos siempre tienen una vuelta de tuerca más. Sus frases tienen colmillo y adrenalina. Hay gente que puede escribir de una manera muy erudita y fundamentada, pero adolecen de ese *punch*, ese *edge*, ese filo que me gusta tanto en la música como en la palabra y que está muy presente en todo el trabajo de Lopetegui. Para los álbumes de **Bajofondo**, el hecho de que él fuera uruguayo fue, sin dudas, un *plus*, porque al ser un proyecto rioplatense, una banda argentino-uruguaya, sus *liner notes* siempre expresaron, con su mejor estilo, la identidad tan importante en la propuesta del grupo.

Creo que una de las características que

marcaron a grandes cronistas del rock mundial es esa sensación de peligro e inmediatez que está presente en sus trabajos. Lopetegui siempre tuvo de las dos. Tuvo también la oportunidad de estar (y darse cuenta de que estaba) en el lugar justo en el momento adecuado. Muchos de los álbumes que han marcado la historia del rock en español sobre los cuales escribió Enrique se gestaban en los países de origen de las bandas (Chile, Colombia, México, Argentina, Uruguay, etc.) pero luego se grababan y masterizaban aquí en Los Ángeles. Lopetegui estuvo en medio de esos cruces de caminos y, con su pluma, hizo otros caminos que se sienten y que vibran intensamente hasta el día de hoy.

Me alegra de corazón que salga este libro. Era hora.

Los Ángeles, mayo de 2020

(*) **Arco Iris, Soluna, Wet Picnic, Bajofondo,** artista solista. Ganador de un Golden Globe y dos Oscars por la música de *Brokeback Mountain* y *Babel*. Multiganador de los premios Grammy y Grammy Latino. Productor de **León Gieco, Juanes, Molotov, Divididos, Maldita Vecindad, Caifanes, Café Tacuba, Julieta Venegas** y muchos otros. Compositor de la música del videojuego *The Last of Us*. Ganador de dos BAFTA y cuatro Premios Konex.

INTRO Y AGRADECIMIENTOS DEL AUTOR

Nunca quise sacar un libro. Carezco de la disciplina y paciencia para un proyecto de tal magnitud, y haber terminado éste confirmó todas mis reservas al respecto (estoy exhausto y repodrido de reteclear cosas que escribí hace 23 años). Ni siquiera haré demasiada promoción porque no me gusta ser esclavo de mi trabajo. Ojalá les guste y muchos lo compren, pero yo nomás necesitaba sacármelo del sistema, por algo que pasó en 2018:

Por un lado, la vigencia de *La Banda Elástica* (la revista y su presencia radial *online*), que me hizo notar una especie de *revival* de la movida de rock en español en Los Ángeles de los '90. Por el otro, la realización de que mis columnas de esa época ("Ruta Alterna", nombre que se me ocurrió después de ver un letrero que decía *alternate route* en una autopista de Los Ángeles, término que describía a la perfección lo que yo quería hacer en mi nuevo espacio) no estaban disponibles en internet.

Me molestó que esa parte de la historia quedara en el olvido, y no necesariamente por el valor de mi trabajo, necesariamente; como verán, algunas columnas están mejor (o peor) que otras. Pero lo importante de esas páginas es lo que hicieron y dijeron las personas sobre las cuales yo escribí. Fue un momento vibrante de la historia musical latina en L.A. y decidí embarcarme en el proyecto, el cual no me sacó canas verdes solamente porque ya no me queda pelo. Éste no es "mi" libro, sino el libro (parcial) de **María Fatal**, **Los Olvidados**, **Voz D'Mano** y tantas otras bandas y solistas locales (o "importados", como los inigualables **Café Tacuba**) que me movieron la calavera por lo que hicieron arriba y abajo del escenario. A ellxs, todo mi respeto. El deber de escribir la historia completa de esos años (una etapa que yo, en lo personal, creo que empezó en los '80 con **Botellita de Jerez** y "La Negra Tomasa", de **Caifanes**, y siguió con muchxs otros protagonistas) es trabajo de alguna otra persona, un libro que me encantaría leer.

En cuanto al contenido y la forma de este libro, van algunas aclaraciones:

- No están todas las columnas, sino las que pude conseguir (calculo que tengo un 80 por ciento de la colección). Originalmente, fueron publicadas en *Nuestro Tiempo* (semanario en español publicado por *Los Angeles Times*), pero ni siquiera el *Times* tiene la colección completa. Si alguien tiene las que faltan, ubíquenme y, quizás, valga la pena sacar una segunda edición más completa.

- El lenguaje "inclusivo" (no me gusta leerlo ni escucharlo, pero lo apoyo) no existía en los '90, así que opté por mantener los textos originales, salvo en secciones como ésta que escribí en 2020.

- Algunos capítulos necesitaban actualizaciones imprescindibles, las cuales incluí entre corchetes y en letra cursiva y con el "2020" adelante.

- En México se dice "futBOL" en lugar de "fútbol", y es un estilo que se respeta como si fuese algo sagrado. Aunque Ruta usaba "futbol", en este libro lo cambié a "fútbol" porque así hablo y escribo yo y porque este libro será leído (espero) no solamente por mexicanos. De todas maneras, al **Chavo del Ocho** o a **Cantinflas** (genios ambos) jamás les pedimos que cambiaran su manera de hablar para que los rioplatenses pudieran entenderlos, así que bánquense el "fútbol" y no me rompan. :)

- Mantuve el 99 por ciento de los textos originales,

pero *typos*, redundancias, o fechas y nombres equivocados los cambié por razones obvias. Por ejemplo, por años llamé "cachanillas" a las bandas de Tijuana, cuando los cachanillas son de Baja California, sí, pero de Mexicali, no Tijuana, y una vez llamé Fernando "Morales" a **Fernando Ramírez**, de María Fatal. En esos casos opté por corregir, porque hubiese sido estúpidamente innecesario no hacerlo. Otra cosa: **Café Tacuba** es **Café Tacuba**, como los conocimos al nacer, y no "Tacvba", como se los conoce ahora (siempre pensé que no había que darle demasiada bola a una estilización relacionada con el diseño gráfico, *but I might be wrong*). El día que uno de los tacubos me diga que va con "v", lo cambio.

- Los números de teléfono y direcciones fueron cambiados a "X", por razones obvias.

- Para los apellidos compuestos que aparecen escritos con o sin guión en diferentes fuentes, opté por escribirlos como las personas mismas los escribieron en sus cuentas sociales o discos personales. Por ejemplo, **Armando Vega Gil** (QEPD) y **Federico Gil Solá** van sin guión.

- Por alguna estúpida razón, en EE.UU. se acostumbra a traducir los nombres de los lugares donde se llevaron a cabo las tocadas, pero de una manera arbitraria: el Universal Amphitheatre se convierte en el innecesariamente largo "Anfiteatro de los Estudios Universal", mientras que el Madison Square Garden, si estuviera en L.A., no sería el "Jardín de la Plaza Madison", ni nada por el estilo, sino que se mantendría el nombre original. Por lo tanto, para este libro decidí mantener el nombre original de los *venues* en lugar de hacer traducciones horribles. De nada.

- Muchos de los títulos de cada capítulo fueron escritos por mí para este libro. Los títulos originales (que escapaban a mi control), por problemas de diseño y falta de *swing*, fueron cambiados porque eran horribles. Los que puse yo no son la gran cosa, pero créanme cuando les digo que los cambios valieron la pena.

- En general, los textos son muy similares a sus versiones originales (digamos en un 85-90 por ciento), pero pulí y eliminé cosas de cada capítulo para que se parezcan más a mí en 2020. Entre mantener la "fidelidad histórica" y hacer todo lo posible por hacer que la lectura fuese menos dolorosa, opté por lo segundo.

Mi lista de agradecimientos es larga y, desde ya, mis disculpas si me olvido de alguien (aunque me jacto de tener muy buena memoria para la mayoría de las cosas que me interesan). Ellxs son, por orden de aparición:

Mi madre, Clara Margarita Caprario Correa, y mi padre, Guillermo Eduardo Lopetegui Maggia, por haberme dado una infancia feliz y por darme libertad, aún cuando tomé decisiones equivocadas. Los dos tenían razón.

Mi hermano **Guillermo**, por ser mi primera influencia musical. Gracias a él conocí a los **Beatles**, los **Stones** y toda la camada de Woodstock *and beyond*, así como a **Tótem** y **Jaime Roos**. El ruido que salía de la máquina de escribir de mi hermano hizo que me enamorara del periodismo.

Mi fallecido hermano **Eduardo**, quien me hizo *fan* de **Creedence Clearwater Revival** y **Cream**.

La persona que, en 1979, me dio mi primer carné de prensa de *La Voz de Paso Molino, Belvedere y Capurro*, y que me permitió ir a mi primer concierto "como periodista" y entrevistar al **Gato Alquinta** (QEPD), de **Los Jaivas**, mi primer reportaje.

Gloria Guerrero ("Jejé"). *Let's face it*: muchos de nosotros somos malos imitadores tuyos. Gracias por responderme la carta a principios de los '80, por recibirme tan bien en tu casa poco después, por las empanadas de 1994, y por la paciencia (no sé si te acordás, pero te debo guita; hablemos).

Gabriela Iribarren (hoy una de las mejores actrices uruguayas) por haberme presentado a **Eduardo D'Alessio** (gracias también a usted, que es un verdadero *erutito*) y su fugaz revista *Ecos*. Ahí empecé "en serio". Pese a que mis textos fueron un bochorno, nos divertimos como locos.

Sr. Rimbaud, mi editor en *Somos Idea*, por la libertad y amabilidad.

Luis Megid (*El Mensajero* de San Francisco, hoy en Univisión), quien en 1987 me envió mi primera (y última) *rejection letter*. Pero lo hizo explicándome exactamente por qué no podía publicarme el artículo (tenía razón) y me animó con un "mándame otra rápido".

Juan Rodríguez Flores (*La Opinión*), quien me dio la primera oportunidad en Los Ángeles en 1986.

Miguel Suárez Orozco (QEPD), quien me dio mis primeros tres trabajos *full-time* en Los Ángeles (*El Diario de Los Ángeles*, *Noticias del Mundo* y *Vida Nueva*).

Rubén Martínez, por haberme dado la primera oportunidad en inglés en el *LA Weekly*, la cual dio un giro radical a mi carrera.

A **Sue Cummings**, por el apoyo, los CDs, mi primer *feature* en inglés ('92 o '93, no recuerdo) y la buena onda general cuando fue editora de música del *LA Weekly*.

Gustavo Santaolalla por el aguante e inspiración y **Jessica Chornesky** por habilitarme con un pase largo a lo Román.

Robert Hilburn por el apoyo, por haberme bancado cuando me borré y aparecí recontra pasado arriba de un sillón y, en lugar de pegarme una patada en el *toor*, confió en mi palabra y me dio aún más trabajo. Ah, y por haberme enseñado la ética básica de un periodista: no aceptes favores de nadie ni te saques fotos con los músicos. No siempre lo logré (lo de las fotos), pero trato.

Sergio Muñoz (editor de *Nuestro Tiempo*) por haberme forzado a escribir luego de la muerte de **Miguel Ángel Rodríguez** y por haberme convertido en fan de **Duke Ellington** por medio de *Indigos*.

Leila Cobo (*copy editor* de *Nuestro Tiempo*, aunque no tuvo nada que ver con este libro) por haberme recomendado a *Rumbo* y cambiar mi vida: LA-San Antonio es un viaje peligroso, pero en mi caso salió mejor de lo que yo esperaba.

Oralia Michel, por darme el mejor consejo ("cinco es mejor que tres") y animarme a escribir un libro en los '90. *I'm finally ready*.

Jonathan Friedland por permitirme ser parte del mejor diario en español en la historia de Estados Unidos: *Rumbo*. Y por dar luz verde a todas mis locuras. Gracias, también, a la "jefezita" **Ana Paula Ayanegui** por la paciencia y la amistad.

Elaine Wolff, **Gilbert García**, **Greg Harman** y **Sanford Nowlin** (todos del *San Antonio Current*, en diferentes épocas) por las enseñanzas y amistad.

A **Sigal Ratner-Arias**, de *The Associated Press* (AP), por la paciencia al editar (y mejorar) mis artículos y dominar el arte de nunca, jamás, hacerme sentir mal, sino darme fuerza para tratar de mejorar un texto. Extraño mucho trabajar contigo, pero no pierdo las esperanzas de, por lo menos, darte un abrazo en persona alguna vez.

Naibe Reynoso (por todo) y **Haig Norian** (diseño gráfico) por haberme salvado a tiempo de una estafa. (¡Y gracias Oralia por contactarme con ellxs!)

Alejandra Palacios por sus increíbles fotos, por ser mi socia principal en esta locura, por las risas y la amistad.

Guillermina Zabala por Shanti, por ayudarme con las fotos y por siempre salvarme de la hecatombe. En otras palabras: por hacerme mejor persona.

Mónica Campins, por todo.

Por último…

Por último, nada: acá empieza el libro.

EL NACIMIENTO DE MTV LATINO
Miércoles 14 de octubre de 1993

(Foto promocional de MTV Latino de Alfredo Lewin, Ruth Infarinato y Gonzalo Morales)

Que esta nueva página de rock esté en la calle 14 días después del nacimiento de **MTV Latino** no es casualidad, sino consecuencia lógica del crecimiento de un fenómeno internacional que, cada vez que contó con un cuidadoso plan detrás y gente capacitada para llevarlo a cabo, no demoró en triunfar.

El tan deseado establecimiento del rock en español en Los Ángeles llegó con premio extra, porque MTV Latino no sólo será, esperemos, un gran impulso para nuestro rock en Estados Unidos, sino que el efecto se dará simultáneamente en 10 países de América Latina.

¿Quieren empezar a soñar? Imagínense:

- Aunque la señal está en satélite desde el 1o. de octubre, en L.A. recién podremos disfrutar de MTV Latino a partir de diciembre, días más, días menos. TCI, compañía de cable que sirve a las áreas de Hacienda Heights, La Puente y parte de Whittier, será la primera en tener a MTV Latino. Para acelerar el proceso, los que vivan en las otras áreas tienen que llamar a sus respectivas compañías desde ya y decirles, sencillamente, que son aficionados al rock en español y quieren que se incluya a MTV Latino en la programación regular. Algunas compañías no tienen capacidad para nuevos canales; otras, con mayores recursos, pueden hacer una gran inversión y adquirir más espacio, pero la mayoría tiene que sacar algo del aire para poner MTV Latino. Para que esto último suceda, las compañías deben notificar al usuario con 30 días de antelación, e incluso estaban planeando hacer una encuesta para saber cuál es el canal menos visto. Conclusión: inunden las líneas de las compañías de cable para asegurarnos de que MTV Latino llegue a L.A. cuanto antes.

- Los primeros meses, MTV Latino presentará un bloque de ocho horas de programación tres veces al día. La música estará balanceada con videos tanto en inglés como español, pero gradualmente — a medida que los países produzcan más videos — la mayor parte de la programación será de videos en español.

- Los nuevos VJs de MTV Latino son **Ruth**

Infarinato (Argentina), **Alfredo Lewin** (Chile) y **Gonzalo Morales** (México). **Daisy Fuentes** no podía faltar y será la encargada del segmento "Top 20 MTV", que se transmitirá los fines de semana. El formato será similar al de MTV, pero los VJs sólo hablarán en español.

- MTV Internacional continuará como de costumbre (KVEA, Canal 52, domingos a las 6 p.m.), con un buen espacio reservado a la música pop más comercial. MTV Latino, por su parte, tiene una actitud bien definida: rock y pop-rock.

- MTV Latino acelerará la edición simultánea de discos, espero. Por ejemplo, en Argentina todos andan con la lengua por el piso con el tercer disco de Divididos [*La era de la boludez*], pero nosotros ni nos enteramos. Ahora, si los de PolyGram quieren que Divididos tenga una buena promoción en MTV Latino a lo largo de todo un día, no tendrán más opción que coordinar la venta del disco en toda Latinoamérica y más rápido que de costumbre, ya que no tendría sentido que MTV promueva masivamente grupos cuyos discos sólo se consiguen en un país. Ya era hora de que se acabaran las ediciones con (con suerte) un año de retraso.

El sólo llegar a casa, prender la tele y ver a **Maldita Vecindad**, **Café Tacuba**, **Soda Stereo**, **Divididos**, **El Tri** y todos los demás, es una buena razón para levantar el teléfono y decir: "*PLEEEEASE!! I want my MTV Latino, and I want it NOW!!!*"

[*2020: Sin dudas, mi ingenuidad me traicionó, porque MTV Latino estuvo lejos de hacer explotar el rock en español y se limitó a ser una copia de MTV con algunas cosas "rockeras" de vez en cuando. De todas maneras, nomás con los MTV Unplugged de Charly García, por ejemplo, justificaron su existencia con creces. Tiempo después, hice la audición en Miami para dirigir Noticias MTV y fracasé con todo éxito, principalmente por tener mi propia agenda en lugar de entender bien de qué se trataba la cosa. Por suerte, contrataron a Javier Andrade, un tipo talentosísimo que se convertiría en amigo del alma.]*

Qué Pasa

EN MÉXICO

La misión de Culebra Records de contratar a las mejores bandas del rock mexicano marcha viento en popa: **La Lupita**, **Cuca** y **Santa Sabina** (con más de 100,000 discos vendidos entre las tres) encabezan el pelotón, pero se acercan **Gerardo Enciso**, **La Castañeda**, **Guillermo Briseño** y **Tijuana No**. La Castañeda y Santa Sabina son manejadas por **Marusa Reyes**, mánager de Maldita y **Caifanes**… Si mis fuentes no me traicionan, el tercer disco de Maldita Vecindad será en vivo. Roco nos cuenta todo la semana próxima en un reportaje a quemarropa… Reventón histórico en el Palacio de los Deportes (*aka* "Palacio de los Rebotes"): Caifanes, La Castañeda y Santa Sabina junto con **Stone Temple Pilots** y **Rage Against the Machine** el 18 de diciembre.

EN ARGENTINA

El trío Divididos, la nueva sensación del rock argentino, vendió 50,000 copias en un día de *La era de la boludez*, su tercer disco (primero con PolyGram). A la semana ya iban por las 80,000 y, a esta altura, tiene el Platino asegurado. Divididos constituye una de esas raras ocasiones en las que se juntan el éxito comercial con la calidad musical. Esperen un poquito y van a entender por qué los argentinos consideran a **Ricardo Mollo** (guitarra y voz) como el nuevo monstruo de allá abajo… **Attaque 77** (los **Ramones** pero con más fútbol y tango) firmó con BMG y sacó su nuevo CD: *Todo al revés*. El disco incluye un tema sobre el sida y las regalías de la canción serán destinadas a combatir la enfermedad. Recientemente se presentaron en vivo en la Cárcel de Olmos junto con **Lethal**, **Massacre** y **Pilsen** (nuevo grupo de **Pil Trafa**, líder de los extintos **Violadores**). El concierto fue a beneficio de la Radio Olmos, creada y operada por los mismos reclusos…. **Juan Carlos Baglietto** volvió con *Corazón de barco* y **Los 7 Delfines** con *Nada memorable*… **Peter Gabriel** tocó en Buenos Aires y pronto lo hará **Madonna**.

EN LOS ÁNGELES
Más linda que nunca y con la energía de siempre, **Alejandra Guzmán** estuvo en L.A. para anunciar que volvió. **Frida Sofía** ya tiene casi dos años y Alejandra pudo volver a la actividad con todo el arsenal: su quinto disco (*Libre*, al cual acertadamente considera como el mejor de su carrera), gritos, risas, bromas y 15 ensordecedoras motocicletas en la puerta. Por mi parte, acuso recibo del disco pero sigo esperando el día en que se dé cuenta de que su voz, su presencia y su sangre merecen una propuesta de mayor peso artístico. Sólo entonces podremos hablar de Alejandra como algo más que un admirado producto pop. *[2020: Hoy opino que* Cambio de piel, *de 1996, es su mejor disco]*

HABLA ROCO
Miércoles 21 de octubre de 1993

Dos años después del tremendo éxito de El circo, el disco que dio vuelta toda la estructura del rock mexicano, **Maldita Vecindad** aún no empezó a trabajar en su tercera grabación. ¿Se quedaron sin temas? ¿Se pasan de reventón en reventón? ¿Se les subieron los humos luego de la exitosa gira europea? ¿Se disuelven?

Nada de eso.

De regreso de Miami, donde sacudieron la fiesta de inauguración de MTV Latino, **Roco** *habló con Ruta Alterna y nos dejó tranquilos: la Maldita está vivita y coleando y, desde el sábado pasado, la banda está en México y no saldrá a ningún lado hasta que el disco esté terminado.*

Pacho [baterista] me dijo que en octubre iban a grabar el nuevo disco. ¿Qué pasó?
Estamos preparando un mini LP en vivo que solamente saldrá en Europa, un EP con cinco o seis rolas. Lo estamos haciendo rapidísimo y, pese a ser un álbum en vivo, hay algunas sorpresas que ya vas a escuchar. Cuando regresemos a México comenzaremos con el tercer disco, que es lo que realmente queremos hacer. El disco en vivo es producto de todo el interés que despertó Maldita luego de más de cinco meses en Europa. Además, *El circo* salió hace dos años y nuestro sonido actual es bastante diferente.

¿Cómo es ese nuevo sonido?
No podría explicarte exactamente, pero es lógico que después de tocar en vivo por dos años tenía que darse una evolución.

Esto no significa que ya no se sienten identificados con el sonido de *El circo*, ¿verdad?
Por supuesto. *El circo* es increíble. Para lo que queríamos hacer en ese momento, es un disco que nos encanta.

Espero que esta vez no cambien de planes y se encierren a terminar el disco... Hace dos años que están dando vueltas y los extrañamos...
Nosotros también queremos grabar, pero la

gira se súper extendió y cambió todos nuestros planes. Estuvimos medio año tocando a diario y no queríamos hacer la gira y el disco a la misma vez. Ahora, a descansar un poco y a grabar.

¿Qué hay de cierto en eso de que no tienen temas nuevos?

Nada. Tenemos muchas cosas, pero nuestra estructura compositiva ha cambiado un poco. Antes, nos encerrábamos en un cuarto y entre todos desarrollábamos ideas. Ahora, por ejemplo, **Sax** se toca algo en el hotel, luego se lo pasa a **Pato** y así individualmente ponemos semillas que van tomando forma. Tenemos muchísimas canciones e ideas, pero para nosotros un disco no es solamente canciones, sino una serie de ideas que tengan una coherencia conceptual y musical, como *El circo*. Con lo que tenemos ahora podríamos sacar miles de discos más. Así que no se preocupen que ya va a venir lo nuevo.

Pero ¿te imaginás el tercer disco de alguna manera?

Sí, de muchas maneras, pero no queremos platicar mucho al respecto, sino hacerlo. En estos dos años recibimos mucha información a raíz del contacto directo con el movimiento contracultural europeo. Hay muchos grupos cantando no sólo en sus idiomas sino en sus propios dialectos y con instrumentos nativos. Todos expresan sus realidades culturales y étnicas por medio de una confusión musical e instrumental similar a la nuestra.

¿Como la pasaron en la inauguración de MTV

Latino? ¿Crees que estamos ante el comienzo de una nueva era en el rock en español?

La fiesta fue muy divertida. Tocó **Phil Collins** con su pianito y mucha gente como **Jon Secada**, con una onda bien *soft*, bien tranquila. De repente salimos nosotros con "Pachuco" y "Un poco de sangre" y pusimos un poquito de calor a la reunión. Lo de MTV Latino es como todo lo relacionado con los medios de comunicación: por un lado, se mostrará a Latinoamérica no con fines políticos sino como un grupo de países individuales, cada cual con un movimiento joven que tiene música y muchas cosas más. Por supuesto, se van a colar cosas súper "fresas" y comerciales. Pero esperemos que esto ayude a que el continente deje de ser ese traspatio gigantesco en el que ni siquiera nos conocemos entre nosotros.

toniteCHARLYtonite

Repuesto de la mala onda y sensacionalismo de la prensa rioplatense, el argentino **Charly García** se presentará esta noche en un histórico concierto en el Palace junto con **Kerigma**, **Guillotina** y **María Fatal**.

Charly, uno de los máximos idolos del rock argentino, marcó la identidad de adolescente en ambas costas del Río de la Plata y gran parte de Sudamérica.

En 1969 formó **Sui Generis** con **Nito Mestre**. Luego de tres discos de memorable folk-rock, *rocanrol* y tangueces, Sui se separa en 1975 con un multitudinario concierto en el Luna Park de Buenos Aires. Con su siguiente grupo, **La Máquina de Hacer Pájaros**, graba dos discos de primer nivel y comienza a mostrar la evolución que lo llevaría a **Serú Girán**, la banda más importante de fines de los '70 y comienzos de los '80. Luego de cinco grabaciones clásicas, Serú se separa y Charly continúa dictando cátedra como solista.

Pero el abuso de las drogas y el alcohol lo llevan a internarse dos veces en una clínica y a recibir prematuros certificados de defunción por parte de un sector de la prensa. En diciembre de 1991, Serú Girán ejecuta en vivo su nuevo disco en el más grande concierto de la historia del rock argentino: 70,000 personas, más que **Madonna**, **Guns N' Roses** o **Michael Jackson**.

"Si yo viviese en Los Ángeles, mi estilo de vida pasaría inadvertido", me dijo Charly en una conversación telefónica para *Los Angeles Times*. "¿Qué puedo hacer? Yo no voy a entrar en el juego. Estoy bien, con muchas ganas de tocar las canciones que más siento, las que sobrevivieron el paso del tiempo, y tengo una banda buenísima".

Charly, quien afirmó estar trabajando "en una ópera rock, o como sea que se llame, al estilo de **Pete Townshend**", toca esta noche junto con **Fabián Quintiero**, **María Gabriela Epumer**, **Fernando Lupano**, **Fernando Samalea** e **Hilda Lizarazu**.

CHARLY EN EL PALACE
Jueves 28 de octubre de 1993

(Charly por Alejandra Palacios)

A las 7 p.m. del jueves pasado, en el Palace todavía no se había hecho la prueba de sonido. **Charly García** no aparecía por ningún lado y Connie, una de las organizadoras del concierto, tuvo que ir a buscarlo de apuro. Mientras tanto, los locales **María Fatal** y **Guillotina** calentaban el ambiente para los escasos 500 que se enteraron de que Charly, uno de los máximos símbolos del rock argentino, iba a debutar en concierto en Los Ángeles.

Sobre el final del set de María Fatal, Charly apareció y se fue a su camarín. Yo bajé, siguiéndolo y me quedé mirándolo como un cholulo desde los escalones, sin decir palabra. Ahí estaba Charly, a toda velocidad, buscando algo entre los vasos, los cigarrillos y las toallas del camarín. Se dio vuelta, me miró y, en ese momento, las rodillas me empezaron a temblar.

Ahí estábamos Charly y yo, cara a cara. Con él conocí a mi primera novia, bailé por primera vez (las gloriosas lentas…) y empecé a entender la diferencia entre "buena" y "mala" música. El sonido Charly le dio forma a la adolescencia rioplatense en medio de las desapariciones, torturas e insoportable aburrimiento de más de 10 años de dictadura militar.

Me agradeció los elogios *[2020: debo haberle dicho una mezcla entre "¡Charly, sos Gardel!" y "We're not worthy!"]* y le pregunté por Connie, a quien yo tenía que devolverle un pase de prensa que no me pertenecía.

"¿Connie? ¿Quién es Connie?" me preguntó. "Es la muchacha que te fue a buscar al hotel", le expliqué. "No, loco, perdoname… Me pasé durmiendo todo el día y no sé ni dónde estoy".

Era Charly, sin dudas. Las otras dudas (¿podrá tocar? ¿está loco? ¿tocará en serio?) iban a dilucidarse dos horas después, con el aplauso y cariño de los que éramos pocos pero de fierro.

Charly no es el mismo, pero su concierto del Palace le alcanzó para confirmar esa grandeza que le permite seguir dictando cátedra. De taquito y a media máquina, la rompió.

Lo que sigue es nuestra conversación telefónica, días antes de su llegada a LA.

¿Por qué tuvieron que pasar tantos años para que nos visitaras?

Como dicen en Estados Unidos, *bad timing*. Los años oscuros de la dictadura, eran un caos que apenas nos permitía hacer cosas en Argentina, muchísimo menos hacer una gira. No había apoyo de nadie y todo era muy difícil. Yo sí grabé varios discos en Nueva York, pero las pocas personas que se me acercaron para hacer algún concierto no tenían ideas muy definidas. Siempre había que cambiar algo, como cantar en inglés y otras cosas que me alejaban de la música. Por otro lado, creo que éste es el mejor momento: estoy a punto y traigo una banda buenísima.

Hay quienes dicen que los rockeros grandes no vienen porque "no lo necesitan, están cómodos en su país, donde son superestrellas, y no les interesa venir a conquistar nuevos mercados"...

¿Cómo no nos va a interesar venir a Los Ángeles? No le encuentro sentido. Quizás no me interese venir a tocar en el bar del hotel disfrazado de mexicano, ¿me entendés? Pero Los Ángeles me interesa, de la misma manera que me interesa ir a Bolivia, a México, a Nueva York, a Europa… Siempre me interesa ir a tocar a lugares donde hay cultura rock. Lo que nunca me interesó es entrar en el mercado "latino" y formar parte de la bolsa de sapos del rock blandito, onda **Luis Miguel**. Bah, Luis Miguel no es rock, pero ¿me entendés lo que te digo? No tengo nada contra él, me parece bárbaro lo que hace. Pero yo no entro en ésa.

Drogas y prensa

"Es una cosa natural en un medio como éste. Con los epígrafes y fuera de contextos arman unos quilombos terribles. Pero mi salud y mi ánimo están bien, que es lo más importante. Yo me divierto mientras mi familia se preocupa. ¿Sabés qué es lo malo de todo esto? Uno tiene familiares, fans, gente que te quiere. Y un día hacen una nota tipo escándalo y a la semana siguiente te llaman y te preguntan: "¿Querés desmentirlo?" Entonces venden más revistas. Yo no desmiento nada, porque sería seguirle el juego a las revistas. No les presto atención ni les doy entrevistas. Por eso, un sector de la prensa no me quiere y otro me adora".

Lo que se viene y lo que pasó

"Tengo la cabeza en el futuro. Quiero aceitar la banda y comenzar a trabajar en el nuevo disco, que será una ópera-rock, o como sea que se llame, al estilo de lo que hace **Pete Townshend**. De mi obra pasada sólo estoy tocando aquello que sobrevivió al paso del tiempo; lo mejor, no lo más efectivo. Viendo las cosas en perspectiva, creo que tanto el público como la crítica se apresuran a juzgar las cosas. Por ejemplo, cuando salió *Clics modernos*, todo el mundo dijo "se vendió", cuando era todo lo contrario. Otro de mis discos favoritos es *Cómo conseguir chicas*, y yo pienso que la gente no lo cazó todavía, no le agarró la onda. Es un disco totalmente deshilvanado, porque después de un rocanrol frenético viene algo como "Anhedonia". *Parte de la religión*, quizás, fue lo que empezó esa etapa de mi vida en la que el tipo habla de una cantidad de cosas y se forman como mosaicos. Todos mis primeros discos tienen esa cualidad: *Vida* [con **Sui Generis**], el primero de **La Máquina de Hacer Pájaros** o *Yendo de la cama al living*. Son cosas que te hacen ver que se está formando una pelota. Y sí, a propósito de *Yendo de la cama al living*, estoy de acuerdo con los que dicen que fue lo mejor que hice en mi vida.

La ópera se va a llamar *La hija de la lágrima* y me va a llevar todo el año. Para que tengas una idea: se trata de una secta intraterrestre. Dije "intra", no "extra", o sea que viven abajo de la tierra. ¿Te imaginás qué delirio? Quiero hacer un disco que no me tenga como protagonista, un disco "conceptual". Y espero no sonar muy pretencioso.

Hay algunos discos que me gustan más que otros, pero en todos hay alguna luz. No me gusta esa gente que hace un disco y después dice "uyyyy, debí hacerlo de otra manera". Asumo lo que hago y me parece que no deberías entrar a un estudio de grabación si no sabés lo que vas a hacer. ¡Loco, me tengo que ir a ensayar! ¡Poné una linda foto!"

VUELVE LA CASTAÑEDA

Jueves 4 de noviembre de 1993

(Salvador Moreno, cantante de La Castañeda/Culebra)

Casi un año después de su debut local en el Hong Kong Low, **La Castañeda** se presentará en el Whisky A Go Go el 12 de noviembre. En su primera visita, el sexteto compartió la cartelera con dos bandas angelinas y **Tijuana No**, cuyo primer CD había causado mucha mejor impresión que el precario demo de los chilangos. Esa noche, sin embargo, los papeles se invirtieron y fue La Castañeda la que se ganó el instantáneo derecho de piso, imponiéndose milagrosamente al habitual pésimo sonido de las tocadas locales.

Hoy, mucha agua ha pasado debajo del puente y los dos grupos forman parte del sello Culebra-BMG.

Acompañando a bandas como **Santa Sabina**, **Cuca**, **La Lupita** y varias otras, La Castañeda y No ya poseen grabaciones decentes y un presupuesto que les permite enseñarnos su música sin que la Trompa de Eustaquio se nos caiga a pedazos. Pero La Castañeda necesita más que un disco.

Formada en el D.F. en 1989, La Castañeda tomó su nombre del manicomio central de esa ciudad, fundado a principios de siglo por el entonces presidente **Porfirio Díaz**. **Salvador Moreno** en la voz líder, **Oswaldo de León** en guitarra, **Omar de León** en teclados, **Edmundo Ortega** en el bajo *[2020: moriría inesperadamente en 2017]*, **Juan Blendl** en la batería y **Alberto Rosas** en saxo, pronto se hicieron conocer en México por una propuesta musical híbrida y escénicamente ambiciosa: para ellos, el cuidadoso vestuario y los botes de basura son tan importantes como los amplificadores y monitores. Son las Producciones Garra, que llevan por todo México recibiendo la cooperación de artistas locales que se suman al grupo. Los costos de estas puestas en escena son tan grandes que, hasta el momento, los angelinos sólo hemos tenido una visión parcial del *show* de la banda.

Luego de firmar con Culebra, La Castañeda regrabó en Hollywood la totalidad de su caótico demo. Los resultados les permitieron solidificar su fama en todo el país y, en pocos meses, llevan vendidos más de 15,000 copias, una cifra importante para el rock subte mexicano.

"En el estudio maduramos enormidades", dijo Moreno, "y definimos más esa crónica urbana que caracteriza a nuestra música". Oswaldo agrega que, además del *performance art*, lo interesante de La Castañeda es la diversa formación musical de todos sus miembros.

"No sé cómo definir nuestra música. No nos interesa lo híbrido sólo porque sea híbrido", dice Oswaldo, apoderándose del micrófono para no largarlo más. "Yo, por lo general, traigo una onda latina bien clara, pero por ahí viene un compañero más *underground* que descoloca todo. Me parece bien que sea así: los mexicanos somos una mezcla de un montón de cosas, y evitar esa diversidad sería tan errado como abusar de ella".

El tema de la identidad mexicana es compartido por todos los grupos del nuevo rock mexicano, pero el enfoque de La Castañeda va más allá de una simple reivindicación de "lo nuestro".

"Pese a que se habla mucho acerca de la búsqueda de nuestra identidad, pocos reconocen que es una búsqueda bastante difícil", continúa Oswaldo. "Cuando parece que la encontramos, volvemos a chocar contra una pared. En México tenemos acceso a muchas cosas, pero esas mismas cosas externas, como nuestra cercanía con Estados Unidos, son los elementos que con frecuencia tienden a mover con dureza nuestra de por sí endeble identidad".

Moreno interviene: "En la felicidad del mexicano está implícito el sufrimiento. Nos gusta vivir intensamente y confundimos sufrimiento con intensidad".

Pero la música de La Castañeda no sólo es un tétrico derivado *dark* de ultratumba. Es cierto que "El gitano de la mente" sale de un profundo suburbio mental que bien podría ser compuesto por el caifán **Saúl Hernández**, pero "La güera" es un cachondeo que permite a la Castañeda ir de la depre al reventón en pocos minutos.

Sobre el floreciente momento del rock mexicano, Oswaldo se muestra más reservado que eufórico.

"En México, el ambiente del rock está tan mal como el de las telenovelas: es el mismo vedetismo, la misma pose y la misma hipocresía. México nunca ha sido una fábrica de estrellas de rock y ahora, que está empezando a serlo, a algunos el saco les queda grande". Aunque no quiera dar nombres, Oswaldo podría estar hablando de **Caifanes**, **Maldita Vecindad** y, especialmente, **Maná** (el grupo de pop-rock de mayor éxito comercial en la historia de México), todos ellos acusados por algunos colegas de no haber digerido bien el éxito súbito.

Sin embargo, los avances que el grupo logró en el estudio no logran acercarse a la fuerza de los conciertos. Pero cuidado: se requiere más que sudor para apreciar a La Castañeda.

"No nos conformamos con que los chavos vengan a bailar *slam* y salgan contentos, como si hubieran ido a la lucha libre", dice Oswaldo. "Queremos que salgan pensando y que entiendan que lo nuestro no es sólo denunciar un problema sino transmitir la fuerza que nos permita hacer algo positivo. ¿Qué? No lo sabemos. No queremos imponer ni predicar, sólo estimular y crear. Algo bueno saldrá".

LAS PRÓXIMAS TOCADAS

12 de noviembre: La Castañeda en el Whisky A Go Go.

14 de noviembre: Maná en Universal Amphitheatre.

4 de diciembre: Santa Sabina en el Palace (estilo cabaret, con mesitas y delirios varios).

La Ley: "No nos vestimos con florcitas"

Jueves 11 de noviembre de 1993

Los fanáticos de **La Ley** pueden ir celebrando con vino y empanadas: el 2 de diciembre, en el Roxy de West Hollywood, el cuarteto chileno debuta en Los Ángeles presentando su segundo disco *[2020: fue el tercer disco, pero el primero,* Desiertos *(1990), era prácticamente desconocido hasta ese momento; mala mía]*. En la vereda de enfrente, los que consideran a La Ley otro "grupito" del montón y no les perdonan el haber cantado en inglés en un par de ocasiones, agárrense fuerte: La Ley no sólo tiene un tema en inglés, sino *veinte* (20).

"Sentimos nuestro repertorio en inglés con tanta intensidad como nuestro material en español", dijo el guitarrista **Andrés Bobe** en una entrevista telefónica desde el Distrito Federal, donde La Ley se encuentra de gira desde finales de octubre *[2020: Bobe moriría en un accidente de motocicleta en abril de 1994]*. "Alberto [Cuevas, el cantante] y yo crecimos hablando en inglés, así que lo hablamos con tanta fluidez como el español. No es algo artificial". En plenas épocas del "rock en tu idioma", esto era lo único que le faltaba al grupo, tradicionalmente ignorado por los puristas por su estilo pop-rock y actitud aparentemente blanda. Pero La Ley ve las cosas de un modo diferente.

"Somos melódicos y sutiles, pero no nos vestimos con florcitas", expuso Bobe, rematando este párrafo con un sonoro "no somos **Maná**" (los ofendidos, que se relajen porque Andrés tiene buena onda y, por otra parte, tiene razón: comparado con Maná, La Ley es **Iron Maiden**).

Para heredar el trono dejado por **Los Prisioneros**, Andrés, **Beto Cuevas** (voz), **Luciano Rojas** (bajo) y **Mauricio Clavería** (batería) lograron un sonido pop-rock estándar pero una precisión por encima del promedio en el mundo del pop-rock en español.

Bobe, hijo del piloto personal del presidente **Salvador Allende**, dejó Chile junto con su familia poco después del golpe de estado que puso en el poder al dictador *[2020: innombrable; lo mencioné por su nombre en la versión original, pero me niego a hacerlo en este libro]*. Luego de vivir en Venezuela y Estados Unidos, regresó a su país.

"Bah… El viejo sigue ahí", dijo un resignado Bobe. "Pero las épocas de las manifestaciones y la oposición a los milicos se acabó. Con el nacimiento de una nueva etapa en Chile, nosotros también quisimos mirar adelante y no tomarnos a los militares tan en serio. Después de todo el desastre que hicieron, sus posibilidades de volver democráticamente son [mínimas]".

Instrumentales hasta 1990, la entrada de Cuevas en ese año les da una voz y los seguidores siguen creciendo hasta que un programa televisivo los invita a un concurso. El requisito principal era grabar un *cover* de una canción conocida en inglés. La versión de "Angie", de los **Rolling Stones**, fue el comienzo de una carrera que los llevó a la cima de la escena rockera chilena. Los dos primeros discos de La Ley *[2020: en realidad, el segundo y el tercero, como ya aclaré, espero]* llevan vendidos más de 140,000 copias en Chile, pero Bobe aclara que quieren que se los considere un grupo de rock, a secas.

"A nosotros nos interesan todos los mercados. No queremos venir con el estandarte del rock en español, porque nosotros somos músicos y queremos llegar a todo el mundo, no sólo a los latinos".

En el reciente encuentro celebrado en México, Le Ley llevó como invitados a indios mapuches y se pronunciaron contra la construcción de una represa hidroeléctrica sobre el río Biobío, al sur de Santiago.

"Esa represa causaría la destrucción de la fauna y flora de ese lugar, además del desalojo de los indios, que son los legítimos habitantes de esas tierras. Lo menos que podemos hacer es denunciar esa injusticia".

El tercer disco de La Ley será producido por **Humberto Gatica** a mediados de 1994 *[2020:* Invisible, *1995, coproducción de Gatica y **Alejandro Sanfuentes**]*. Mientras tanto, el cuarteto seguirá haciendo lo que más le gusta: tocar en vivo.

"Tocar en todos lados es mejor que ir a mil radios o hablar con mil periódicos", dijo Bobe. "Los que nos ven en vivo no piensan igual que los que nos acusan de 'blandos'. Ya verás, les vamos a cambiar la cabeza a muchos".

El libro de Lora

Como se prometen tantas cosas, **Alex Lora** (un jovencito que tiene un grupito llamado **El Tri**, no sé si lo habrán escuchado) le había prometido a este servidor una copia del libro que planeaba sacar en conmemoración de sus 25 años de rolas.

"Tú sabes… voy a hacer un librito, una especie de crónica de más de 20 años de desmadre", me dijo minutos antes de presentarse por última vez en el recordado "recital de la polvareda" en la Arena Deportiva de Pico Rivera. Cumpliendo con su palabra de rockero, el libro llegó. *Lora: Vida y rocanrol… en sus propias palabras* es una obligatoria recopilación de la vida y obra del hombre que es el símbolo del rock mexicano. El libro, escrito por **Arturo (*Conecte*) Castelazo**, es imperdible porque posee citas de Lora sin censura, tal cual son, fotos inéditas (¡Lora tomando la comunión!) y discografía completa.

El estilo es informal y, una vez que se empieza a leer, es imposible parar. Pese a algunas imperfecciones históricas (Lora es la gran estrella del rock mexicano, pero *no* el pionero del rock en español, ni siquiera en México), el libro es un documento no sólo para fanáticos sino para cualquiera que quiera conocer más acerca de los orígenes del rock mexicano. Para los que quieran más información, escríbanle al autor a *Lora: vida y rocanrol*, Castelazo y Asociados, Paseo de la Palomas XXX, Fracc. Las Alamedas, Atizapán de Zaragoza, Edomex, 52970, México.

MANÁ: *THE EARLY DAYS*... DESDE ADENTRO
Jueves 18 de noviembre de 1993

(de izq. a der.: Vampiro, Juan, Iván, Álex y Fher por Alejandra Palacios)

Jueves 11, 2:30 pm: En el restaurante del hotel en Hollywood, **Fher** (vocalista) habla con unos periodistas. **Juan** (bajista) se sirve un plato de ¡carne! del *buffet* mientras **Vampiro** (guitarrista y vegetariano) sale horrorizado y, haciéndole honor a su apodo, se va a dormir a su cuarto (horas más tarde me entero del récord personal de Vampiro: 16 horas sin abrir un ojo). Los otros esperan en sus recámaras un llamado de prensa desde Brasil y el vestíbulo del hotel comienza a llenarse de *groupies* y "celebridades" de la escena subte local. "Mi" fotógrafa **Alejandra Palacios** detecta una tentadora pupusería cerca del hotel. Fher termina la entrevista, me abraza mientras pregunta: "¿Tú dijiste que nosotros éramos 'fresa'?" Justo cuando yo activaba mi *defense mode*, se ríe. "No te la creas, te estoy vacilando..." Se sienta y me empieza a hablar de la gira latinoamericana ("¡Qué bonitas son las uruguayas, mano…!"). Me pide un casete de **Divididos** y empieza a contarme una historia que le pasó en Perú con los indígenas, hasta que la gente de WEA Latina (su disquera) le dice que se apure, que están por llamar de Brasil.

3:15 pm: Iván (tecladista) y Vampiro suben a la *van* para una entrevista en Radio KALI con **Pepe Reyes**. "No te duermas", le dice Iván a Vampiro. "¿Cuándo vamos al templo?" me pregunta Vampiro, simpatizante de los Hare Krishnas (como yo) y compañero de dietas sin cadáveres (por eso toca tan bien, seguro). "Nunca", le digo, porque la última vez me dejó clavado con una bandeja de 180 *pakoras* de coliflor.

Ale protesta por un titular a favor del Tratado de Libre Comercio y comienza una animada conversación con los músicos. Es un hecho que ni **Gore** ni **Perot** tienen chance alguna con ella. Los chicos están de acuerdo: el TLC dejará las cosas como están, sólo que habrá más libertad para los que tengan la lana. El sólo pensarlo nos pone la piel de gallina.

Iván tiene otras preocupaciones. "Hace horas que estamos dando vueltas. ¿Cuándo vamos a comer?" Yo les echo una bromita. "Es que las ventas andan un poquito flojas y la disquera no tiene qué darles" (al momento de escribir esto, *¿Dónde jugarán los niños?* llevaba vendidas 900,000 copias…).

Pepe Reyes los recibe en el estudio, cubierto por posters de grupos de banda y norteñas. Vampiro señala un afiche de la **Banda Gatillo**. "Para ustedes [los uruguayos] esto es raro, ¿verdad?" Uno de los oyentes llama para saludar al grupo. "'Vivir sin aire' es la única canción que me gusta del disco", dice. Iván y Vampiro se ríen, pero la situación es bastante embarazosa. Al final, el mismo oyente pide que le envíen un CD gratis. Fuera del aire, Iván me dice: "Sí, le voy a mandar el sencillo de 'Vivir sin aire'. ¿No era que las demás no te gustaban?" Una guatemalteca le da un beso a Vampiro, quien le pregunta qué opina de **Rigoberta Menchú**. "Me parece muy bien lo que está haciendo, pero no sé nada de ella", contesta la rockera chapina. Antes de salir de la radio, los muchachos entran a la discoteca de KALI y se sacan una foto pisando un disco de **Menudo**.

4:30 pm: De regreso en el hotel, Álex aparece con su novia tapatía. **Aracely Armenta** (la bailarina "oficial" del rock local) y otras 10 chicas se mueren de los celos, pero igual quieren sacarse una foto con él. "Pídele a ese papito que se saque una foto conmigo, *plíiiiiis*", dice una tal Beatriz, señalando a Álex.

El grupo completo es filmado para la televisión por cable, pero la entrevista se hace a las corridas, porque ya es hora de ir a Music Plus, donde la banda firmará autógrafos. Iván, un segundo antes de sucumbir a la inanición, recibe de alguien un plato con un sándwich y papas fritas. Se lo come apurado, caminando rumbo a la limusina. Vampiro sigue en ayunas. "Todo lo que me traen tiene carne", dice contrariado y nos ponemos a llorar junto a un cartel que dice "*Two burgers $0.99*".

Dentro de la limusina, Alex distribuye los tragos. De un lado, Fher recibe un whisky, Iván una Diet Coke (¡Diet Coke!) y Vampiro duerme. A mi izquierda, Juan sigue sin abrir la boca y Alex levanta su whisky y hace un brindis con Fher, quien advierte al grupo: "Nada de dibujitos… Son como 500 personas ahí, firmen y listo, sin dedicatoria", en una orden que ni siquiera él cumplió. "¿Sabes? Cuando firmo autógrafos es como entrar a la irrealidad. Llega un momento que no sientes la mano y todo el mundo grita y te besa como si fueras el Papa". "Pos' así es el rollo, ¿no?" dice Alex. Al acercarnos a la disquería, la cola de 500 personas comienza a gritar al mejor estilo beatlemanía. El grupo ni se inmuta, y me pregunto qué pasa por la cabeza de Juan, la personificación de la timidez, que no habló desde que lo vi en Nueva York en julio.

"Yo soy bastante tranquilo", me dice. "Al principio, ver a tanta gente me emocionaba un poco. Pero ahora… Pero ahora…" La limusina se acerca y la gente sigue gritando, entrando al lugar en grupos de a tres y, por más de dos horas, Maná rompe la promesa: abundan los dibujitos, las dedicatorias y el buen humor. A esta altura, las tripas del hambriento Vampiro se escuchaban desde Transilvania.

Como es habitual, en 15 minutos conozco tres personas que me dicen "yo descubrí a Maná en el año…" (en total, mi cuenta personal incluye cuatro "descubridores" de **El Tri**, tres de Maná y dos de **Café Tacuba**)

Salvador Munguía, michoacano, me recuerda todo lo que tuvo que pasar para que Maná lograra tanto éxito. "En el '68 casi nos matan a todos en Tlatelolco y el rock comenzó a sufrir una tremenda represión. Hoy veo a Maná firmando autógrafos con la banda en Los Ángeles y te juro que me emociona mucho".

Me despido del grupo porque ya las piernas no respondían. "¿La Castañeda toca mañana? ¡Ahí nos vemos, pues!" Vampiro se despide y me dice que me quede tranquilo, que ya comió un sándwich de queso.

Al momento de escribir esto, Maná había agotado su concierto en Sacramento (10,000 boletos) y se esperaban más de 5,000 para el domingo pasado en el Universal Amphitheatre.

Es hora de que Maná reciba el crédito que se merece: nadie logró lo que ellos lograron. Pero también es cierto que le sigue siendo esquivo a Maná el logro principal: ser considerada como una de las mejores bandas, *musicalmente hablando*, del rock en español. Me saco el sombrero ante Su Majestad Maná, banda mucho más rockera en vivo que en estudio (tocan muy bien) y Fher y Alex conforman una dupla de compositores cada vez más productivas y exitosas. Por ese lado todo bien.

Pero yo me voy con Vampiro a cantar mantras, con la esperanza de que el cuarto disco sea un poquito más agradable para aquellos que no sólo queremos belleza, sino también una buena dosis de caos.

HABLA SANTA RITA

Publicada el jueves 25 de noviembre de 1993

(días antes del retorno de Santa Sabina desde el DF para el segundo show de la banda en L.A.)

(Rita Guerrero por Alejandra Palacios)

Por años, Caifanes fue *el* grupo *dark* del rock mexicano. Aunque lo de ustedes es diferente, creo que Santa Sabina está más cerca de Caifanes que otros grupos. ¿Tiene algo que ver en esto la producción de Alejandro Marcovich?

Nada. Nosotros trabajamos con Alejandro porque

a él le gustó lo nuestro. Musicalmente, creo que no nos parecemos en nada, aunque podría estar de acuerdo contigo en que compartimos una visión más bien dramática de la vida. Nuestra música tiene un cúmulo de influencias muy diversas, desde ondas medievales y del Medio Oriente hasta el funk y el rock, pero todavía estamos en la búsqueda de un estilo propio. Nos interesa tocar a la gente por dentro. Más que la violencia del sonido, nos interesa la violencia del corazón.

En octubre cumplieron cinco años de existencia, pero fue la primera celebración con un disco en la calle. ¿Tuvo un sabor especial para ustedes?

Sí, muy especial porque tuvimos que esperar mucho. Aunque el grupo se formó en octubre del '88, la primera tocada en público fue en febrero del '89. Cuando apareció Culebra [Records] fue como el oasis. Pasamos cinco años sin grabar porque pensábamos que no se nos iba a respetar la propuesta como era. Afortunadamente, Culebra no te censura ni letras, ni arte, ni nada.

Aquí en Los Ángeles se publicó algo que dijiste sobre Caifanes y Maldita Vecindad, acerca de sus visitas a los programas de Televisa. Dio la impresión de que no te parecía buena idea ir ahí.

Déjame explicarte: la televisión es un mecanismo muy grande que maneja cosas que uno desconoce y, por lo tanto, frente a las cámaras somos muy ingenuos. Lo que quise decir es que, si uno va, tiene que tener cuidado porque te pueden hacer aparecer como ellos quieran, no como tú quieres. Maldita y Caifanes utilizaron bien el espacio, y ojalá que los que miran esos programas se den cuenta de que todos nosotros traemos otro rollo en la cabeza, no lo que ellos tratan de imponer. ¿Qué puedo decirte? La televisión es necesaria y nosotros estamos dispuestos a aprovecharla, pero a mí esas cosas me dan miedo porque se trata de un monstruo que hay que manejar con mucho cuidado.

Sos el símbolo de Santa Sabina y una de las principales protagonistas del rock mexicano. Ahora que entramos en la era MTV [Latino], que Culebra aumenta su presupuesto para las bandas, que hay más viajes, mejores grabaciones y más infraestructura, ¿sigue siendo difícil vivir de la música?

Sí, sigue siendo difícil. Por supuesto que éste es recién nuestro primer disco, pero la pregunta viene bien para aclarar algunos puntos. En lo que a mí respecta, yo vivo sola y tengo que pagar renta, profesora de canto — carísima — y tengo los gastos que tiene todo el mundo. Siempre fue difícil vivir de la música, pero ahora especialmente la cosa está pesada luego de los recientes conciertos de **Madonna** y **Michael Jackson** en México. Los boletos para el concierto de Madonna estaban a ¡140 dólares! Y la gente los paga en plena época de crisis y ahora no tienen plata para ver a los artistas nacionales. Pero eso es algo muy común en un país tan malinchista como el nuestro.

Y yo que pensaba que el mexicano era muy nacionalista...

[se ríe] ¡Son puras mentiras! Es todo verbal. Tocamos la bandera y votamos por tal o cual partido para después festejar o llorar, pero en el momento de actuar siempre estamos vendiéndonos. Si fuésemos tan nacionalistas, el país no estaría como está.

Feelix brilla en LA y se va a Baja

Con una im-pre-sio-nan-te tocada en un club nocturno de Hollywood, el interminable Félix Mejorado (es hora de que entierre a "Feel-Ix" y se tire con todo como Félix, a secas) presentó a la prensa e invitados *En la rueda de la fortuna* (Rock 'n' Roll Circus), su nuevo disco. El que todavía crea que existe otra banda local con un mejor sonido y destreza que la de Félix, que me la muestre porque largo todo y me voy de gira con ellos. Félix ya presentó el disco en México y continúa la gira el 26 y 27 en Baja California y el 3 de diciembre en Chicago, pero antes se va a sentar a largar su rollo para Ruta Alterna, chelas y grabador de por medio. ¡Suerte!

Próximas tocadas

2 de diciembre: LA LEY en el Roxy.

4 de diciembre: SANTA SABINA en el Palace, estilo cabaret.

Todos los sábados: Rock con DJ en G.Q. Night Club, todas las edades, 5612 Sunset Blvd., Hollywood.

Todos los domingos: Rock con DJ en Club Premiere, 7300 Eastern Ave., Bell Gardens.

ALEJANDRO MARCOVICH HABLA DE TODO

Publicado el jueves 2 de diciembre de 1993

(Alejandro Marcovich por Alejandra Palacios)

Alejandro Marcovich siempre fue el "tapado" de **Caifanes**. El carisma y las canciones de **Saúl Hernández** son la imagen más grabada en la retina y los oídos de los seguidores de un grupo clave para el renacimiento del rock mexicano a mediados de los '80, mientras Marcovich seguía ahí atrás, con su sobriedad y tratando de tocar lo mejor posible frente a 20,000 personas que coreaban el nombre de Saúl.

Más allá de las luces, el *glamour* y, definitivamente, la estupidez que con frecuencia parece acompañar al rock, Marcovich se constituyó en una de las figuras más importantes del rock mexicano, con o sin Caifanes. Dentro del grupo, es el balance perfecto entre la oscuridad, solemnidad y hermetismo temático de Saúl; es la cuota de conocimiento académico que convirtió a Caifanes en el conjunto de instrumentistas más respetado del rock chilango. Su debut como productor no sólo lanzó a **Santa Sabina** al primer plano, sino que sirvió para que el mismo Marcovich aliviara la eterna escasez de productores discográficos rockeros en México: la vacante que sólo podía ser llenada por **Gustavo Santaolalla** o "algún productor gringo" hoy tiene en Marcovich una dignísima alternativa.

Los Lagartos

Marcovich, nacido en Buenos Aires hace 33 años pero residente del DF desde su temprana adolescencia, estuvo en Los Ángeles grabando lo que será su segunda producción: **Los Lagartos**, un grupo chilango que, a juzgar por las tres o cuatro canciones que el productor nos dejó escuchar en el estudio, tendrá un impacto similar o mayor que el de **Santa Sabina**. *[2020: le erré feo]*

"Santa Sabina está en un extremo y Los Lagartos en otro", explicó Marcovich con su acento mexicano pero intercalando términos rioplatenses durante la conversación. "Para definirlo de alguna manera, Los Lagartos están entre **Cuca** y **Botellita de Jerez**, entre lo mal hablado, lo inmediato y el sentido del humor".

El grupo, de tan sólo siete meses de existencia, está integrado por **Luis Estrada** (voz), **Jesús Roldán** (guitarra), **Adrián Rubio** (bajo) y **Paco Finamori** (batería), todos con un promedio de 22 años de edad.

Inicialmente, Marcovich quería grabar en México y con técnicos mexicanos, pero la realidad de la industria discográfica lo llevó a hacer escala en el estudio Cherokee de Los Ángeles, el mismo lugar donde se grabó el debut de Santa Sabina.

"Parece mentira que me salga más barato grabar en Los Ángeles que en México, aún con los pasajes de avión y hotel".

Un viejo dilema con el cual Marcovich ya está bastante familiarizado: si Caifanes o Marcovich son tan nacionalistas, ¿por qué siempre terminan grabando los discos afuera con productores extranjeros? ¿Por qué, si aman tanto a México, contrataron a **Stu Hamm** en reemplazo del bajista **Sabo Romo**, quien dejó el grupo después de un concierto a fines del '92 en el Palacio de los Deportes? Un tema complejo que, para entender mejor, requiere de ir atrás en el tiempo.

El silencio

Poco después de que *El silencio* (el tercer disco de Caifanes) saliera al mercado, la revista mexicana *Proceso* publicó un pequeño, pero concentrado, reportaje donde Marcovich expresaba su inconformidad con el hecho de que **Adrian Belew** (**King Crimson**, **Frank Zappa**, un chingo de etcéteras) fuese el productor.

En la nota, Marcovich declaró que ese disco (que, dicho sea de paso, me parece un discazo, y te lo digo con rima y todo) debió haber sido grabado por un mexicano o alguien que, como Santaolalla, tuviese más conocimiento de la realidad musical y social de México. Un año después, Marcovich tiene una visión similar.

"Adrian nos decía: 'Bueno, ahí está la mezcla. Díganme ustedes si entienden la voz, porque yo ni sé español ni sé de qué habla la canción'. Guauuu... Menos mal que nos preguntó de qué hablaba la canción..."

Cuando Marcovich llegó a Caifanes para grabar *El diablito* (el segundo disco), se encontró con una sinopsis de lo que vendría.

"Saúl y **Alfonso** [**André**, baterista] ya estaban convencidos de que **Brian Eno** debía ser el productor. Yo me preguntaba por qué, pero era como remar contra la corriente porque para ellos era muy obvio. Al final lo de Eno no prosperó y grabamos con **Oscar López** y Santaolalla un disco muy decente.

"Para *El silencio*, Adrian ordenó el disco por razones puramente estéticas, cuando yo me paso horas con **Rita Guerrero** antes de decidir cómo saldrá el disco de Santa Sabina. Adrian puede tomar decisiones estéticas a nivel sonido, pero nunca entender el significado extramusical de muecas, giros idiomáticos que sólo nosotros entendemos. Pero en el grupo el único rebelde era yo; los demás estaban conformes y yo no soy un niño como para ponerme con caprichos".

Sabo Romo deja el grupo sorpresivamente y Belew recomienda a Stu Hamm, un virtuoso bajista de rock y jazz. De inmediato, las críticas.

"En México hay muy buenos bajistas, pero reemplazar con tan poco a tiempo a Sabo no es fácil. En plena gira nos recomendaron a Hamm y, en definitiva, lo que nos importa es que alguien toque bien. Hamm terminó diciendo que era un latino dentro del cuerpo de un vikingo y terminó enamorado de Colombia.

"Algunos nos critican sin preguntarse qué es lo que está pasando por nuestras cabezas. En lo personal, lo de Belew y Hamm me hizo reconsiderar un montón de cosas, y ahora sigo convencido de que lo más importante, en definitiva, es seguir aprendiendo".

Poco después de la partida de Sabo (hoy con **Aleks Syntek**), el tecladista y saxofonista **Diego Herrera** también abandona el grupo y, según Marcovich, hoy hace música para películas y comerciales.

"Diego nunca estuvo; pasó como el Cometa Halley. Con Caifanes se vio en una situación que él nunca buscó y, a medida que aumentaban las ventas y las giras, creo que finalmente se hartó. Pero ni él ni Sabo se fueron 'mal'. No somos niños, y las verdaderas razones de su partida creo que sólo las saben ellos".

Saúl, Alfonso y Marcovich comenzaron a trabajar en el nuevo disco junto con dos músicos de sesión, quizás agregando más guitarras ("queremos un sonido más fuerte"). Nadie habla de una disolución.

"Con Saúl y Alfonso nos conocemos desde **Las Insólitas Imágenes de Aurora** [el antecedente inmediato de Caifanes]. Estamos acostumbrados a componer juntos y no vemos por qué no podríamos hacerlo otra vez".

MTV Latino y Sergio Arau, cada vez más cerca; la radio de *rocanrol*, no tanto

Jueves 9 de diciembre de 1993

Todavía no está en *todo* Los Ángeles, pero sí lo suficiente como para que respiremos tranquilos: desde el 1 de diciembre, los afortunados residentes del Este de Los Ángeles, Boyle Heights y City Terrace pudieron disfrutar de 24 horas diarias de **MTV Latino** y otros tres nuevos canales con programación en español. Los canales vienen incluidos en la programación básica, así que los que no tengan cable lo único que tienen que hacer es solicitarlo.

Además, a partir del 15 de diciembre, TCI (la compañía de cable más grande del país) estará ofreciendo MTV Latino en las zonas de Baldwin Park, La Puente, Hacienda Heights y Pico Rivera. A levantar el teléfono y demostrar que el mercado para el rock en español sí existe, aunque nos lo den a cuentagotas.

Pese a que MTV Latino se transmite simultáneamente en 11 países de Latinoamérica desde el 1 de octubre, sólo algunas ciudades de Estados Unidos y Puerto Rico pueden ofrecerlo, debido a las nuevas regulaciones federales que obligan a las compañías de televisión por cable a hacer una encuesta entre sus usuarios antes de agregar nuevos canales en reemplazo de estaciones con muy poca sintonía. La alternativa sería simplemente agregar la nueva programación, pero la operación es multimillonaria y son muy pocas las compañías que pueden darse ese lujo.

Sin embargo, todo parece indicar que, a mediados de 1994, MTV-L estará presente no solamente en todo Los Ángeles sino en todas las ciudades con alta concentración de hispanos. Una exitosa campaña de adquisición lanzada por MTV-L y Tucson CableVision dio como resultado que la inclusión de MTV Latino en la programación depararía 2,400 nuevos suscriptores para la compañía de Arizona. Las cifras de la campaña de dos semanas duplicaron las expectativas de todos.

"Al final de la campaña habíamos generado más del doble de los suscriptores [previstos]", dijo a Ruta Alterna Beth Wales, directora de mercadeo de Tucson CableVision. "En efecto, los resultados de la primera semana fueron los más altos en la historia de Tucson CableVision".

"Siempre supimos que un canal de MTV en español sería un éxito", agregó a Ruta Mark Rosenthal, vicepresidente ejecutivo de ventas y mercadeo de MTV Networks.

El rock en español finalmente llegó para instalarse en la televisión, pero a nivel radio, al menos por acá, todavía queda mucho por hacer.

Los Ángeles, la capital estadounidense del género, sufrió una agridulce bofetada cuando en Miami (¡Miami!) la WRTO-FM, Radio Ritmo, lanzó ¡Boom!, un programa de rock en español conducido por el colombiano **Kike Posada**. Leyeron bien: Miami, *of all places*... El programa marcha viento en popa y es una lección para los programadores radiales angelinos que continúan subestimando la cultura joven alternativa de millones de latinos.

El argentino **Adrián López** (quien, como argentino, debería saber mejor que muchos sobre el potencial del rock en español), jefe de programación de KLVE (107.5 FM), dijo a Ruta Alterna que no puede hacerse más de lo que se está haciendo por el rock en español.

"Nosotros fuimos los pioneros del rock en español en la radio", dijo López, refiriéndose a las ocasionales selecciones de *más pop que rock* y las aún más infrecuentes visitas a la radio de bandas y solistas rockeros. "Pero yo no puedo dedicar una hora para que 5,000 personas escuchen rock en español mientras 50,000 cambian de estación".

El argumento es básicamente el mismo que, por décadas, utilizaron la radio y la televisión de Argentina para negarle la entrada al rock. Cuando la dictadura militar prohibió toda la música en inglés en 1982, en plena guerra con Inglaterra, los medios y disqueras no tuvieron más remedio que dar cabida al tan temido "rock nacional".

Casi 12 años después, Argentina hoy posee dos

estaciones de rock en español que transmiten las 24 horas del día.

La Venganza de Sergio Arau

Luego de demostrar el año pasado en el Roxy que sigue siendo uno de los creadores más importantes del rock mexicano, **Sergio Arau** desapareció de la faz de la Tierra, pero por muy buenas razones:

El primer disco de **La Venganza de Moctezuma** fue regrabado en su totalidad, eliminándose algunas canciones y agregándose otras. Ya desligado de la disquera Rockotitlán, lo nuevo de Arau se llama *Mi Frida sufrida* y será distribuido por Sony/Epic a partir de febrero.

Nueva banda: Como Arau vive en San Diego, le sale más barato tener a sus músicos de este lado. Luego de productivas audiciones en Los Ángeles, la nueva banda quedó formada por **Javier Willis** (bajista de San Antonio), **Eduardo Correa** (baterista chileno), **Enrique Martin** (acordeonista de Guadalajara) y **Elías Selem** (guitarrista yucateco).

Fecha de lanzamiento en Los Ángeles: como de costumbre, entre uno y 25 años después de la edición original mexicana. Pero Arau se mostró optimista y satisfecho con sus planes para el '94. "Estamos en pláticas para que el disco salga en Estados Unidos pocos meses después de la edición original", dijo Arau a Ruta Alterna por teléfono desde San Diego. "Pero igual estoy contento porque todo quedó como yo quería. Es la primera vez en mi vida que las cosas se hacen como deben hacerse, así que asumo toda la responsabilidad por el éxito o fracaso del disco".

DIVIDIDOS: ENTRE LO ÁSPERO Y LA BOLUDEZ

Jueves 16 de diciembre de 1993

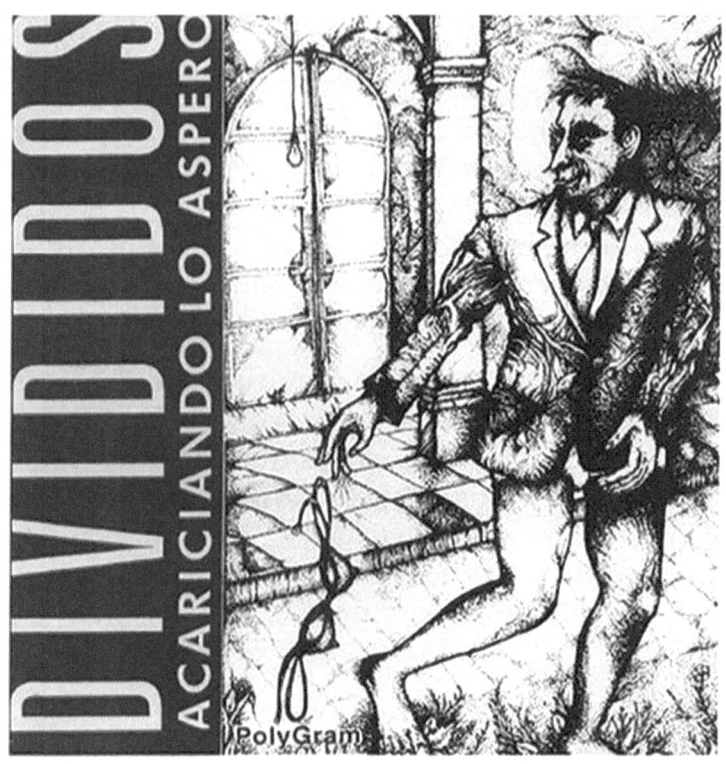

¿Se acuerdan de **Divididos**? Quienes se hayan sometido a la austeridad de leer Ruta Alterna regularmente recordarán que Divididos es, en mi opinión, la mejor banda de rock en español del planeta.

El trío, integrado por el guitarrista y cantante **Ricardo Mollo**, el bajista **Diego Arnedo** y el baterista

Federico Gil Solá, se llevó la extraoficial distinción luego de tres discos de gran nivel, especialmente el último: *La era de la boludez*, una joya que en Argentina lleva vendidas más de 150,000 copias en 50 días. Si nos ponemos de rodillas y le lloramos a los programadores radiales que no pueden ver más allá de "lo que la gente quiere", comenzará a escucharse en Estados Unidos a partir del 3 de enero (el disco completo sale el 18 de enero).

Pero el disco anterior de Divididos, *Acariciando lo áspero* (1991), que incluye una versión monumental de "Cielito lindo", ya está en nuestras disquerías. Cómprenlo y disfrútenlo, pero regulen las energías porque la fiesta en serio comienza a fines de enero.

Sin embargo, la edición en EE.UU. de *Acariciando lo áspero* es producto de un error que la propia disquera, PolyGram, reconoce. Para entender un poquito más de esta, OK, humana metida de pata, hagamos un poco de historia.

En julio pasado, mientras Divididos daba los toques finales a *La era de la boludez* en Los Ángeles, Mollo me dijo que el grupo estaba inconforme con el sonido logrado en el disco anterior (*Acariciando...*). El jueves pasado, Mollo volvió a hablar al respecto.

"Hasta la mezcla, *Acariciando lo áspero* sonaba perfecto", dijo Mollo a Ruta Alterna por teléfono desde Buenos Aires. "No sé qué pasó, pero cuando mandaron a hacer los CDs parece que extraviaron el DAT [la cinta digital] o lo masterizaron con un Dolby [sistema de reducción de ruido] que no era el correcto, y de esa manera arruinaron todo el laburo". Según Mollo, nadie avisó al grupo acerca del problema antes de que saliera el disco.

"Eso [avisarle al grupo si algo anda mal] quizás suceda donde vos estás ahora, pero esto es Argentina", se rió Mollo. "Eso hubiera sido como El Paraíso de Fellini. Surrealismo total, acá..."

Tanto para el trío como para **Gustavo Santaolalla** y **Aníbal Kerpel**, productor e ingeniero, respectivamente, de *La era de la boludez*, estaba claro que *Acariciando...* no saldría en EE.UU. sin una nueva mezcla y que, de todas maneras, Divididos sería lanzado aquí con *La era...* (un plan similar al que Karen Records hizo con Juan Luis Guerra: *Bachata rosa* salió primero y luego se sacó *Ojalá que llueva café*, el disco anterior)

En Miami, **Salvador Pérez**, director de mercadeo de PolyGram en EE.UU., no sabía si la nueva mezcla ya estaba hecha.

"Si el disco está programado y a mí me mandan las partes desde Buenos Aires, yo supongo que todo está listo para el lanzamiento", dijo Pérez por teléfono. "De todas maneras, este lanzamiento lo hicimos sólo porque consideramos que era un disco importante, pero la verdadera promoción la haremos en enero con *La era...*"

Rubén Aprile, director de PolyGram en Argentina, admitió por teléfono que se trató de un error de la compañía, pero no cree que se trate de un papelón.

"La edición de *Acariciando...* en EE.UU. suena mucho mejor que la de Argentina. Se hizo una nueva masterización y, debido a los compromisos del grupo en Argentina, no tuvimos tiempo para hacer la nueva mezcla que, por otra parte, accedí a hacer porque me lo pidieron los músicos y Santaolalla. Fue un error de la compañía y puede pasarle a cualquiera".

Mollo afirma que el grupo siempre estuvo dispuesto a hacer la nueva mezcla y que el problema no fue el tiempo.

La confusión surgió porque *Acariciando...* fue producido por la extinta disquera independiente Interdisc y editado en Argentina por EMI-Odeón. Según Aprile, debido a "papeleos burocráticos" no se sabía hasta último momento en qué sello iba a salir la nueva edición de *Acariciando...*, y eso conspiró para que el disco no saliera tal cual lo quería el grupo.

Mollo insiste con que las cosas no sucedieron así.

"Nuestro plan y el de la disquera era terminar *La era...*, hacer unos conciertos en Argentina y *regresar* a Los Ángeles para la nueva mezcla de *Acariciando...* Como somos nuevos con PolyGram, ellos no iban a poner más plata para remezclar un disco viejo antes de saber el éxito del nuevo disco. Luego del éxito de *La era...*, *Acariciando...* volvió a salir mal y yo ya no entendí más nada".

La actitud de Divididos con respecto a este incidente refleja la seriedad y honestidad de todo su trabajo. En lugar de sonreír y "apoyar" su propio disco (que, pese a todo, es un muy buen disco que suena lo suficientemente bien como para volarte la cabeza), optaron por protestar y exigir que se le respete el control creativo absoluto de sus discos, no solamente al momento de acordar presupuesto sino en la etapa de posproducción. Su control en esa etapa final es fundamental para que el producto llegue al público exactamente como lo quiere el artista.

El punto principal no es si el disco suena bien o suena mal (personalmente, me encantan las dos versiones y no sé con cuál quedarme, aunque están lejos de la perfección del sonido de *La era*...), sino que el disco NO suena como Divididos quería que sonara. La reedición de *Acariciando lo áspero* (en Argentina, EE.UU. o Plutón) debió haberse postergado hasta que Divididos hubiese dado el visto bueno. Si no sucedió así, no fue por culpa de los músicos, y el error de PolyGram no será remediado hasta que se haga lo que dice el grupo.

No se necesita "tiempo", sino sentido común.

CALENDARIO ROCKERO '94 *A LA EMILIO*

Jueves 23 de diciembre de 1993

Mirage, uno de los 12 (Del-Fi Records)

¡Apareció Emilio! Y apareció a lo grande, con un calendario que promete convertirse en una tradición más del rock en español de Los Ángeles.

Como información indispensable para los desafortunados que nunca cruzaron destinos con **Emilio "Voy a llegar tarde" Morales**, el susodicho es un músico y diseñador gráfico chilango que, además de tocar con **María Fatal** y aparecer de vez en cuando con **La Razza**, es uno de los símbolos y motores del rock local. Sólo que él, además de la usual dosis de energía y descalabro con la que cuentan los otros motores del fenómeno, también hace lo suyo con una claridad y *swing* que pocos tienen.

Por varios años, Emilio colaboró en la parte gráfica de *El acordeón*, esa extrañada publicación dirigida por **Octavio Hernández** y **Enrique Blanc**. En esas épocas me tocó entrevistarlo y conocí a un Emilio calmado, inteligente y afeitadito. Hoy, Emilio sigue calmado e inteligente, pero ahora está peludo, y continúa siendo protagonista de los hechos más importantes del rock local.

En 1992, el Primer Concurso de Rock en Español *[2020: organizado por **Patty Hernández** y del cual fui jurado con **Elena Rodrigo** y, creo, Blanc]* cerró con Emilio repartiendo una hojita de cuatro páginas que él mismo había diseñado: *La Banda Elástica*, que pronto aumentaría su tamaño a 20 y pico de páginas y se convertiría en el órgano oficial, caótico y — para variar — casi extinto del rock de Moctezuma, marcando una nueva era de la juventud alternativa.

Las neuronas, buena onda y talento gráfico le permitieron a Emilio, en varias oportunidades, "mover la carne" y ofrecer una de las columnas vertebrales ideológicas del aún desorganizado rock de Los Ángeles. Si hoy hablamos del creciente fenómeno local, el nombre de Emilio Morales es un tema obligado.

Pero llega 1994 y Emilio no podía quedarse quieto. Uniendo fuerzas con la conocida fotógrafa **María Madrigal**, Emilio sacó a la venta el **Calendario Rockero '94**, dedicado exclusivamente a las bandas locales más activas del momento. Una idea genial que, faltaba más, tenía que realizarla nuestro dúo dinámico.

El calendario incluye fotos e información completa sobre **Eclipse, Humanoide Secta, Juana La Loca, Ley de Hielo, María Fatal, Mirage, Los Olvidados, Radio Kaos, La Razzza, Los Reos, Sister Moon** y **Struendo**.

Para recibir esta ultimísima novedad local por correo, enviar cheque o giro por $15 a nombre de **Dora Arriaga**, XXXX Poppy St., Long Beach 90805. Además, el calendario se consigue en las tocadas por $12, por lo cual se ahorrarán tres dolaritos a ser aprovechados en forma de un delicioso jugo de naranja o incluso una Corona, si usted es de los que gustan de las emociones fuertes.

Como esta página es un servicio al rock, ofrecemos a Emilio algunas ideas para el futuro:

Calendario Gorila '95, con fotos de los 12 guardias de seguridad más bestiales del rock en español en acción (sacando a uno por el cuello y moliéndolo a patadas porque sabe que, como los mexicanos son pobres, no habrá demanda) y en la intimidad de sus hogares (mirando *COPS* y comiendo *beef jerky* con sus hijitos). Lo recaudado para el fondo **Javier "Piñata" Guillén**, el chavo al que los guardias casi matan en el último concierto de Tacuba.

Calendario Gracias Muchachos '96, con las fotos de los

83

programadores de radio y televisión que no se cansan de apoyar al rock. ¿No me creen? El otro día escuché a **Maná** por la radio y vi a "El ángel del rock" por televisión. ¡Este año la hacemos!

Calendario Deportivo '97, con los carros del año (del año 80) conducidos por los rockeros locales. Abolladuras a la orden del día, radiadores pinchados y ruidos por doquier menos en la bocina.

Calendario Ya Merito '98, recopilación de otro año más de "crecimiento" del rock en español. Más bandas, más discos y más conciertos, pero la misma negativa de la radio a dar el espacio y presupuesto que el rock merece.

El año que viene no tiene que haber un calendario, sino 20, y el **Rocker Gutiérrez** no debe ser el único rockero en la radio. Que se preparen los que mandan: en 1995, los volveremos locos con cartas, llamados y notas. Quizás así sí se den cuenta que existimos.

ROCANROL EN LOS ÁNGELES: LENTO PERO SEGURO

Jueves 30 de diciembre de 1993

Los Reos todavía son la banda local.
(Los Reos)

Se acabó el año y, una vez más, el rock en español en Los Ángeles está un poquito mejor que el año pasado.

Siguen existiendo los clarividentes que anualmente firman el certificado de defunción de las bandas, afirmando que "son horribles y nunca lograrán nada". Cómo pueden saberlo sin ir a todas las tocadas, es un misterio.

Lo cierto es que, ni el "boom" del rock local es tan grande, ni todo es tan horrible. Repasemos.

Las bandas:

No salió ninguna banda nueva que, personalmente, me haya dado vuelta la cabeza como lo hicieron en su momento **Los Reos** o **Scarlett** (hoy **Radio Kaos**). Los Reos reemplazaron a la monumental **Gloria Dawson** con una venezolana que se canta todo: **Lila Chacín**. Como es costumbre en el cuarteto uruguayo-venezolano-estadounidense, sus conciertos fueron muy esporádicos pero les bastaron para confirmar que son, hoy por hoy, la banda en español más estable y profesional de la ciudad.

Más esporádico aún fue lo de **Radio Kaos**, quienes estuvieron todo el año pensando en un contrato y un disco en lugar de tocar y demostrar el talento que sí tienen. La banda de los hermanos chilenos **Claudio y David Pérez Quezada** tiene todo para grabar y tener éxito pero sólo se calmarán, tocarán más seguido y madurarán como banda cuando aterricen y entiendan que el arte no se decide por votación. Sólo así sabrán firmar lo que hay que firmar.

Algo parecido sucedió con **Los Olvidados**, quienes perdieron todos los puntos ganados en el año por culpa de un caótico, improvisado concierto en El Planeta hace dos semanas. No importa: sigan tocando con confianza, que son de lo mejor de por aquí, pero si se enferma el baterista suspendan el *show* o ensayen muuuucho con el *drum machine*, muchachos.

La difusión:

MTV Latino dejó la puerta entreabierta para el rock en español, pero la radio sigue diciendo que no. En Miami, donde el rocanrol es tan popular como aquí las carreras de ardillas, el programa *Boom!* del colombiano **Kike Posada** está teniendo suficiente éxito como para seguir en el aire en Radio Ritmo.

Se necesita con urgencia que Los Ángeles tenga un programa de rock en español en una radio importante. "El Rocker" está firme en KWIZ y es un aporte fundamental, pero debemos ser más. Muchos más.

La televisión ya tiene algunos programas de videos y meterán más cosas a medida que la bendita radio haga crecer el mercado. Diarios y revistas, tanto en inglés como español, cubren lo que tienen que cubrir y tienen espacios fijos, y buenos, dedicados al rock. Que nunca falten.

Lo mejor:

La proliferación de clubes de rock en español y el aumento en la venta de boletos, sobre todo en las tocadas locales. Es cierto que muchos promotores tronaron, pero también salieron otros nuevos que hace un par de meses que están aguantando al toro (ver lista en esta misma página).

Conclusión: Me parece que el '94 será el año del empujoncito final. Vamos a darle con todo y, si en definitiva no logramos todo lo que queríamos, de todas maneras estaremos mucho más cerca.

Dónde, cuándo y qué

- **Premier, bailes con DJ todos los domingos.** Advertencia: parece que los mismos promotores admiten que se trata de un lugar "extremadamente fresa". Y hablan en serio: nada de *tennis shoes*, *jeans* rotos ni cosas por el estilo. Premier tiene un estricto *dress code* del que no se salva nadie. Guau. 7300 Eastern Ave., Bell Gardens, $8.

- **El Planeta, bailes con DJ y bandas todos los domingos.** Gratis antes de las 10 pm y, muy pronto, damas gratis. 7969 Santa Monica Blvd., Hollywood.

- **La Rockola, DJ y bandas** en la bodega abierta por **Fernando Ramírez**, cantante de **María Fatal** y flamante miembro del equipo de los padres (felicitaciones, carnal). Problema: la bodega funciona "de vez en cuando", así que vayan prendiendo unas veladoras a la Lupita hasta que Fer se ponga las pilas y abra el lugar todos los fines de semana.

- **Insomña** (créase o no, el lugar se llama así), **bailes**

con DJ los sábados. Gratis antes de las 10 pm. Melrose Ave., Hollywood.

- **Café Hola, bailes con DJ los fines de semana.** 15910 Ventura Blvd., Encino.

- **El Asilo, bailes con bandas y DJ** cada dos sábados. Hollywood Theatre, esquina de Hollywood e Ivar.

- **Pappy's, bailes con DJ todos los viernes.** 233 S. Brand, Glendale. Mencionen esta columna y obtengan un descuento del 10 por ciento (¡No, mentira, era una broma! Hagan de cuenta que no me conocen...).

- **Álvaro Gutiérrez "El Rocker",** todos los viernes a las 7 pm en KWIZ 96.7 FM. Selección musical variada (lo bueno, lo malo y lo feo), información sobre futuros conciertos y la presencia imprescindible de **Mónica Castro**, la de la chamarra bilingüe. A propósito: Mónica nos ayudó a preparar esta lista. Mil gracias.

- **¿Rock en KLVE?** ¿Alguien escuchó *Alta Tensión*? La semana próxima les traeremos detalles, porque si no lo escucho no lo creo. Si es cierto, ya no me quedan dudas de que Dios existe.

- **La Cara del Rock,** una especie de **Tianguis del Chopo** en miniatura, está ubicado en el *swap meet* del 744 S. Broadway, Local 10, en El Monte. Libros, ropa, discos y varios etcéteras rockeros.

EN DEFENSA DE MIGUEL MATEOS
Jueves 6 de enero de 1994

Largó todo. Dejó una carrera iniciada con **Zas** hacía más de una década atrás, dejó el barrio y la seguridad que le daba un nombre y un campo conocido de trabajo. Se instaló en Los Ángeles y los éxitos comenzaron a llegar. Pero sus detractores también crecían al mismo ritmo que aumentaba la cantidad de fanáticos. Finalmente, puede decirse que pocas personas en la historia del rock en español tuvieron que soportar tanta gloria y tantos palos en tan poco tiempo.

"Es un artista comercial", "es popero, no rockero",

"es fresa", "desde que se fue de Argentina empezó a hacer boludeces". Delicadezas por el estilo eran comunes entre los exquisitos, pero **Miguel Mateos** siguió calladito, componiendo, tocando y respondiendo a los ataques con discos o conciertos cada vez más exitosos.

Con *Kryptonita*, indudablemente su mejor disco *[actualización 2020: a* Pisanlov, *de 1996, no hay con qué darle]*, Mateos demostró que su talento estaba intacto y que, pese a previas entregas que poco tenían que ver con lo hecho por él en Argentina, Mateos estaba vivito y creando. *Kryptonita* fue el punto más alto de su carrera y todo parecía indicar una nueva etapa que lo reivindicaría ante los desilusionados con su llegada a Los Ángeles.

Con *Cóctel*, su nuevo disco recién lanzado por BMG, Mateos cierra su capítulo fuera de Argentina y empieza otro con cuatro canciones nuevas compuestas tras su regreso a Buenos Aires y con seis canciones grabadas en su última gira en vivo. Un disco interesante e inusual, mitad grabado en estudio y mitad en vivo, con la acostumbrada buena producción. Sin embargo, nos deja parcialmente sedientos. Excepto por la inclusión de "Lola", ninguna de sus mejores canciones forma parte de *Cóctel*. Sólo los *hits*.

"Te lo digo sinceramente", dijo Mateos por teléfono desde Buenos Aires, "elegí los temas que mejor sonaron en vivo. Tuve que dejar afuera canciones que me hubiese gustado poner, pero no pudo ser".

¿La razón? La grabación fue planeada como un disco doble en vivo pero, a medida que se acercaba la fecha de lanzamiento, las negociaciones entre Mateos y la disquera "no llegaron a feliz término" y se decide sacar *Cóctel* como un pequeño compendio. Las conversaciones sobre el futuro de Mateos con BMG continúan y, de no llegarse a un acuerdo, *Cóctel* habrá sido el último disco del argentino con la compañía.

"A esta altura de mi carrera, no acepto presiones de ninguna índole", dijo Mateos con voz serena. "La música para mí sigue siendo algo muy artesanal y estoy dispuesto a hacer solamente lo que me dicen mi arte, mis límites, mi pasión y mi cabeza. Estoy dando un paso al costado porque quiero replantearme un montón de cosas en mi vida. Voy a hacer lo que yo sienta, aunque eso signifique hacer casetes en mi casa y venderlos por un dólar, como hacía antes".

Una de las canciones nuevas del disco, "Estoy tan bien que no me doy cuenta de lo mal que estoy", fue inspirada en parte por la famosa frase del presidente argentino Carlos Saúl *Méndez* (no soy supersticioso, pero no escribo su nombre verdadero ni en pedo): "Estamos mal, pero vamos bien". La canción refleja lo que significó el retorno a casa para Mateos.

"Después de tantos años, encontré el abrazo de la gente del barrio, mi casa, mi colchón, mi baño, todo lo mío. Pero también me encontré con que nos quieren hacer creer que Argentina entró al Primer Mundo cuando más de la mitad del país la está pasando muy mal. Es cierto que éste es un gobierno democrático, que hace dos mandatos presidenciales que, por suerte, no hay militares, y que la inflación tranquilizó a los de arriba. Pero también es cierto que en Salta, en el norte de Argentina, hay escenas de cólera y hambre que son dignas de Somalia; en Santiago del Estero la gente quemó la Casa de Gobierno porque por cuatro meses no les pagaban a los maestros y los empleados públicos ganan $280 por mes, mientras un diputado gana $10,000. No nos engañemos: para entrar al Primer Mundo, primero tenemos que pasar por el Cuarto".

Pese a todos los problemas, Mateos afirma que su lucha está en Argentina.

"Ahora privatizaron los teléfonos, la luz, el gas, las aerolíneas, absolutamente todo. Es como si hubieran vendido las joyas de tu abuela. Pero todo lo que impulsa mi nueva música y lírica está acá. Yo quería volver y ahora me voy a quedar".

Cóctel incluye temas grabados en el Teatro Gran Rex de Buenos Aires, el Auditorio Nacional de la Ciudad de México y el Palace de Hollywood.

El '94 ya empezó y Mateos gradualmente se pone a punto para retomar las extenuantes giras e interminables noches en el estudio de grabación. De vuelta en Argentina, todavía está aterrizando y readaptándose a su país.

"Más allá del cuadro del lugar, estoy pasando por un momento familiar muy grato y me están saliendo muchísimas canciones", dijo, concluyendo con una frase que pareció dictada por Méndez *himself*.

"En otras palabras, con las mismas preocupaciones de siempre, pero bien".

DIVIDIDOS POR LA BOLUDEZ

Jueves 13 de enero de 1994

Días antes, días después, cuando lean esto, el nuevo CD de **Divididos** habrá llegado a Estados Unidos. Les prometo que no mencionaré más al grupo por un buen tiempo.

Es que, en estas épocas, es difícil hablar de rock en español sin mencionar a Divididos como uno de sus líderes musicales e ideológicos.

En cuanto al sonido de *La era de la boludez* (PolyGram Latino), ¿qué más puede decirse? Producido por **Gustavo Santaolalla** (**Maldita Vecindad**, **Café**

Tacuba, **Jorge González** con y sin **Los Prisioneros**, **G.I.T.** y hasta una de **Caifanes** en *El diablito*, además de su trabajo como uno de los pioneros del rock argentino), el disco es una poderosa lección de cómo tocar *en serio*.

Brevísimo repaso histórico: a fines de los '80, el legendario **Sumo** se disuelve luego de la muerte de **Luca Prodán**, por lo que surgen tres nuevas bandas: **Pachuco Cadáver**, **Las Pelotas** y **Divididos**. En julio pasado, mientras grababan *La era*..., hablamos con estos tres pibes que me tienen a 580,637 pulsaciones por minuto desde hace meses. Se trata de **Ricardo Mollo** (guitarra, voz), **Diego Arnedo** (bajo y percusión) y el baterista **Federico Gil Solá**. Lo que sigue es un resumen.

Es imposible hablar de ustedes sin mencionar a Sumo. ¿Les molesta?

Mollo: Lo que me molestó en su momento fue la morbosidad con la que se trató la muerte de Luca. Para mí, Sumo fue mi gran influencia, así que no puedo evitar hablar de eso. Yo soy fanático de Sumo antes que músico.

Arnedo: La muerte, de por sí, rompe las pelotas, pero si es una muerte joven, peor. Ahora, si es un amigo tuyo, peor aún, y si trabaja contigo y está todo el tiempo con vos, muchísimo peor. Fue algo muy brusco que, en determinado momento, nos llevó a dejar la música.

M: Luca se murió de soledad, como se muere la mayoría de la gente en este mundo. La soledad mata más que cualquier cosa. Ese buscar y siempre encontrarse con una pared en lugar de una mano amiga. Buscás cualquier camino para evitar esa soledad. Pero claro, es muy fácil decir "Uy, mirá ese tipo durmiendo en la calle". ¿Te lo vas a llevar a tu casa? No. Entonces... Cuando conocí a Luca, él ya tenía su vida hecha. Yo no sé si hubiese podido vivir con una persona así, ni si él hubiese querido vivir con alguien que lo ayude. Entonces, si sos músico, tenés que seguir tocando. Pechito y p'adelante. Es algo muy complejo. Así que, si uno no va a hacer nada al respecto, mejor no hablar.

Desde que vinieron a Los Ángeles no tocaron ni hablaron con nadie, y en Buenos Aires casi no dan reportajes. ¿Por qué?

M: Primero, no vinimos a hacer facha, sino a grabar un disco. No es que seamos ermitaños, pero hablar de la música ya es un problema. Si no habla mi disco por mí, quiere decir que lo que hice no transparenta lo mío. Pero lo de la prensa es aún más complicado.

En Argentina hay un gran problema con los puntos y las comas. Cuando alguien transcribe lo que decís y corre una coma como se le antoja, muchas veces se cambia todo lo que uno quiso decir. Decidimos hablar un poco menos para que no se malentienda lo que somos. Y con la televisión, directamente, hay un divorcio total, porque es una mentira total. Mil veces fuimos a un estudio donde todo el mundo está histérico. "Ponete acá, ponete allá, la cámara va acá...". No sos un músico, sos "un tipo que tiene que estar acá". Y cuando vas a salir al aire te dicen "Pónganse bien, muchachos". ¿Cómo te vas a poner bien? ¡Te recargaste de mala onda durante una hora! Además del nefasto *playback*, en Argentina primero te ponen el culo de una chica que baila, después venís vos y después te ponen otro culo. Tocás un poco la guitarrita y ahí viene otro culo. Entonces vos, entre culo y culo, ¿qué sos? No sos nada. Sos una tanda publicitaria entre los culos que van a pasar.

Decidimos no ir más a la televisión. ¿Qué puede pasar? ¿Qué vendamos menos discos? No importa, prefiero estar feliz. Tengo una sola vida y no quiero dedicársela a la disquera. Pero como la televisión es importante, alquilamos nuestras propias cámaras y filmamos un concierto en vivo. Si quieren, que usen ese video, pero no voy a ir a la tele a pasarla mal.

Ahora que están acá, ¿creen que valga la pena venir a grabar a EE.UU.? Escuché por ahí que en Argentina hay buenos estudios, pero la ventaja de acá es que hay mejores ingenieros...

Federico Gil Solá: Vinimos porque acá está Gustavo [Santaolalla] y la gente que él conoce. Si Gustavo estuviese en Beirut, seguramente hubiésemos ido a Beirut.

Cada vez que le hago escuchar a un rockero mexicano la versión de "Cielito lindo" [incluida en *Acariciando lo áspero*, el segundo disco, de 1991], se cae de culo. ¿Cómo surgió?

M: Cuando tenía siete años, vi una película mexicana en el cine de mi barrio que terminaba con "Cielito lindo". Fue la primera vez que la escuché; es una de esas canciones que te quedan para toda la vida. Pero, en realidad, no sé por qué diablos salió. Un día estábamos aburridos en un ensayo y salió.

¿Cómo ven el momento actual del rock en español?

M: A mí no me gusta hablar mucho de esto.

No quiero criticar a nadie. Yo hago lo que puedo y los demás hacen lo que pueden. Pero noto que todavía hay mucho de mirar al norte, y acá [en EE.UU.] tampoco está pasando tanto, salvo dos o tres bandas como **Pearl Jam** o **Nirvana**, que tocan en serio y no tienen esa onda súper *fashion*, música demasiado maquillada o purificada. En Argentina está mucho la cosa del *look* antes que la canción. Vos ves al tipo vestido y ya sabés qué toca. Y eso no es música.

¿Por qué tan poca gente en Argentina experimenta con rock y folklore, como con frecuencia hacen ustedes?

GS: Por miedo. Mucho del folklore argentino es 6/4, como el blues, pero no se toca por miedo a que te tiren con una botella.

M: Los argentinos tenemos un carácter medio soberbio y autocensurante, por miedo al ridículo. Pero lo que hacemos nosotros es lógico, porque por un lado tenemos al folclore y por el otro a **Deep Purple**. El rock, el folklore o cualquier música hay que tocarla convencido y sin miedos de ningún tipo. Cuando me [cuelgo] la guitarra eléctrica, yo no trato de tocar como los [estadounidenses], porque no puedo. Simplemente toco lo que se me antoja y lo que me sale naturalmente. Y nuestras letras no son copias del *"I love you"*, sino que son netamente tangueras. Sólo se trata de entender quiénes somos y de dónde venimos.

LA VENGANZA DE SERGIO ARAU

Jueves 20 de enero de 1994

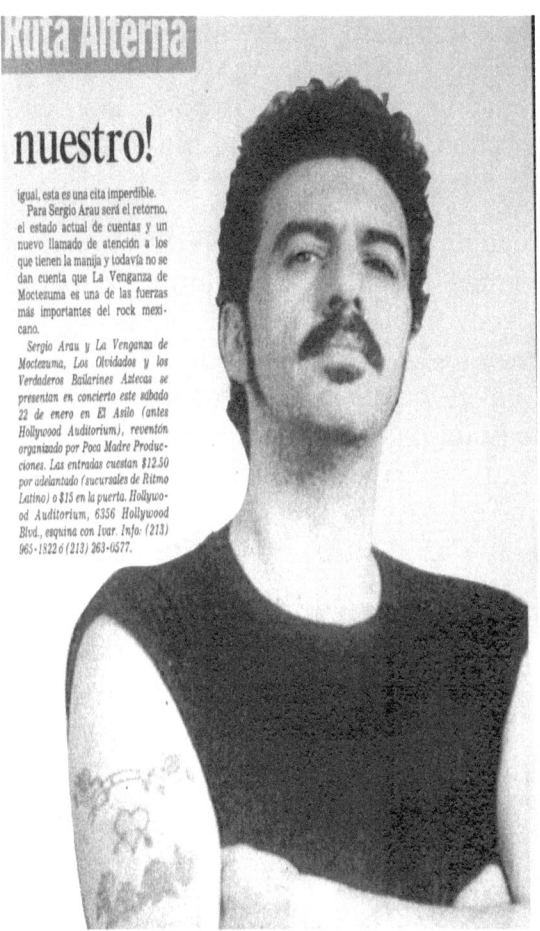

¿Qué es lo que tiene que hacer **Sergio Arau**? ¿Pararse de cabeza? ¿Ir a las radios en español con una máscara de leopardo y anunciar que regala tatuajes a todo el personal a cambio de que pasen al aire al menos una de sus canciones?

¿Qué más puede hacer el hombre? Con **Botellita de Jerez** en 1983 comenzó a dar forma a lo que hoy es la faceta más interesante del rock mexicano y, por añadidura, de todo el rock en español: la experimentación con nuestros propios sonidos y la confirmación de que, aunque algunos a veces nos olvidemos, venimos de un lado y no del otro.

Luego de un paréntesis (pero no inactividad, porque siempre está metido en algún rollo), pulió la idea de **Los Mismísimos Ángeles** y, en 1992, reapareció con **La Venganza de Moctezuma** en un inolvidable concierto en el Roxy. Para mí, que me costó entender al principio el valor de Botellita de Jerez (pura sordera, reconozco), esa noche del Roxy fue una revelación que me hizo resumergirme en ese *guacarrock* sin el cual no existirían bandas como **Café Tacuba** o **Maldita Vecindad**.

Arau está en su mejor momento y bien podría tratarse del solista más impactante del rock mexicano, rico en bandas electrizantes pero no tan repleto de individualidades que, por cuenta propia, puedan crear todo un movimiento.

En el Roxy, Arau demostró que puede tocar, cantar, y entretener a la audiencia con una variada parafernalia que incluye, además del blues y el acordeón norteño, chamarras pintadas, máscaras de luchador, mayas tomando Coca-Cola, un licuado de huevos (para soportar la vida en el D.F.) y palabras que mantienen la comunicación con el público de principio a fin.

Ya estoy hasta la madre del tema ése de las

radios y el rock en español… Lo que necesitamos ya no es que los genios-que-conocen-el-pulso-de-nuestra-juventud nos regalen un poquito de rock en español en sus pinches radios, nomás de buena onda que tienen — lo que necesitamos es una radio que se dedique *exclusivamente* al rock en español. Entiendo que las radios no tienen obligación alguna de "apoyar" al rock en español ni presentar una "equilibrada" selección de nada — el *rating* manda, y punto. El rock en español no ha tenido grandes ventas en Estados Unidos, es cierto, pero eso también se debe, en parte, a la falta de difusión radial.

Pero lo que más me molesta es cuando esas mismas radios que ignoran al rock se autoproclaman como "los amigos del rock" cuando lo único que hacen es pasar, una vez cada muerte de obispo cuyo nombre empieza con z, una limitada muestra del pop-rock más digerible y, muchas veces, ultrasaturados éxitos pop-rockeros que salieron hace años ("Tren al sur", de Los Prisioneros, y "Lamento boliviano", de Enanitos Verdes, son dos temazos, pero ¿sabrá esta gente que existen otras canciones?). Se agradece la gentileza, señores programadores, y no dejen de pasar esas canciones. Pero eso no es suficiente para que se hagan acreedores a la corona de "patrocinadores del rock".

(de la bronca, me fui al carajo; volvamos al tema original)

Arau está batallando en medio de todo esto, sin perder la sonrisa y presentándose este sábado en su segundo concierto angelino. La presencia de los **Authentic Aztec Dancers** y **Los Olvidados** (una de las mejores bandas locales), hacen de esta reunión una verdadera fiesta.

El lugar de la cita es El Asilo; un lugar oscuro, lleno de humo, chico, con todo el mundo apretado, ideal para quienes gustan de escuchar la música justo ahí, en el merito medio de la acción y con los parlantes haciéndonos vibrar la cabeza.

Para Arau será el retorno, la rendición de cuentas y un nuevo llamado de atención a los que tienen la manija y todavía no se dan cuenta que La Venganza de Moctezuma es una de las fuerzas más importantes del rock mexicano.

Sergio Arau y La Venganza de Moctezuma, Los Olvidados y Authentic Aztec Dancers se presentan en concierto este sábado 22 de enero en El Asilo (Hollywood Auditorium), reventón organizado por Poca Madre Producciones. Las entradas cuestan $12.50 por adelantado (sucursales de Ritmo Latino) o $15 en la puerta. 6356 Hollywood Blvd., esquina con Ivar.

ROCANROL EN LA CADENA DEPORTIVA

Jueves 27 de enero de 1994

(Alfredo Lewin, VJ de MTV Latino/cortesía MTV Latino)

La cosa se está moviendo y cada vez es más lógico pensar que 1994 se convertirá en el año de mayor avance para el rock en español en Estados Unidos.

MTV Latino ya llegó al Este de Los Ángeles y, con la inclusión de Puerto Rico, República Dominicana y Venezuela, ya son 14 los países a los que llega el chileno **Alfredo Lewin** (foto) con sus colegas presentadores y los videos de la cadena.

El verdadero crecimiento, sin embargo, es el que sucede todos los días. El millón de copias vendidas, ese tesoro que hace rato es nuestro esquivo pase de entrada a las radios, va a ocurrir de una o dos maneras: cuando la infraestructura esté lo suficientemente lista para producir grupos *hit* o cuando surja una generación tan talentosa como la Argentina de los '60 o la de México de mediados de los '80. Pero lo que acelerará mucho el proceso es que se sigan lanzando más discos, más conciertos y más apoyo de la prensa y televisión. *[2020:* **Maná** *lo hizo en 1992 con ¿Dónde jugarán los niños? y lleva vendidos más de 13 millones, y Molotov lo haría en 1997 pasando el millón, con un debut llamado, no por casualidad, ¿Dónde jugarán las niñas?]*

Más allá de MTV Latino, *MTV Internacional* y los escasos pero inspiradores programas de videos en los canales 22 y 34, lo más sorprendente es la aparición de otro programa en cable dedicado al rock en español. Créase o no, el programa será parte de La Cadena Deportiva de Prime Ticket, el canal en español dedicado a los deportes. En Los Ángeles, la productora Cadena Visión lanzará en febrero *Ondas en TV,* conducido todos los meses por una VJ diferente.

El potencial del programa es inmenso. La Cadena Deportiva (LCD) es un medio directo para que el rock en español se meta en un mundo que, aparentemente, no es el de los rockeros, aunque la relación rocanrol/fútbol da como para escribir un libro (no me sorprendería que alguien ya lo haya hecho). El programa se transmitirá casi todos los días en horarios de la tarde (consultar con LCD). Desde ya, nuestros mejores deseos de que todo salga bien.

Cuando hablamos de "crecimiento" del rock en español, nos referimos a la *presencia* del rock de diferentes maneras. El rock en TV refleja un lento pero constante aumento en la calidad del producto, logrado virtualmente de la nada y pese a la habitual mala onda de aquellos cuyo trabajo diario consiste en meditar en Arbitron las 24 horas del día de manera anticuada, alienante y más cobarde que cautelosa. *Ondas en TV* es otro frijolito a nuestro favor.

ESTA NOCHE SÍ

El concierto de **Sergio Arau y La Venganza de Moctezuma**, cancelado la semana pasada debido a los daños ocasionados por el terremoto de Northridge, se llevará a cabo esta noche. **Carlos Becerra**, copromotor de la tocada, informó (más vale tarde que nunca) que Arau, **Los Olvidados** y los **Authentic Aztec Dancers** se presentarán en el Upside Down Club, 1600 N Argyle Ave., Hollywood. Ahí estaremos.

CAFÉ TACUBA VS. LOS EUNUCOS

Jueves 3 de febrero de 1994

(Rubén Albarrán por Alejandra Palacios)

*"El futuro es nuestro por prepotencia de trabajo. Crearemos nuestra literatura, no conversando continuamente de literatura, sino escribiendo en orgullosa soledad, libros que encierren la violencia de un 'cross' a la mandíbula. Sí, un libro tras otro, y 'que los eunucos bufen'". (***Roberto Arlt***, prólogo de* Los lanzallamas, *1931)*

Ayer, **Maldita Vecindad**, **Caifanes** y **Café Tacuba** ilustraban las páginas de *La Pusmoderna*, esa maravillosa revistota subterránea dirigida por **Rogelio Villarreal** en el Distrito Federal. Junto con los *comics*, los artículos gigantes, las locuras y los puntuales mazazos a un sistema cada vez más insoportable, el Triunvirato Mayor del rock mexicano era el símbolo no de un movimiento, pero sí de un fenómeno que, por primera vez, colocó al rock mexicano en condiciones de intercambiar golpes con argentinos y españoles.

Hoy, el quinto número de *La Pusmoderna* está a punto de salir y las cosas para Cai, la Maldita y Tacuba cambiaron considerablemente. Según el video *El rock sí tiene la culpa* (Videos de *La Pusmoderna*), los tres grandes del rock mexicano no sólo traicionaron el espíritu alternativo del rollo sino que — tal cual lo afirman escritores, DJ's y periodistas rockeros mexicanos — la verdad es que en México hay muy pocas bandas buenas. Uno de los entrevistados afirmó terminantemente que las bandas más conocidas son apenas "pasables". Guau.

Más allá de la habitual pendejada de "a mí me gustaba la banda cuando no la conocía nadie pero ahora son populares y me valen madre", la razón de tal palo es sencilla: los tres grupos se presentaron en Televisa, en la portada de revistas como *Eres* y, como si esto fuera poco, los reportajes tuvieron un nivel de mediocre para abajo y los grupos usaron el micrófono para hablar de "paz", "comprensión" y todos los asuntos generalmente abordados por el lado de **Timbiriche** y compañía.

El video muestra clips de *La Movida*, *Siempre en Domingo* y algunas declaraciones de los mismos músicos, especialmente **Roco** (cantante de Maldita). Pero lo más de lo más de lo más es cuando **Verónica Castro** le pregunta al público cuál es el más lindo de los Tacubos, con **Rubén Albarrán** muriéndose de la risa y siguiendo el jueguito de Verónica "Ni canto, ni bailo, ni actúo pero igual me las arreglo" Castro.

Como ejemplo de "lo que debe ser", el video muestra una presentación de **Los Toreros Muertos** en *Siempre en Domingo* en la que el grupo español se rebeló contra el *playback* y simuló afeitarse o leer el diario en lugar de cantar.

"Poner el ejemplo de Los Toreros Muertos me parece una actitud malinchista", dijo a Ruta Alterna **Emmanuel Del Real**, tecladista de **Café Tacuba** durante una pausa en el ensayo. "Nosotros hicimos algo similar: **Quique [Rangel]** rompió un tololoche en cámaras y durante el *playback* nos cambiábamos los instrumentos, pero ése no es el punto. Si Los Toreros Muertos son tan *underground*, ¿por qué no se quedaron en España en lugar de ir al programa de Velasco? Nosotros, a diferencia de Villarreal, no queremos que se nos conozca sólo en la cuadra de nuestra casa. Estamos dispuestos a ir a donde sea para que la gente nos conozca. Será mejor que, en lugar de criticar, esta gente presente una propuesta musical o literaria que pueda competir con la nuestra".

También desde el D.F., Villarreal afirmó que la

posición de *La Pusmoderna* no es "moralista".

"No es una condena ni se trata de un problema tan grande", comentó Villarreal. "La televisión es imprescindible para la promoción y nos parece lógico que estos grupos la utilicen, pero no que cambien o modifiquen su discurso para adaptarse al medio, al igual que lo hacen las estrellas prefabricadas. Nos parece vergonzoso, penoso y patético que grupos que surgieron de un medio tan ajeno a Televisa se hayan integrado con tanta naturalidad a la televisión".

De acuerdo: da pena verlos así. Pero el video sí es moralista, porque no sólo critica la actuación de los grupos en Televisa sino que, a raíz de estos factores extramusicales, pone en duda el valor real y la honestidad de las bandas mencionadas.

Por mi parte, la obra de los grupos seguirá siendo juzgada en base a los discos y los conciertos. Los planes de promoción no harán más que cortarme la digestión de vez en cuando.

FINALMENTE: LA TOCADA BILINGÜE

Jueves 10 de febrero de 1994

(Santa Sabina/Culebra Records)

No son todos los que están ni están todos los que son, pero tenía que pasar y pasó: el 16 de marzo, rockeros en español e inglés compartirán el escenario en lo que será una fiesta histórica.

En este rincón: **Maldita Vecindad**, **Caifanes**,

Santa Sabina y **La Castañeda**. En el otro, **Adrian Belew** (ex **King Crimson** y **Zappa**, productor de *El silencio* de Caifanes y monstruo por derecho propio), **Live** (Pennsylvania) y **Redd Cross** (banda alternativa de Hawthorne). En el medio, **Chicano Secret Service**, un trío cómico a la Culture Clash que, como todo el humor chicano que me tocó ver, a veces me mata de la risa, a veces me aburre y otras me ofende. **Concrete Blonde**, una de las bandas angelinas más explosivas de los últimos años, no estará en el programa, ya que terminan su gira actual y se disuelven *[2020: seguirían tocando*, on and off, *hasta el 2012]*.

Revolución '94 se llevará a cabo en el Universal Amphitheatre, lo cual garantiza una acústica de primera. Un concierto similar, que iba a celebrarse en diciembre en el Palacio de los Deportes del Distrito Federal, fue cancelado "por razones de fuerza mayor", según fuentes cercanas a la organización. Con la presencia de las mencionadas bandas mexicanas, el plan era también contar con **Stone Temple Pilots**, **Rage Against the Machine** y otras importantísimas bandas nuevas de Estados Unidos. Minutos después del concierto de **La Castañeda** en el Whisky, incluso, llegó a oírse que ese malogrado concierto sería trasladado al Forum de Inglewood, pero las cosas tampoco funcionaron por ese lado.

Revolución '94 es, por lo tanto, el resultado final de una idea que, en manos del promotor equivocado, podría haberse convertido en un desastre. Ese deseo enfermizo de "apoyar" todo lo que tenga el sello de rock en español, sin considerar la calidad o al menos madurez de los participantes, suele causar que en un mismo escenario se mezclen artistas de primer nivel con otros igualmente honestos pero que, pese a sus buenas intenciones, todavía no están para las grandes ligas. En cambio, la fiesta del 16 de marzo será una oportunidad de ver juntos a varios de los más representativos rockeros mexicanos, todos ellos pasando por etapas claves de sus carreras:

- **Maldita Vecindad**, a punto de lanzar un disco con seis canciones en vivo de su gira por Europa, debe demostrar que la pólvora sigue seca. Luego de tocar por casi tres años el material de esa obra maestra llamada *El circo*, no debería tener problemas para demostrar que, como me dijo Roco, "tenemos material nuevo como para sacar 1,000 discos".

- **Caifanes** o, mejor dicho, los *nuevos* Caifanes (**Saúl Hernández**, **Alejandro Marcovich** y **Alfonso André**), se presentarán por primera vez en Los Ángeles junto a los reemplazantes (¿temporales? ¿definitivos?) de **Sabo Romo** y **Diego Herrera**, quienes abandonaron el grupo después de la extenuante gira mundial '92-'93. Marcovich recientemente declaró que el nuevo trío está buscando un sonido "con más guitarras, más potente".

- **Santa Sabina** (foto) regresa luego de una fría tocada en el Palace. Debutaron con un salvaje e inolvidable concierto en el Coconut Teaszer, pero su segunda presentación conformó a pocos. El 16 tendremos otra oportunidad de ver en acción a **Rita Guerrero** y sus muchachos, quienes podrán ser irregulares pero tocan en serio.

- **La Castañeda** es el grupo mexicano que más ha progresado en los últimos tiempos. Sus dos conciertos en Los Ángeles (Hong Kong Low en 1992 y el Whisky en 1993) fueron un éxito. Aunque su disco esté lejos de igualar lo que estos chavos pueden hacer en vivo, si siguen mejorando pronto deberán ser aceptados en el pelotón principal del rock chilango.

  Hagan correr la bola: las entradas se pusieron a la venta el 6 de febrero y el concierto es el 16 de marzo. Hay que llenar el lugar, así los que tienen la manija se animan un poquito más.

NUEVA BANDA

Recuerden este nombre: **Víctimas del Dr. Cerebro**, el primer grupo mexicano firmado por Capitol-EMI. Integrado por **Abulón** (voz), **Chipotle** (saxo), **Tuco** (bajo), **Stone Face** (guitarra), **Rana** (coreografías) y **Bruja** (batería), el grupo es una de las gratas noticias de 1994.

Las Víctimas no sólo son de Neza, sino de la mismísima Ciudad Nezahualcóyotl, la tierra del grandísimo, idolatrado ex carnicero y recientemente noqueado **Humberto "La Chiquita" González**. El pasado inmediato del grupo quedó documentado por dos discos independientes bajo el nombre **Tecnopal**, y el nuevo bautizo fue inspirado en un personaje de la película *El Santo y Blue Demon en la Atlántida*.

La banda arranca con el sencillo "El esqueleto" y una mezcla que va desde lo metálico a la balada rock, que no por divertida deja de ser potente. El disco fue producido por **Iñakis** y **Chiquis**, integrantes de **Fobia**.

"'El esqueleto' es la respuesta a las actitudes *dark* de muchos chavos que, chale, se visten de negro y andan muy acá, como muertos vivientes... Pero los mexicanos siempre hemos sido más festivos, más irónicos con el rollo de la muerte. Por eso nos burlamos de ese rollo deprimente", comentó Abulón a un periódico mexicano.

¿Qué pasa con Héroes del Silencio?

Héroes del Silencio son otra de las cartas guardadas de Capitol-EMI, pero por alguna razón todavía tendremos que esperar un poquito para tenerlos por acá.

El grupo español vendió 210,000 discos en Alemania, 90,000 en Italia, 15,000 en Francia, 15,000 en Suiza, 25,000 en México, 8,000 en los países escandinavos y Portugal y 5,000 en Venezuela. ¿No es hora de darles alguna chambita por acá?

Promotores y disqueras: junten a **A.N.I.M.A.L. de Argentina**, **Cuca** de México y **Héroes del Silencio**, y tienen un negocio redondo que dejará contento a todos.

EL AVE FÉLIX

Jueves 17 de febrero de 1994

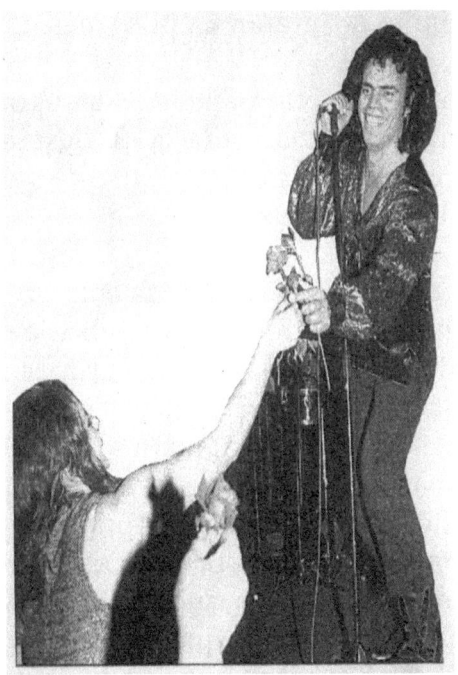

Félix en el Roxy.
Sé quién sacó la foto, pero ella dice que no se acuerda.

Y cuando nadie recuerde tu alma
Cuando se incendie una catedral
Manos de fuego abrirán tus alas
Y tu graznido renacerá
("Tal vez Cheché", Jaime Roos)

El concierto del 5 de febrero en Hong Kong Low fue un éxito por varias razones:

- El público, que con su apoyo a la fiesta ayudó a que una parte de los damnificados por el terremoto respiraran un poco más tranquilos.

- La sorpresiva puntualidad. Este reportero llegó, como de costumbre, dos horas después de la hora anunciada, para enterarse de que ya habían tocado tres bandas.

- La conciencia y camaradería entre los músicos. Mucho se ha dicho y escrito sobre la creciente envidia y asperezas entre los grupos, promotores y hasta fans. Como cuando un rockero anónimo se quejaba (con razón) por los "invitados" que entraban gratis. "¿Qué es esto? ¿No es que era un beneficio?" Sin embargo, los integrantes del grupo **Catarsis**, en su primera visita a una tocada local (están de paso por la ciudad, estudiando en el Musician's Institute), quedaron tan enloquecidos con el calor humano que decidieron quedarse en Los Ángeles y debutar próximamente en nuestro circuito. En una misma noche conocieron a promotores y músicos (**María Fatal**, **Ley de Hielo**, **Cero Maldad**, **La Razzza**, **Radio Kaos**, etcétera), todos con el mismo mensaje de bienvenida: "Anímense, muchachos… únanse a La Banda y lárguense a tocar".

Pero creo que lo más importante de esta tocada fue (suenen pitos, matracas y tamborazos zacatecanos enchufados a un amplificador de 1,500,000 watts, si es que existe):

Feelix, **Félix Mejorado** o como quiera llamarse. Por primera vez en mucho tiempo, Félix tocó junto a otros grupos en un concierto netamente subterráneo y en un ambiente 100 por ciento banda.

¿Cuál es el *big deal* con Félix? ¿Acaso es un genio de la música local? ¿Es el hombre que llevará al rock en español al éxito definitivo? No y no. Félix está mucho más allá de eso: es una especie de indestructible Rolling Stone, monstruo de Frankenstein o Ave Fénix (eso es: "Fénix" Mejorado) del rock local. Es un Stone porque vive rocanroleando, terco, a su manera y negándose a desaparecer del mapa, desde hace años, pese a los obstáculos. Es Frankenstein porque tiene en ese cuerpo contradictorio (hecho añicos y, al mismo tiempo, lleno de energía) un poquito de todos los elementos que forman al rock angelino y, en definitiva, a todos nosotros: sensibilidad, fuerza, poesía, desmadre y, por encima de todo el caos, una honestidad a prueba de balas que le impide transar y que ha sido el factor que le ha dificultado tanto las cosas a través de los años. Y es un auténtico Ave Fénix que renace de sus cenizas y se niega a dejar la cancha aunque los contrarios lo estén moliendo a patadas.

Éste es mi nunca tardío homenaje a Félix Mejorado, símbolo de los rockeros de este lado y de los cientos de artistas anónimos que mueren y renacen, que luchan contra la soledad, la injusticia y la sordera que muchas veces rodea a aquellos cuya meta principal en la vida no es un auto y una casa, sino llegar a la muerte tranquilos de haber hecho lo que *tenían* que hacer.

En sus comienzos en las "noches latinas" del Roxy, allá a mediados de los '70, Félix cantaba en inglés como **Felix and the Kats** junto a grupos chicanos, participando de una época importante de la escena local pero sufriendo en carne propia los problemas que le ocasionaron su calidad de "mexicano de México": Félix siempre fue *"the Mexican dude"*, "el del acento", una especie de ciudadano de segunda clase (¿suena familiar?). Al regresar de México en épocas de *Botellita de Jerez* y darse cuenta de que "la cosa era en español", volvió a la lengua de Zapata y comenzó su segunda época: músico y promotor, metiéndose en rollos que terminaron por romperle los nervios y dejarlo literalmente en la calle. A la larga, el pozo fue lo que terminó devolviéndole la vida. El pozo, sí, pero también la compañía de su esposa Anita, a quien habría que hacerle un monumento aparte.

"No, manito... Tuve que caer bien abajo para darme cuenta de que sí tengo talento, sí tengo cosas que decir y sí tengo la fuerza para deshacerme de cosas que me hacen daño", me dijo antes del show.

En poco tiempo sacó su nuevo disco, tocó dos veces en Los Ángeles y está por hacer su segunda gira por México en dos meses.

¿Qué pasará en el futuro? Ni él lo sabe. Pero Félix ya hizo algo que pocos logran: reconocer limitaciones, compensarlas con una fuerza interior poco común y, en el proceso, ser libre. Si su disquera se da cuenta de lo que tiene entre manos, ése es otro rollo. Félix debe seguir en la de él, mientras yo me saco el sombrero.

EL ROCK DE VIVES
Jueves 24 de febrero de 1994

(Carlos Vives por Alejandra Palacios)

Frente al escenario, un semicírculo de fotógrafos y decenas de adolescentes escuchan los primeros acordes de lo que parece ser un concierto de rock de primer nivel. El resto del público está compuesto por escépticos ejecutivos radiales, de paso por Los Ángeles para la edición 1994 de la convención Radio y Música.

El líder de la banda (melena rockera, shorts de jean ajustados y desflecados, piernas de futbolista y sonrisa de galán) hace una seña a su banda y, en segundos, la rockofobia desaparece. "¡Esto no es rock!" parecían decir las caras aliviadas de los señores de traje y corbata.

Era la presentación de **Carlos Vives** y su grupo **La**

Provincia, quienes batieron todos los récords de venta de discos en Colombia con una versión pop del vallenato, la música de la costa norte de Colombia.

La actuación de Vives el viernes pasado (18 de febrero), además de ser lo mejor de la convención anual, fue una adelanto de lo que será su debut en Los Ángeles a mediados del año.

Vives era conocido en Colombia por haber actuado en 14 telenovelas y por dos discos de baladas pop que gozaron de considerable éxito comercial. Pero su rotundo triunfo comenzó a vislumbrarse gracias a la serie televisiva *Escalona*, inspirada en la vida del compositor vallenato **Rafael Escalona**. Vives, oriundo de Santa Marta, se acercó aún más a la historia de la música vallenata y decidió formar La Provincia, grupo con el cual grabó dos discos a comienzos de los '90.

"Era más bien la banda de sonido de la serie", nos dijo Vives en su habitación, minutos después del concierto. "Me di cuenta que todo el aprendizaje que obtuve en la serie lo podía utilizar al servicio de las raíces del vallenato. Al principio creí que a los colombianos no los iba a mover nada, porque sólo consumían rock en inglés o baladas mexicanas o españolas. Pero el éxito de esos primeros discos me convenció de que sí había un mercado y decidimos ir a buscarlo".

Con la edición de *Clásicos de la Provincia*, la búsqueda no tardó en dar sus frutos: se vendieron más de 600,000 copias en tres meses, un récord absoluto de ventas en el país cafetero. La música más popular de toda Colombia es hoy el vallenato, que literalmente significa "nacido en el valle" (en este caso Valledupar, que es el Valle del Cacique Upar, en la cuenca del río

Cesar). Salvando las distancias y diferencias musicales, es un fenómeno comparable a lo que logró **Juan Luis Guerra** con la bachata en la República Dominicana.

"Es difícil pensar en esas cosas", dijo el humilde Vives después de una pausa. "Si me comparas con Guerra, me harías un gran favor".

Vives admite que su música no es vallenato puro, pero agrega que los discos de los tradicionalistas que critican su tendencia tampoco son representativos.

"El vallenato puro es lo que no tiene luces ni micrófonos. Es lo que ocurre debajo del palo de mango, en la sierra, en el camino, junto al río, en las canciones de los juglares que iban de pueblo en pueblo con su acordeón cantando historias … Lo mío no es folclore, sino una proyección de la música que conozco. Y los maestros de esa música me aceptan porque conservo valores que ellos desean que se conserven".

Con La Provincia, Vives utiliza instrumentos tradicionales como la tambora, la guacharaca (similar al güiro) y el kuisis (flauta de la Sierra Nevada de Santa Marta), al igual que la batería, guitarra y bajos eléctricos, teclados y una adición sin precedentes en el vallenato: los coros femeninos. El acordeón de **Egidio Cuadrado**, campeón de acordeón vallenato en 1985, es la columna vertebral de un sonido más indígena que negro, con ocasionales incursiones en la cumbia y hasta el *reggae*.

Pero Vives creció escuchando otra cosa.

"Mi escuela es el rock argentino", dijo Vives, entusiasmado. "Es fantástico, lo más grande. Escuché a **Sui Generis**, el Flaco **Spinetta**, **La Máquina de Hacer Pájaros** y **Serú Girán** antes de escuchar a los **Beatles** y a los **Rolling Stones**. Me pasó al revés que a la mayoría".

Vives se cansó de las telenovelas y, sin darse cuenta, estampó para siempre su nombre en la rica historia de la música popular colombiana. *Clásicos de la Provincia* es una antología de canciones de Escalona, **Emiliano Zuleta**, **Alejo Durán** y otros juglares provincianos. Ahora le toca a él inventar el nuevo vallenato y cantarle, con sus propias palabras, a la tierra que lo vio nacer y que ahora muestra por todo el mundo.

"Las canciones de *Clásicos de la Provincia* fueron compuestas en épocas en las que muchos de nuestros problemas actuales no existían ... Quiero que conozcan la música de mi provincia y la lucha de mi gente, pero lo que más quiero es decirle al mundo que Colombia es un país de gente buena".

LOUIS McCORKLE (1953-1994)

Jueves 17 de marzo de 1994

Louis McCorkle, baterista de Mirage, no aguantó más y se suicidó el 14 de marzo.

Nunca sabremos exactamente por qué sucedió. Antes de encerrarse en el baño de su casa en Brentwood, sellar las ventanas y la puerta y destapar un tanque de nitrógeno, Louis dejó una carta para su esposa **Taylor**, de quien supuestamente se estaba divorciando. Nadie, ni los que sólo intercambiamos un par de palabras con él, ni sus compañeros del grupo, ni **Luis Rosales** de Del-Fi Records (disquera que en 1992 lanzó a la venta *Angel ardiente*, el primer CD de Mirage, producido por Louis), sabíamos del divorcio ni de su depresión.

"Me hace sentir muy mal que no haya confiado en nosotros", dijo el argentino **Roberto Conte**, tecladista de Mirage y líder del grupo desde que el guitarrista y cantante **Jorge Juri** regresó a su Buenos Aires natal para estar con su padre enfermo. Conte y Louis eran amigos y compañeros de trabajo en Hughes Aircraft, y nada parecía indicar que algo andaba mal.

"Una semana antes me regaló una batería electrónica y me agradeció por todo lo que hicimos por Mirage, como si fuese a irse a alguna parte", dijo Rosales. "Era una caballero y un excelente profesional. Siempre me dio la impresión de ser una persona muy estable y positiva. Sin dudas, era la columna vertebral de Mirage".

Louis nació en St. Louis, Missouri, el 18 de septiembre de 1953. Llegó a salir de gira con gente de la talla de **Ted Nugent** y **Rush**. En 1991 se casó con Taylor, a quien conoció en un bar angelino en 1986.

"Él siempre supo que yo lo amaba", afirmó Taylor. "Discutíamos, sí, pero jamás inicié trámites de divorcio. Teníamos una relación normal".

Hace cuatro años, Louis ingresó a Mirage y el resto es historia.

Recordaremos que el 26 de febrero en Cudahy se despidió del público rockero, que una semana antes de partir le regaló una batería electrónica a Rosales y que, en su carta, le regaló su propia batería a Conte para que el grupo siguiera sin él. Mirage seguirá tocando y pronto, seguramente, tendremos un concierto en su memoria.

Pero la vida continúa y, junto con el dolor que nos quedará por siempre, esta ciudad seguirá teniendo los mismos ingredientes que acabaron con Louis y tantos otros.

Si Louis "estaba bien", ¿cómo hacemos, de ahora en más, para detectar a los que viven al borde? ¿Es tan difícil entender que no todos contamos con las misma herramientas para sobrevivir en este mundo cada vez más materialista y lleno de indiferencia? ¿Cuántas personas esperan su turno, incapaces de comunicarse y cansados de hacer malabarismos con las exigencias de la sociedad y lo que cada uno de nosotros necesitamos?

El dolor y la rabia que sentimos no debería hacernos olvidar que cada vez hablamos menos y que, por más lágrimas (una vez más, tardías) y buenas intenciones, debemos tener mucho cuidado en creer que "todo está bien".

¿Cómo abrirnos, cómo ser transparentes, cómo mostrar nuestras debilidades sin que nos coman vivos, sin que unos se aprovechen y otros desaparezcan? ¿Podremos algún día trabajar y ser "miembros productivos de la sociedad" sin temor a escuchar y compartir, realmente, el dolor ajeno?

Muchos lloramos la muerte de Louis. El pesar es sincero y tiene el efecto de un rayito de luz que nos dice que todavía no somos unos completos animales. Pero seguiremos en las tinieblas si pensamos que la víctima aquí es sólo Louis y si caemos en la solución más fácil: limitar la tragedia a los deseos de un ser que "estaba muy mal".

Claro que estaba muy mal, muchísimo más de lo que ninguno de nosotros (los sensibles, los rockeros, los vivos) empezamos a sospechar. Si los síntomas de Louis fueron causados por nuestra incapacidad de proveer una atmósfera que elimine las ganas de decir "BASTA", ¿cuál es nuestro propio diagnóstico?

Quizás por todo esto me dejo llevar por la rabia y se me antoja parafrasear algo que escribió Jon Landau en su obituario sobre otro rockero: "Pese a todo el dolor que podamos sentir, nadie nunca sabrá cuánto más dolor nosotros le causamos a él".

MALDITA LA CLAVÓ EN EL ÁNGULO

Jueves 31 de marzo de 1994

(Roco por Alejandra Palacios)

El gol al ángulo de **Maldita Vecindad** en **Revolución '94** nos silenció a todos los que habíamos sospechado que la pólvora se les había mojado.

Fue un placer estar equivocado, pero el placer mayor fue que lo hicieran con tanta contundencia y facilidad. No sólo nos dejaron mudos a nosotros, sino a los filósofos de café que hace años vienen degollando a las bandas más importantes de México — y a sus defensores — por razones personales y extramusicales.

El símbolo del sentimiento "antes y después"

en torno a Maldita queda resumido en dos cartas que llegaron a Ruta Alterna de nuestro lector **Jorge Leal** (*a.k.a.* "El Implacable"). En la primera, enviada días antes de Revolución '94, Leal no anduvo con vueltas y despotricó contra Maldita en la tele, contra el arte gráfico y musical del disco en vivo ("En Europa, sí… Europa e Insurgentes en el D.F. El disco no tiene un hilo y las fotos son horribles", escribió) y en general contra el grupo que, después de *El circo*, lo ha (*nos* ha) venido desilusionando por casi tres años. Sin embargo, un par de días después del histórico concierto, Leal "se bajó del banquito" (como diría Su Majestad **Polo Polo**) y se sacó el sombrero.

"[En Revolución '94] Maldita se la llevó", escribió Leal. "Si yo había perdido la fe en ellos ya la [recuperé gracias a] tres canciones nuevas y lo más explosivo de *El circo*". Leal termina la extensa carta con buena onda para Ruta y el movimiento en general, y nos pide consejos porque planea estudiar periodismo. Ya hablamos por teléfono, pero se lo repito por si las moscas: lo más importante es estudiar, amar la profesión y estar dispuesto a morirte de hambre o pasarla muuuuy mal con tal de hacer lo que te gusta. Hay que escribir y escribir, a los ponchazos y aunque algunos ladren, porque los de afuera son de palo (salvo que ladren sin faltarte el respeto, en cuyo caso escuchá y aprendé).

[2020: Jorge Leal, por suerte, estudió pero se convirtió en mucho más que un simple periodista: tiene doctorados, maestrías y es un pinche académico de la cultura alternativa latina/bilingüe de Los Ángeles, respetadísimo en EE.UU; ahora soy yo el que tendría que pedirle consejos a él.]

    Ahora que la fiesta ya pasó, es hora de que el rock local tenga una presencia discográfica que se acerque más a la realidad, porque aquí en Los Ángeles sólo conseguimos menos del 10 por ciento de lo que pasa en México. Cualquiera de las siguientes producciones debería llegar acá (en disco o en vivo) antes de fin de año. Si no llegan, entonces seguimos mal. Juzguen ustedes mismos.

Tijuana No (Culebra) tocan el 21 de abril en el Whisky; **Los Lagartos** (Culebra), producidos por Alejandro Marcovich; **Gerardo Enciso**, cuyo disco de Culebra sigue sin salir por aquí, pero parece que tocará donde mis amigos (?) de Macondo Espacio Cultural; **Toxodeth** (Culebra, de Monterrey); **Cecilia Toussaint** (Sony); **Fobia** (BMG), otros que nos dejaron el disco pero hace siglos que no vienen; **Crista Galli** (Warner, mexiquenses de Naucalpán de Juárez); **Coda** (Epic/Sony); **Amén** (*Los sueños de María*, BMG/Rodven); **Víctimas del Dr. Cerebro** (EMI Latin); **Guillotina** (Warner); **Ansia** (Warner) y **Juguete Rabioso** (a punto de grabar con Warner).

Otros de Sony: **Makina, El Clan, Raxas, Los Necios, Consumatum Est, Sistema** y Limbo Zamba.

Entre los independientes: **Insignia, Neurona Violeta, La Compañía Eléctrica, Teresa Estrada, El Huitlacoche** y **Rompecabezas**.

Tijuana merece un espacio aparte y espero pronto sacar una hoja especial sobre ellos.

Más cortitas: Discos Denver, expertos en grabaciones de décima pero más comerciales que muchas de los sellos grandes, lanzó en 1993 a **Banda Bostik, Lira 'n' Roll, Yaps, Mara** y **Rebel D' Punk**. Lo mejor del catálogo de Discos Denver puede conseguirse en La Cara del Rock (801 S Broadway).

Y todo esto sin contar lo de España, Argentina y el resto de Latinoamérica (que tiene pocas cosas pero tiene). Falta mucho por hacer. A no aflojar.

2 TOCADAS 2: Miguel Morales (**La Razzza**) nos llamó antes de cerrar la página para contarnos de dos tocadas a celebrarse en el piso de arriba del Hong Kong Low en Chinatown. La primera tendrá lugar el 8 de abril con **La Razzza, Amantes de la Nada, Área 502, Panteón Azteca, 15 Letras** y **Juana La Loca**. El 30 de abril, La Razza y Juana La Loca regresan junto con **Motita, Via Crucis, Cábula** y **Ley de Hielo**. La entrada cuesta $8 y no hay límite de edad. Y no olviden que la primera banda arranca a las 8 p.m.

HACIÉNDOLE LA CAMA AL ROCK

Jueves 7 de abril de 1994

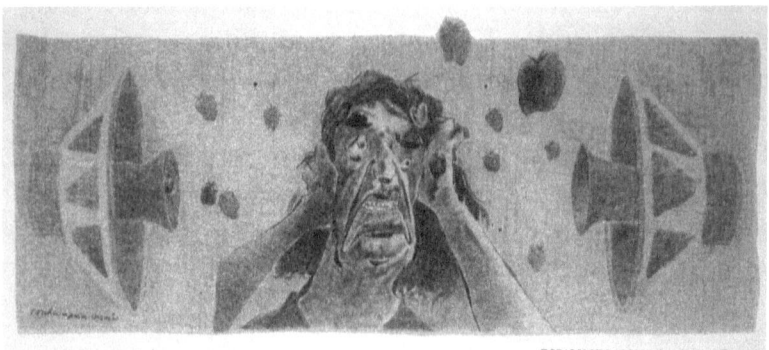

(Ilustración de Rosalío Velasco para Nuestro Tiempo)

A medida que se llenaba de gente la pista central de La Cama, el club "de rock en español" que funciona todos los domingos en el Shark Club (Olympic y Grand, en el centro de Los Ángeles), el rock de las primeras horas desaparecía para dar paso al mismo pop que semanalmente pasan otros clubes. ¿No era que La Cama iba a ser diferente? ¿Se está repitiendo la historia? ¿Cuándo tendrán los rockeros su propio lugar?

"¡¡Que se dejen de chingar!!", protestaba el periodista mexicano **Octavio Hernández**, reflejando el sentir de los rockeros que se miraban como vegetarianos en carnicería. "¿Por qué no se compran 20 CDs de rock y pasan eso?"

That's a goooood question, amigos, y aunque en

esta página no hay respuestas sino aún más confusión, veremos si con un cariñoso tirón de orejas logramos que La Cama no se convierta en otra buena intención sepultada por las dudas que aún existen en cuanto a la viabilidad del rock como fuerza de cambio.

Muy sencillo: si anuncian "rock en español", *pasen* rock en español, y pásenlo *con más frecuencia* que cualquier otra música. ¿Suena arbitrario y cabeza dura? Cabeza dura, sí, pero arbitrario no. Me parece maravilloso que la gente baile y consuma el tipo de música que se le antoje. Pero no que los promotores repitan un error que ya se está confundiendo en rutina: utilizar el mantra "rock en español" cuando, en realidad, se trata de una discoteca común y corriente donde, además, de vez en cuando pasan algo de rock.

Al final, los platos rotos siempre los termina pagando algún DJ anónimo que sigue órdenes y es, además, el blanco de todas las puteadas.

Los motivos que escuché sobre la insoportable presencia de las "ritmodelanocheces" (¡puajjj!) en La Cama me hicieron temblar. Con todo respeto, opino que los siguientes argumentos son mitos y, como buenos mitos, paso a destruirlos uno por uno:

MITO 1: "Los que quieran rock pueden ir al salón de atrás, pero en la pista grande tenemos que pasar eso ["eso": pum-pum-pum-pum hasta el infinito] para atraer a la gente".

La neta: Si la única manera de atraer a la gente es pasando basura, entonces ¿para qué hicieron tanto ruido anunciando rock? ¿Por qué tanta paranoia? Hagan la prueba e inviertan los papeles: pongan rock en la pista grande y, a los que quieran algo más suavecito y fácil de digerir, invítenlos cordialmente al cuartito de atrás.

MITO 2: "Todavía no hay suficientes rockeros".

La neta: No los conté, pero los más de 5,000 que llenaron Revolución '94 no fueron a escuchar a **Xuxa**. Creo, al borde del fanatismo, que sí existen suficientes personas para asegurarse de que La Cama no pierda lana. Y los que no están, van a llegar pero, *antes de convencer a la gente para que vaya, primero deben convencerse ustedes, señores promotores*, de que el nivel y potencial comercial del rock en español creció lo suficiente como para no depender de otro estilo como carnada. Y los fresas son fresas pero no estúpidos: ninguno se va a ir si pasan "Hijo del lechero". Y hasta me cansé de hablar de los fresas. Esto no se trata de bandos ni oídos ni gustos diferentes, ni de la vieja muletilla del "hay que complacer a todos" (que, dicho sea de paso, es imposible), sino de la necesidad de crear un espacio que sea alternativo pero también sólido. ¿Quieren o "necesitan" pop para atraer, también, a un público más general? Perfecto, pero raciónenlo de manera tal que quede bien claro cuál es el perfil principal del lugar.

MITO 3: "Necesitamos atraer a los poperos para darle más clase al lugar".

La neta: Sin tanta sutileza y en un tono bastante más insultante ("No pasamos [rock mexicano] para que no se nos llene el lugar de esa gente", llegó a decirme un promotor argentino que hace bailes muy exitosos en Glendale, *hint, hint*…), algunos clubes se niegan a pasar rock mexicano por entender que los rockeros aztecas son salvajes o espantan a la gente. Un disparate que ni vale la pena analizar. Pero sí es cierto y entendible que con La Cama se trata de hacer un lugar para nosotros, supuestamente, pero donde todos se sientan cómodos. *Fine, fine, fine.* Tómense todas las licencias que quieran y hagan todos los cambios que quieran hacer, pero no eliminen lo que es, según los anuncios, el corazón de La Cama: el rock. Sin un repertorio mayoritariamente rockero (en serio), La Cama nunca se convertirá en "la sede" del rock.

"Yo estoy augurando que La Cama estará aquí de por vida", me dijo **Roberto Rivera**, gerente general del Shark Club. "Esperemos que éste sea un nuevo comienzo para el rock en español de Los Ángeles. El éxito económico llegará, pero debemos seguir dándole calor para que agarre fuerza. Cualquier sacrificio vale la pena".

DJs y promotores: aprovechen la buena onda del jefecito. Pierdan el miedo y tírense al agua en lugar de andar a medias tintas. Nadie se va a ir si van *all the way* con el rock, y hasta toleraríamos tranzar en algunos puntos menores, siempre y cuando no se olviden de lo que anuncian en el volante.

ETERNAMENTE LORA

Jueves 14 de abril de 1994

(Alex Lora por Alejandra Palacios)

Álex Lora sigue sin citar a **Kafka**. Para él, **Buñuel** no existe y el mundo de lo sutil le sigue siendo tan ajeno como hace 25 años, cuando con **Three Souls In My Mind** se convirtió en el máximo símbolo del rock mexicano. Él, mejor que nadie, logró comunicarse con el pueblo en el lenguaje del pueblo, y quienes lo acusen de simplista y vulgar tienen razón: Lora *es* simple y *es* vulgar, y a él le importa un bledo.

A los 41 años, Lora sigue haciendo gala de una productividad asombrosa. Su disco *25 años* apareció en noviembre en México (aquí también, pero nadie lo sabe porque, según WEA Latina, es "parte del catálogo", *whatever the hell that means*). El disco en vivo, grabado el 12 de octubre pasado en el "Palacio de los Rebotes", como él llama al Palacio de los Deportes del D.F., saldrá pronto. Pero las canciones para un *siguiente* disco ("el 25") ya están grabadas, al igual que seis canciones que irían en "el 28", que quizás salga en dos años. Lora atribuye su inspiración actual a la ayuda de su esposa **Chela**, quien ha sido su mánager desde hace 14 años.

"Tengo mucha suerte de que mi patrona me haga el paro", dijo Lora, quien pertenece a esa rarísima clase de seres que, mezcla de brutalidad y ternura, poseen una inocencia y barrio que les permite decir cualquier disparate e insultar a todo el mundo sin que nadie se sienta ofendido.

Lora se mete con nuestra mamá, nuestra hermana, la policía, el gobierno, con el cura y consigo mismo, y agrega que los homosexuales, a quienes hace 25 años se dirige con una palabra de cuatro letras, deberían respirar tranquilos: los insultos son "bromas en buena onda".

"No se la crean", dijo Lora, quien de haber nacido y rocanroleado de este lado de la frontera estaría incluido en la lista negra de la comunidad *gay*. "Yo me burlo de ellos, pero también me burlo de mí mismo, así que no se ofendan", insistió. "Sepan distinguir entre la persona y el *show*, el personaje. Sobre el escenario puedo decir lo que se me antoje, pero debajo de él respeto el estilo de vida de todo el mundo".

Hecha la aclaración (?), Lora en persona poco tiene que ver con la imagen que de él tienen quienes no lo conocen. Pocas personas con su éxito muestran tanta amabilidad y sencillez, y quienes son cercanos a él pueden atestiguar sobre su autenticidad y buena onda.

Lo cual no significa que haya dejado de destrozar a sus blancos favoritos. En dos horas de reportaje, Lora no perdonó ni a **Colosio**. "Es muy mala onda que hayan matado a este niñito, pero cuando estaba en vida muchos lo repudiaban. Es como digo en una nueva canción que compuse para él: 'Si quieres conocer tus cualidades, muérete. Y si quieres conocer tus defectos, cásate'".

Los nuevos rockeros mexicanos no podían quedar al margen del bombardeo, lo cual nos lleva a aquella noche memorable con **Verónica Castro** y **Caifanes**, cuando **Saúl Hernández** y **Diego Herrera** se pasaron varios minutos manifestando su respeto por Lora y lo que **El Tri** representa para el rock mexicano. Cuando la Castro le preguntó a Lora "¿Y a ti qué te parece la música de Caifanes?" Lora, con su habitual diplomacia, reconoció que "son buenos músicos" pero que la música de Caifanes "no me gusta", mientras Saúl sudaba y cambiaba de colores como un semáforo.

"¡Es que no me gusta esa música!", dijo Lora a

Ruta Alterna, recordando entre risas la gran quemazón de los Caifanes. "Hubiese sido muy falso de mi parte decir que son lo máximo. Todos ellos son mis cuates, pero la música que tocan no me pasa. A mí me gusta el rocanrol, el blues… La fusión de los ritmos latinos con la música moderna y todo ese tipo de mamadas a mí no me agradan. Que el jazz con el mambo y tecno progresivo con lambada, a mí me vale madre. Pero respeto a cualquier músico que se pare frente al público a hacer su propia música".

Lora se alejó de Three Souls In My Mind por diferencias con el entonces baterista **Carlos Hauptvogel**. En uno de los grandes errores de la música popular mexicana, Hauptvogel insistió en ser el dueño del nombre y en poco tiempo pasó al olvido mientras Lora subía y subía.

"Él se quedó con el nombre porque quise, pese a que lo había inventado yo", dijo Lora a RA. "Pero la gente siempre nos llamó 'El Tri'. Al momento de la separación, él hizo mucho problema con 'el nombre', y que él era el dueño del nombre y todo el relajo, así que yo le dije '¡Pos' quédate con tu pinche nombre!' Ellos quisieron seguir tocando mi música como si yo estuviera ahí, pero no estaba. Grabaron dos o tres discos con mis rolas, pero eran unas versiones espantosas. Yo he oído grupos tropicales tocarlas mejor". (Por teléfono desde México, Hauptvogel declaró a RA que "el nombre le pertenecía a los dos")

Para el sector más purista de la prensa rockera mexicana, Lora sigue siendo un cero a la izquierda como guitarrista, como cantante y como compositor, al extremo que lo han llamado "el gran manipulador". Lo definen como una persona que aprovechó su inesperado éxito y se aferró a una imagen y fórmula musical que le permitió hacerse de una envidiable carrera con sólo tres acordes.

"Bienaventurados sean los que me avientan calabazas, porque de ellos será el reino de los infiernos", dijo a carcajadas. "En serio, les agradezco que ladren de vez en cuando porque no hay nada más aburrido que todo el mundo venga a decirte que lo tuyo es magnífico. Yo sé bien cuándo acierto y cuándo le erro, y tú mismo sabes cuándo escribes algo bueno y cuándo un artículo no te quedó tan bien; no necesitas que venga ningún cabrón a decirte nada".

Más allá de las críticas, lo cierto es que El Tri se las arregló para triunfar en el rock mexicano sin radio ni televisión. Su legión de rockeros más subterráneos que el Metro Balderas sigue firme al pie del cañón.

"Hace 25 años que vengo retratando a México y a los mexicanos con un mensaje simple y directo", dijo. "¿Tú te crees que yo canto porque amo la vida y quiero enviar un mensaje? No, manito… Yo canto porque estoy podrido por dentro y mi alrededor está aún más podrido que yo. Sólo mi lira me alivia de la podredumbre. Y lo mío es el blues y el rocanrol. No quiero hacer como ese basquetbolista que ahora quiere jugar al béisbol. Está loco, nunca la va a hacer".

Días después del reportaje, los **Medias Blancas** enviaron a **Michael Jordan** a las Ligas Menores.

VÍCTIMAS DEBUTAN EN LA CAMA

Jueves 21 de abril de 1994

A simple oída, el debut de este domingo de las **Víctimas del Dr. Cerebro** en La Cama es interesante pero no vital. El quinteto de Neza es prácticamente desconocido por aquí y los pocos que escuchamos el CD (que incluye el poderoso *hit* "Esqueleto") reaccionamos con aprobación pero sin euforia, aunque todos estamos de acuerdo en que el disco es digno y las Víctimas el prototipo de banda "para ver en vivo".

El grupo, formado hace seis años como **Tecnopal**, hoy continúa con papá **Chipotle** a la cabeza y sus tres hijos lactantes: **Abulón**, **Tuco** y **Ranas** (17 añitos y abstemio), completando la banda el **Bruja** y **Stone Face**. Pero está claro quién es el que manda.

"¡Ay, papá, ya no nos pegues!", se escuchaba a lo lejos mientras hablábamos por teléfono con Abulón. "¿Qué pasa?", le pregunto. "¿Tu hermanito se portó mal?", y me contesta que Chipotle "es muy exigente, no nos deja hacer nada". Sin embargo, sobre el escenario las Víctimas no parecen tener problemas de falta de libertad.

"Estamos bien 'Lorenzos' por aquí", dijo papá Chipotle. "A diferencia de algunos grupos, las Víctimas no somos para nada solemnes: arriba del escenario somos muy desmadrosos, un perfecto descontrol".

Chipotle describe a Neza como un lugar donde el rock en español está cada vez más activo y donde, gradualmente, los diferentes estilos se acercan y dejan atrás las divisiones.

"Todos los días pasa algo en algún lado", dijo Chipotle sobre los hoyos rockeros de Neza. "Aunque por un tiempo la cosa estaba un poco más cerrada, ahora es común que **Caifanes** toque con gente como **Síndrome**, por ejemplo. Y ésa es la idea de rock que nos gusta a nosotros. Debemos juntarnos porque los jóvenes tenemos mucha fuerza. Separar públicos y estilos es nefasto para el rock".

Antes de firmar con EMI, las Víctimas grabaron dos discos independientes que, pese a ser bastante precarios, les permitieron convertirse en una atracción del rock subterráneo mexicano.

"Eso es lo que les decimos a los chavos que tienen una banda: échenle ganas y no esperen a que venga una compañía y les diga que tienen su apoyo", dijo Abulón. "Hagan lo que quieran, *demo* o disco independiente, pero sáquenlo".

Más allá del éxito del concierto de este domingo, lo más importante es que La Cama — que necesita enderezar el timón rápidamente para asegurarse de que la clientela puramente rockera le siga siendo fiel — debe aprovechar el momento actual del rock angelino. Luego del concierto de **Mentes Opuestas**, la visita de las Víctimas es un paso fundamental para que La Cama entienda que el verdadero éxito está por el lado de la música en vivo; lo que haga el DJ es un complemento. Y aunque hace dos años que seguimos esperando la aparición de *la* banda local que arrastre multitudes a cualquier lado, llegó el momento de compensar nuestra sequía con visitas masivas de las bandas mexicanas, con o sin disco, pero *buenas*.

Y hagámoslo por cuatro o cinco meses como parte de una gira por Nueva York, Chicago, Miami y Fresno, y en poco tiempo tendremos una cadena nacional de rock en español cuyo impacto será contagioso. Dejémonos de pensar en chiquito y abramos los ojos de una buena vez: Los Ángeles ya no es "la" capital del rock en español en Estados Unidos. Quizás seamos los que hacemos más ruido y tenemos más conciertos, pero en otras ciudades también hay bandas y rockeros. Llegó la hora de la exportación, y grupos como las Víctimas son ideales para mantener la llama encendida en La Banda de la Costa Este.

Las Víctimas del Dr. Cerebro se presentan este domingo en La Cama, ubicada en el Shark Club, 1024 S. Grand, en el centro de Los Ángeles. El show empieza a las 8:30 pm y los boletos cuestan $12 ($10 para miembros del Club Rock en Español). Para mayores de 21 años.

Con cuidado, por favor

Días después del suicidio de **Kurt Cobain**, fuentes de Geffen Records anunciaron que, por el momento, no habrá ningún tipo de promoción discográfica relacionada directa o indirectamente con **Nirvana**. Según publicó **Steve Hochman** el 17 de abril en *Los Angeles Times*, "Geffen Records mostró precaución en cuanto a hacer algo que podría percibirse como capitalizar con la muerte de Cobain. No se promoverá ningún disco existente de Nirvana e, incluso, la disquera puso una moratoria en cuanto a la promoción del reciente álbum de **Hole**, la banda de **Courtney Love**, viuda de Cobain". Según Hochman, la misma decisión se aplicará al esperado disco con la actuación acústica de Nirvana en **MTV** y otras actuaciones en vivo del grupo.

¿Y por casa? La muerte accidental de **Andrés Bobe**, guitarrista de **La Ley**, no parece haber afectado mucho los planes promocionales del grupo chileno. Según fuentes en PolyGram, el grupo ya había terminado de grabar el nuevo disco, y en un mes y medio se presentarán en Acapulco con un guitarrista que ya ha tocado con ellos. Por lo tanto, nada ha cambiado y la mayoría de los titulares de la prensa hispana en Los Ángeles lamentó la muerte de Bobe por ser "un duro golpe para la internacionalización del grupo".

En lo personal, me importa un bledo la "internacionalización" del grupo. ¡El tipo se mató en un accidente de moto! Es un buen momento para parar todo, respirar hondo y pensar qué diablos es lo que tenemos que hacer.

Calendario

21 de abril: Tijuana No, Motita, Los Olvidados y María Fatal en el Whisky a Go Go, 8901 Sunset Blvd., West Hollywood, a partir de las 8:30 p.m.; $12, pero $10 en Ticketmaster.

22 y 24 de abril: El Haragán y Compañía (del DF) y otras bandas en la Terraza Jamay, Whittier y 10 (Montebello), 6 p.m.

5 de mayo: Sergio Arau y La Venganza de Moctezuma en el Roxy, 9009 Sunset, West Hollywood.

EL LEÓN DE CAÑADA ROSQUÍN

Jueves 28 de abril de 1994

(León Gieco por Alejandra Palacios)

"No cantes más esa canción o te metemos un tiro en la cabeza", le dijo el **General Móntez** a **León Gieco**. Corría el año 1979, época de pleno conflicto entre Argentina y Chile por el Canal de Beagle, el cual tuvo a ambos países al borde de la guerra. Poco antes, Gieco había lanzado su cuarto disco, que incluye el ya clásico "Sólo le pido a Dios".

"Me dijeron que en tiempos de guerra no se pueden hacer canciones pacifistas", dijo a Ruta Gieco, quien estuvo unos días en Los Ángeles dando los últimos toques a su nuevo disco, una recopilación con nuevas versiones de sus más grandes éxitos.

En 24 años de carrera, Gieco se erigió como uno de los símbolos del mejor rock argentino, pero su trayectoria trascendió los límites del rock para colocarlo en la lista de los más importantes músicos populares de Argentina.

Luego de sus inicios en el folk-rock, a partir del cuarto disco Gieco regresó al folclore que siempre amó y, eventualmente, compartió discos y escenarios con gente tan variada como **Mercedes Sosa, Silvio Rodríguez, Milton Nascimento, Peter Gabriel, Pete Seeger** y **David Byrne**, entre muchos otros.

Con *Mensajes del alma* (1992), Gieco regresó con todo al primer plano del rock argentino. A su disco anterior, *Semillas del corazón* (1989), le habían seguido diversos proyectos paralelos y grabaciones experimentales personales o para otros artistas, pero *Mensajes...* fue el "verdadero" regreso discográfico de Gieco y su primera grabación con una disquera importante como EMI Odeón.

El resultado fue de primera. El disco es una serie de emocionantes baladas de corte netamente folclórico y forma parte del mejor trabajo de Gieco. Pero el disco abre con "Los Salieris de Charly", un explosivo "rap agropecuario" que aprovecha el impacto e influencia de Charly García en el rock argentino para describir al país con devastadora ironía, rematando todo con un "*somos del grupo Los Salieris de Charly/le robamos melodías a él*".

147

Gieco ya era grande mucho antes, incluso antes de "Sólo le pido a Dios".

Su primer disco, producido por **Gustavo Santaolalla** (productor de **Maldita Vecindad**, **Café Tacuba** y **Divididos**, entro otros), nació casualmente un año después de que Gieco llegara a Buenos Aires procedente de Cañada Rosquín, un pueblito en la provincia de Santa Fe. En esa época, los miembros de **Arco Iris** daban clases de música y Gieco se acercó a Santaolalla para tomar clases de guitarra. En la "primera lección", Santaolalla le pidió a Gieco que tocara algunas de sus canciones, como hacía con todos sus alumnos.

"Cuando escuché eso no lo podía creer", dijo Santaolalla, que vive en Los Ángeles desde 1978. "Le dije, 'Mirá, pibe... Yo no te puedo enseñar nada. Lo que puedo hacer es ayudarte a que grabes un disco'". *León Gieco* salió a la venta bajo el sello Music Hall y su autor entraba a la historia del rock argentino por la puerta grande. El disco es considerado un clásico y fue el inicio de una relación laboral y amistosa que marcó profundamente el desarrollo musical de Gieco. Fue Santaolalla quien lo llevó a una disquera, quien le produjo cuatro discos (sin contar tres canciones de *Pensar en nada*, en 1981), quien le recomendó relacionarse con músicos "no rockeros" sin prejuicio alguno y quien lo apoyó cuando la disquera creía que Gieco estaba loco por hacer algo que "no es rock".

Irónicamente, los mismos militares que amenazaron con pegarle "un tiro en la cabeza" en 1979 apoyaron a "Sólo le pido a Dios" en 1982, luego de la derrota argentina en la guerra por las Islas Malvinas

("Falkland Islands" *my ass*). La canción, revivida por Mercedes Sosa en sus históricos conciertos de ese año, se convirtió en himno y fue utilizada por los dictadores como un consuelo tras la humillación sufrida ante los ingleses.

Para Gieco, eso fue el colmo de la hipocresía y decidió apartarse de la escena por un tiempo. Entre 1983 y 1984 viajó por Estados Unidos, Italia y España, y regresó solamente a realizar lo que es quizás su obra más importante: *De Ushuaia a La Quiaca*.

Inspirado por una monumental gira en la que recorrió 60,000 millas e hizo 450 presentaciones para 450,000 personas, Gieco decidió volver a esos lugares y grabar con los músicos folclóricos que había conocido en cada lugar. El resultado fue tres discos producidos por Santaolalla: *De Ushuaia a La Quiaca 1* (1985, grabación de estudio), y *De Ushuaia a La Quiaca* 2 y 3 (1986), grabados en un estudio móvil en diferentes pueblos, al aire libre y con los músicos de cada región. Una consagratoria obra maestra.

En marzo se editó en Argentina el libro *León Gieco: Crónica de un sueño*, por el periodista **Oscar Filkenstein** del diario *Clarín* de Buenos Aires. El libro cubre todos los detalles de la vida y carrera de Gieco, discografía completa (16 discos, incluyendo el recordado *Porsuigieco*, junto con **Raúl Porchetto** y **Sui Generis**, de 1976) y un prólogo escrito por Mercedes Sosa:

"En el año '83 ... me surgió decir que **Charly** era el número uno pero que el más amado era León. Si no hubiera un León Gieco habría que crearlo, porque es un artista necesario. No hay con quién se lo pueda comparar. No hay nadie que tenga la dimensión de

León Gieco. Todas las personas tenemos cosas buenas y malas. León ha visto mis lados malos, pero yo nunca pude encontrarlos en él. La humildad, la colaboración, la solidaridad, no son valores muy frecuentes. León los tiene todos".

ROCK SIN *SLAM* = TACO SIN SALSA

Jueves 5 de mayo de 1994

(Ilustración de Reuben Muñoz. Copyright © 1994 Los Angeles Times. Used with Permission.)

"¿Cómo nos van a pedir que no hagamos slam *en un concierto de rock? Si quieren paz, hagan una tocada con Tori Amos o Elton John, no con Las Víctimas [del Dr. Cerebro]".* **(Tucupá Delgado, cantante de Los Olvidados)**

Cuando un equipo de periodistas latinos se echa una "cascarita" [lo que en el Río de la Plata se llama "picado"] en los preliminares del fútbol internacional, las autoridades del Coliseo (es que nosotros no jugamos en cualquier canchita) nos hacen firmar un documento en el que el estadio no se hace responsable por lesiones. Si te quiebran una pata, hablá con tu seguro médico o pegate el fémur con Crazy Glue, pero el Coliseo no tiene nada que ver.

Algo similar me ocurrió en Las Vegas para una pelea de boxeo. Don King Productions repartió un papelito según el cual el promotor no se responsabilizaba por los lesionados en el *ringside,* incluyendo el muy posible caso de que **Mike Tyson** sacase del ring a un ropero de 300 libras y éste se te cayera encima.

Los rockeros debemos hacer lo mismo. Aprendamos de las clases disciplinadas y honestas y pongamos a **Yvonne**, **Flora** y **Alma** (las mera-meras del Club de Rock En Español) en la puerta de cada concierto para que repartan los siguientes formularios:

"Quedo informado que este club no se hace responsable por lesiones causados por el demoníaco slam. *Si quiero ver el concierto de las Víctimas del Dr. Zedillo en primera fila o en el mero medio del* slam *mientras unos me pegan y otros saltan del escenario, no voy a llorar ni me pondré de acuerdo con el*

licenciado Juan Ladrónez para cerrar el lugar.

Si soy tan loco o incivilizado como para meterme en semejante desmadre, es mi problema. Pero sé muy bien que este distinguido club no pondrá un centavo para coserme la herida ni muchísimo menos para asegurarme un funeral honorable y cristiano.

Y aprovecho para agradecerle al mánager de este club la gentileza que tuvo al haberme dejado entrar esta noche, pese a que mi vestimenta y actitud general son absolutamente abominables".

Una vez que todos firmen, los "eslameros" profesionales se sentirán libres y el resto, ya acostumbrado a pararse en zonas más seguras, disfrutará del *show* sin las escenas horribles que se repitieron el 24 de abril en La Cama.

Según testigos (yo tuve que irme antes por problemas de salud, pero pongo las manos en el fuego porque esto no es nada nuevo), Los Discípulos de Koon (también conocidos como "guardias de seguridad") volvieron al acecho con los mismos métodos de siempre: golpes, estrangulamientos y empujones (tienen razón cuando dicen que nosotros no somos ningunos santos, pero los palos son de ustedes y la sangre es nuestra).

Los testigos me contaron que a **Omar López**, sonidista de **María Fatal**, lo arrastraron escaleras abajo por haberse quedado dormido en una mesa y los guardias lo tiraron a la banqueta mientras uno gritaba *"Get this trash outta here"* ("saquen a esta basura de aquí"); y a todos los que querían disfrutar como se viene haciendo en el rock desde hace años, le hacían dos advertencias y, a la menor violación, los sacaban a golpes. ¿Las razones? También las mismas de siempre: NO *SLAM*, NO CLAVADOS.

"No es cierto", dijo **John Roma**, recepcionista diurno del Shark Club, como se llama el club el resto de la semana, y uno de los asistentes de seguridad de ese día. "Autorizamos el *slam*, pero quisimos limitarlo a la zona cercana del escenario. Lo que no quisimos era tener clavados, por la seguridad de los equipos y de los propios muchachos que se tiraban".

Una duda que me carcome es: ¿Cuál es el gran problema con el *slam* y los clavados? ¿Tan grave es la cosa? ¿Por qué no entienden que el problema con el rock no es el *slam*? Eso es parte del rollo y con violencia nunca lo van a detener, a menos que se prohíban los conciertos (al tren que vamos, eso no va a tardar en ocurrir).

Para principiantes: el *slam* es ese remolino humano junto al escenario donde nuestra sana juventud corre y se empuja al ritmo de inocentes himnos populares. Y los clavados son simplemente eso: tipos y tipas que se zambullen desde el escenario pero, en lugar de agua, encuentran cuerpos humanos que, por lo general, los atajan, pero a veces se abren y el pobre tipo se clava de cabeza en el suelo (siempre se levanta, en otra prueba de que el rock hace milagros).

Si el miedo son las lesiones y las demandas… No sé, flaco… Llamen a **Don King** para que les informe cómo evitar la demanda o averigüen qué se puede hacer. Nosotros les firmamos cualquier cosa, aunque les tenemos más miedo a los guardias que al *slam*.

Abran los ojos y sepan distinguir entre el peligro y lo inofensivo, entre el control y la brutalidad, y entre un rockero de 21 años y una vaca rumbo al matadero.

Nosotros también debemos despertarnos: a la violencia no se la combate con violencia. Si somos tan machos, vayámonos a Chiapas a ayudar al **Subcomandante Marcos**, pero si decidimos quedarnos aquí hagamos valer nuestros derechos, sí, pero sin dejarnos llevar por una rabia que sólo echa más leña al fuego.

Si no nos avivamos de los dos lados, algún día alguien va a morir. Y ni el *slam* ni el mejor de los clubes valen más que la vida de nadie.

LOS NUEVO DE CAFÉ TACUBA: ¿EL DISCO DEL AÑO?

Jueves 12 de mayo de 1994

la escasez de seres que dejan de lado las broncas y frustraciones personales al momento de evaluar un producto artístico, y pese a los muchos que, justamente, todavía no entienden que un producto artístico no se evalúa, sino que se siente cerrando los ojos y dejando que un *riff* o una melodía o un trompetazo te ponga los pelos de punta y te

De arriba hacia la izquierda, Cosme, Joselo, Don Quique de Rangel y Arroyo y Emmanuel de Café Tacuba.

(Los Tacubos por Alejandra Palacios)

Del segundo disco de **Café Tacuba**, anunciado para mediados de julio (Dios y WEA mediante), todavía no existe ni el nombre ni la tapa. Pero la semana pasada, con **Rubén Albarrán** ya en México y un par de días antes de que **Joselo**, **Quique** y **Emmanuel** pegaran la vuelta, pude escuchar el disco en el estudio de grabación de Tarzana.

A la breve conversación informal siguió una escuchada junto con los productores **Gustavo Santaolalla** y **Aníbal Kerpel** y el ingeniero de grabación **Tony Peluso**. Fue la primera vez que el equipo Tacuba escuchaba el disco prácticamente terminado de punta a punta. No me pregunten detalles, pero cuando salga el disco hablaremos más específicamente y quienes lo escuchen sacarán su conclusión.

Lo que sí voy a decir es que la noche del 3 de mayo de 1994 me hizo cambiar los planes de Ruta Alterna para esta semana: ese día, todo lo relacionado con el *slam* de La Cama se transformó en algo obsoleto que puede esperar siete días. Hoy, paro las máquinas y le envío un mensaje a los eunucos del rock mexicano, aquellos que no le perdonaron a la banda haber "hecho el juego" de Televisa y les pido que se saquen el habano de la oreja y las espinas del corazón y escuchen con atención un disco que es un clásico instantáneo. Y a la banda: sigan haciendo lo que les dé la gana. Aquí les mando algunas sugerencias:

- Vayan a Televisa, graben con Fonovisa y firmen cualquier cosa por una visa.

- Afíliense al PAN y cambien su repertorio para que los pasen en La X.

- Cámbiense el color del pelo y cuélguense aretes del ombligo.

- Ahora que Rubén ("Pinche Juan") se hace llamar Cosme y Quique es Don Quique de Rangel Arroyo, vayan buscando nombres ridículos para los otros dos.

- Canten en inglés, francés y *swahili* para llegar a más gente.

- En los reportajes, hablen de la paz, la confraternidad universal y los animalitos.

- Díganle "¡NOOO!" al alcohol y las drogas y "¡SÍ!" a la lechita pasteurizada.

- Júntense con **Franco** y **Vikki Carr** para hacer un especial de World Vision.

- Sáquense una foto con el Papa y graben un EP de fusión de cantos gregorianos y norteñas.

- Vayan a Miami a gritar contra Fidel y a juntar fondos para la campaña de **Bob Dole** y **Pete Wilson**, y a Cuba a despotricar contra el capitalismo. (No, Wilson no. Ni en broma.)

- Escóndanse por 10 años en los Himalayas y reaparezcan con un especial de televisión en las tres Américas, tocando lo que más venda y lo que dé más *rating*.

- Graben una versión de "La Cumparsita" en árabe con **Julio Iglesias** y hagan un concierto en el Sahara a beneficio de la campaña contra el terrible drama del *graffiti* en las pirámides.

- Repitan hasta el cansancio que no son rockeros y compongan chamarritas, boleros y bachatas.

En otras palabras: hagan lo que quieran, cuando quieran y como quieran. Pero, mientras sigan haciendo música como la del segundo disco, el rock mexicano seguirá vivito y coleando y la música seguirá hablando por sí sola pese a lo "correcto" y lo "incorrecto", pese a la escasez de seres que dejen de lado las broncas y frustraciones personales al momento de evaluar un producto artístico, y pese a los muchos que, justamente, todavía no entienden que un producto artístico no se evalúa, sino que se *siente* cerrando los ojos y dejando que un *riff* o una melodía o un trompetazo te ponga los pelos de punta y te haga sentir bien, venga el trompetazo de la **Banda Juvenil Sandinista** o de **Arturo Sandoval**.

Pasarán revoluciones, partidos y manuales de instrucciones, y seguiremos desilusionándonos con aquellos a quienes por años adoramos y defendimos como unos idiotas. Y mientras los revolucionarios nos bajamos los pantalones y los de arriba chupan sangre, tarde o temprano siempre quedaremos como al principio: tirados en el piso con la oreja contra el parlante y el estéreo a todo volumen.

Tacuba calló a todos con un disco de primera y una sonrisa de oreja a oreja, y los mexicanos pueden sentirse orgullosos de que su sufrido país, por alguna misteriosa razón, sigue produciendo grupos así.

Después del Mundial, Café Tacuba. *Just wait.*

LA CAMA Y EL *SLAM*: PUNTO FINAL
Jueves 19 de mayo de 1994

(La Razza por María Madrigal)

Confieso estar bastante aburrido de los rollos en La Cama, pero había prometido las citas relacionadas con el *slam*. Acá están:

"Los guardias de seguridad de La Cama no sólo se portaron de una manera muy negativa con los que hacían *slam*, sino con los mismos músicos que íbamos a tocar en el *lounge room*. Ni en el periódico ni en los anuncios previos se informó que no se podía llevar tenis o camiseta ni bailar *slam*. Nos dimos cuenta de eso en la entrada. Nomás empezabas a brincar en tu lugar y los *securities* ya te caían encima. Yo me subí al *stage* a aventarme un *diving* y me agarró un *security*; me zafé y me volvió a agarrar; me zafé otra vez y casi nos agarramos a golpes. ¿Por qué me resistí cuando me quiso parar? Porque es un concierto. Se supone que los conciertos de rock son para eso. Aunque mucha gente no lo entienda, el *slam* es como una psicosis. Empieza uno y la vibra se la pasa a otro hasta que son muchos haciendo *slam*. Es como cualquier deporte y la idea no es agredir, aunque nunca falta un pelo en la sopa, no te lo voy a negar". **(Tucupá, cantante de Los Olvidados)**

"Por intermedio de *La Banda Elástica*, mi hermano René se ganó unos boletos para el concierto de **Las Víctimas del Dr. Cerebro**. Nos manejamos seis horas desde San Leandro, pero al llegar no nos dejaron entrar porque el ID de mi hermano estaba maltratado y en la puerta creyeron que era falso. No pudimos convencerlos de que los dos éramos mayores de edad y ni siquiera llamaron a los organizadores para que nos dejaran entrar. El *security* nos dijo que le importaba un comino de dónde viniéramos, que aunque viniéramos de la China no nos iba a dejar entrar". (**Carolina Flores**, chilena)

"Llegamos a tocar y nos dicen: 'Ahí está su equipo'. Era un equipo de seis canales y unas bocinas como de 30 pulgadas de alto, cuando nosotros necesitamos por lo menos 12 canales. Por fortuna, **Fernando** [**Ramírez**, cantante], de **María Fatal**, traía todo su equipo en su *van* y lo compartió con nosotros. Luego, cuando tocaba **Excel Nova** [ex **Juana La Loca**], **Rubén** [**Tucupá**] y yo nos pusimos a bailar abrazados, y viene un chicano y nos dice en inglés, '¿Saben qué? Dejen de bailar así porque, si no, los voy a sacar'. '¿Por qué nos van a sacar?' 'Porque por estar bailando así pueden golpear a otra persona'". (**Jorge Infante**, guitarrista de **Los Olvidados**)

"No entiendo el *slam*, no sé cómo alguien puede disfrutar haciendo eso. Nuestra preocupación es la seguridad de los equipos y que alguien se lastime y termine demandando al club. Si esto sigue así, tendré que parar con los conciertos en vivo o sólo dejar que toquen las bandas más tranquilas. No tengo conocimiento de esos supuestos casos de exceso de fuerza ni malos tratos en la puerta". (**Roberto Rivera**, gerente del Shark)

Ahora volvemos a nuestra programación habitual, no sin antes dejar en claro algunas cositas:

- Esta página condena la fuerza innecesaria y la persecución enfermiza sufrida por los "eslameros". Éste y todos los clubes de rock deben conocer al público que manejan.

- Roberto Rivera empezó La Cama con la mejor intención y no quiere maltratar a nadie. Lo que pasó, pasó porque Rivera sabe tanto de rock como yo de ingeniería industrial y los cerebros de La Cama, también con buena intención, cuidaron todos los detalles menos el más importante: ¿Quiénes van a venir y cómo tratarlos?

- Con respecto a los guardias de seguridad, ésa es una camada aparte que merece ser estudiada a fondo. A los pocos que tienen algún tipo de entrenamiento, ¿quién les enseña? ¿Existe algún estudio profundo que explique el extraño mecanismo de sus cerebros? Pero seamos justos: comparados con los del Palace de Hollywood, los guardias de seguridad de La Cama son las Hermanitas Descalzas.

- Para que conste en el acta: el concierto de **Los Fabulosos Cadillacs** del 1 de mayo se llenó y transcurrió sin incidentes. OK, OK, son argentinos y la banda mexicana no está tan prendida con ellos. Pero el clima previo se prestaba para cualquier cosa y nadie se dejó llevar por la adrenalina: ni los guardias ni los rockeros.

Y mejor paro acá porque tengo que meter el calendario, sino lo de **La Razzza** me matan.

21 de mayo: L.A. Razzza, **Piel**, **Cábula**, **Las Abejitas** (dos chavas y tres chavos), **Futuros Primitivos** y **Perfectos Extraños**.

28 de mayo: L.A. Razzza, **Orixa** (de San Francisco), **Los Olvidados** y **Ley de Hielo**. Ambas fechas en el piso de arriba del Hong Kong Low, 943 N. Broadway, 7:30 pm, $8, sin guardias y con *slam*.

5 de junio: Pedro Aznar en el Wadsworth Theatre de UCLA. Ex bajista del legendario **Serú Girán**, el grupo más poderoso de la historia del rock argentino (para mí, *at least*) y multiinstrumentista del **Pat Metheny Group**, con el que ganó tres Grammy. ¡¡Gratis!!

Maybe: Regreso de **Luis Alberto Spinetta**, Dios clave del politeísta rock argentino, esta vez con su hijo **Dante**, del dúo rapero **Illya Kuryaki and The Valderramas**. En julio.

LFC EN L.A.: VICTORIA

Jueves 26 de mayo de 1994

Hay que tener un corazón de piedra o los oídos tapados con cemento para no disfrutar del ska, reggae o cualquiera de los muchos estilos incursionados por **Los Fabulosos Cadillacs** a través de los años. Y ahora que la banda vive su mejor momento — lo cual de por sí es admirable, porque en su primera época ya se habían cansado de vender Discos de Oro en todos lados — se me ocurre analizar por arribita su carrera y tratar de llegar a alguna conclusión sobre por qué la adoración a la banda no es unánime.

¿Por qué esa relación agridulce con el público angelino? ¿Por qué, cuando parece que ya se les pasó el cuarto de hora, LFC se reafirman como una de las bandas más importantes del continente? ¿Por qué no los dejamos en paz?

Quiebro una lanza a favor de los Cadillacs y le echo la culpa al *karma* y al *status quo*: LFC ya hace rato que se ganaron el derecho de piso, pero la propia naturaleza del grupo y su decisión de actuar sin temor a equivocarse o "quedar mal" siempre los tendrá en medio de alguna polémica y uno o dos pasitos más adelante que la mayoría. ¿Será por eso que se llevan tan bien con **Café Tacuba**? Sólo así se puede explicar lo que hicieron:

- En 1986 surgen en Argentina como el primer grupo de ska y son ignorados como "una barra de gorditos saltarines". Tocaban mal, **Vicentico** cantaba peor que ahora y la banda estaba mucho más cerca de los **Clash** y **Specials** que de la **Sonora Matancera**.

- Después de *Bares y fondas* (editado recién el año pasado en Estados Unidos), su público subterráneo crece. Pero su primer gran éxito masivo lo logran con "Mi novia se cayó en un pozo ciego", incluida en *Yo te avisé* (1987), el segundo disco. Ganan discos de Oro y Platino en Argentina, Uruguay, Chile y Perú, y "Mi novia…" hoy sigue siendo una de las mejores canciones *ever* del rock en español.

- En 1989 debutan en Los Ángeles en la Arena Deportiva y el público de **El Tri**, al igual que hizo esa misma noche con **Alejandra Guzmán**, **Kenny y los Eléctricos** y varios más, los recibe tirando nachos y cerveza al escenario.

- Vuelven cinco veces a L.A. y la banda mexicana se divide: los aman, los odian o los respetan sin entusiasmo. Pero ya nadie se ríe de ellos.

- Graban *El león* (1992), su sexto disco, y se ganan la credibilidad definitiva de todo el mundo, logrando incluso entrar a las listas de España, algo más difícil que mirar *Sábado Gigante* sin estar atado a una silla.

- Este año sale en EE.UU. *Vasos vacíos*, la ensalada definitiva de éxitos y algunos temas nuevos. "Matador", uno de los nuevos, se convierte en su mayor éxito, superando incluso a "Mi novia…". Venden 230,000 discos en cuatro meses en Argentina y van rumbo al Oro en Chile, Colombia, Panamá, Honduras, Costa Rica, Bolivia, Perú, Uruguay y México. En cinco semanas de ventas en L.A. parece que ganarán por lo menos su primer Disco de Oro en este país.

En definitiva, los LFC triunfaron gracias a sus virtudes:

El aprendizaje: No son grandes instrumentistas, pero tampoco unos troncos y con el tiempo mejoraron enormidades. El bajo del **Sr. Flavio** y la batería de **Nando Ricciardi** están cerca del tope de mi lista personal. Hoy, los Caddies no pasan vergüenza con nadie.

La polenta: LFC son una máquina en vivo, algo que comprobé en el primerísimo show (no anunciado) que dieron en L.A. en 1989 (antes del show en la Arena), en un pequeño club llamado King King's o algo así *[actualización 2020: sospecho que ese club no existe más]*, ante ocho personas, donde arrancaron con "El genio del *dub*" y arrasaron con todo en ocho canciones.

El zorzal criollo: Vicentico no es un cantante, sino un *cantor* (siempre preferí a los cantores). Pertenece a ese glorioso grupo integrado por gente como **Atahualpa Yupanqui**, **Silvio Rodríguez**, **Bob Dylan** y un montón de tipos y tipas que jamás entrarían en *alla* Scala de Milán, pero igual se las ingenian para cantar como los dioses. Como alguna vez dijo **Jaime Roos** sobre **Yupanqui**: nadie puede decir que Vicentico "canta bien", pero *nadie* canta mejor que Vicentico.

Los creadores: LFC todavía están aquí porque Dios, **Krishna**, Alá o **Maradona** quisieron que Vicentico, Flavio, **Sergio** y **Vaino** produjeran canciones juntos. Al fin y al cabo, son *las canciones* las que los mantienen en el candelero. Y son esas canciones las que los mantendrán activos incluso luego de la disolución del grupo, aunque esto ya huele a Rolling Stones…

Las letras: Los Cadillacs bailan y hacen bailar, cantan y hacen cantar pero, a diferencia de otros que van a la segura y no quieren ofender a nadie, no olvidan ni lo que pasó hace 500 años ni los 90,000 desaparecidos hace muchísimo menos. Sin panfletos ni temor a sonar anticuados, LFC se pronuncian ideológicamente con tanta rabia como inteligencia, en una brutal actitud que mezcla a **Rubén Blades**, **The Clash** y la hinchada de Boca.

Tommy y K.C.: Tom Cookman, 100 por ciento estadounidense y 100 por ciento argentino (no, no me falla la matemática), los manejó con mano maestra en EE.UU., aunque siempre tiene la cuchara en todas partes. **K.C. Porter**, productor de *El león* y *Vasos vacíos*, les enseñó lo que significa hacer un disco que suene bien y que no tenga desperdicios. Ahora sí podemos regalarle a cualquiera un disco de LFC sin decirle "escuchá la tres, la ocho y la 10; las otras son un bodrio". *[2020: sigo pensando que Cookman es el mejor publicista que conocí en mi vida. Nadie, absolutamente nadie, hizo mi trabajo como periodista más fácil. Pedirle una foto, o información, o disco o lo que sea a Cookman es recibir respuesta inmediata de Cookman. Hoy, después de 21 años, su Latin Alternative Music Conference sigue firme todos los años en Nueva York y ni el coronavirus pudo con ella. Y ojo que estoy lejos de ser santo de su devoción, pero crédito a quien crédito merece.]*

Concluyendo: LFC son *the real thing*. Que sobrevivieran el paso del tiempo no fue un golpe de suerte sino la inevitable consecuencia del peso de su música y la ejecución de un buen plan de trabajo. Salud.

ÚLTIMO MOMENTO:

4 de julio

Ratones Paranoicos

La Cama

Stay Tuned

PEDRO AZNAR VUELVE A L.A.

Jueves 2 de junio de 1994

A la izquierda, con Serú Girán
(Foto: Andy Cherniavsky)

A la derecha, con el Pat Metheny Group
(ECM Records)

[Actualización 2020: Esta página es un doble penal errado. Por un lado, la conversación tuvo lugar por teléfono a las cuatro de la mañana (4 am, sí), luego de un show de Pedro en UCLA en algún momento entre 1990 y 1992. El reportaje completo salió publicado en el extinto El Diario de Los Ángeles, *donde yo escribía y traducía. Cuando Pedro regresó a L.A. en 1994, decidí reproducir el reportaje, con algunas cosas nuevas, pero las mentes brillantes de* Nuestro Tiempo *a último momento decidieron poner no uno, sino DOS avisos en mi página y tuve que cortar todo a los machetazos. Lo que quedó fue una cosa horrible, sin foto, escrita a los pedos. El reportaje original desapareció. Sólo recuerdo una cita: "Yo era la oveja negra de Serú Girán".* Whatever, *esto es lo que quedó.]*

Con Serú Girán, el cantante y multiinstrumentista **Pedro Aznar** grabó cuatro de los discos más importantes en la historia del rock argentino. En 1992, luego de 10 años de separación, junto con **Charly García**, **David Lebón** y **Oscar Moro** tocó su viejo instrumento, el bajo, en la emotiva reunión del grupo ante más de 70,000 personas en la cancha de River Plate en Buenos Aires. Hasta ese momento, se trató del concierto más grande en la historia de ese país.

Su consagración definitiva llegó cuando, a mediados de los '80, el jazzero **Pat Metheny** lo llamó para que se uniera al grupo en giras y grabaciones. Con Metheny, Aznar viajó por todo el mundo y grabó tres discos, dos de los cuales ganaron el Premio Grammy.

Aznar se presentará el domingo en un concierto gratis en el Wadsworth Theatre de UCLA junto con su grupo (**Alejandro Devris** en teclados y **Bob Leatherbarrow** en batería, más algunos invitados), como adelanto de su nuevo disco solista anunciado para septiembre. Éste es un breve resumen de una reciente conversación telefónica con Aznar, quien vendrá a mostrar lo nuevo pero no podrá evitar que algunos nos acordemos de lo viejo.

¿Cuál fue la enseñanza más importante que te dejó tu trabajo con Pat Metheny?

Muchísimo en todos los aspectos, pero lo que más aprendí fue regresar a la canción, a la simpleza en lugar de la exuberancia.

Pese a la emotividad, a nivel musical la reunión de Serú Girán fue criticada, especialmente por la supuesta floja actuación de Charly. ¿Te hubiese gustado que Charly estuviese bien para continuar creando con Serú, o sos de los que dicen: "Con Charly, nunca más"?

No necesariamente. Yo creo que cualquier artista puede tener un mal momento o estar desconcentrado en un momento particular. Yo no diría las cosas tan drásticamente. No me parece que Charly esté acabado ni mucho menos. Estoy de acuerdo en que su actuación en esos shows fue deslucida, pero no dejó de ser un espectáculo absolutamente brillante en muchos sentidos y una reunión de un gran valor emocional para todo el mundo.

¿Por qué pegó tanto Serú Girán?

Por la química particular que se armaba en todo el grupo, por el momento histórico que le tocó retratar, por cómo el grupo lo retrató, por las letras, por lo revolucionaria que fue en su momento la propuesta estética que planteó... Fue un momento descollante del rock argentino.

En *Serú Girán '92* la mano de Charly no está tan presente como en la primera época. ¿Fue casual o se debió a alguna decisión previa basada en su tan comentado estado de salud?

No, no hubo ningún tipo de "golpe de estado". Las "democracias creativas" no suelen funcionar bien. Me parece que la mejor manera de que varios artistas se encuentren y creen juntos es dejar que fluya lo que cada uno haga aparecer. No sería razonable ni lógico decir "cada cual va a tener una equis participación dentro del disco y un tal porcentaje de canciones". Ningún artista piensa así ni quiere pensar así. Simplemente, cada cual volcó lo que en ese momento dio su inspiración.

¿Qué es lo que más te gusta de la música argentina de hoy?

Tal vez por una cuestión de dedicación y absorción absolutas en mi propio trabajo, no estoy todo lo enfocado hacia afuera como puede estar otra persona. No me gustaría "comentar", porque seguramente voy a olvidarme de gente que no conozco y que está haciendo cosas valiosas.

Pertenecer a la banda de Pat Metheny te abrió muchas puertas y marcó un reconocimiento o confirmación fundamental a la calidad de tu trabajo. ¿Todo se te fue dando como esperabas?

Sería injusto de mi parte si dijera que me quedan muchas cosas en el tintero. Claro que algunas me quedan; no las voy a decir por cábala y porque me gusta ser reservado en esas cosas. Pero, por suerte, pude hacer muchísimas cosas con las que había soñado. Estoy muy feliz con mi grupo y paso por un momento creativo muy interesante. Lo de Pat no ha muerto, pero hoy estoy inmerso en este trabajo que me tiene muy entusiasmado.

LARGA VIDA AL ROCKANGOL

Jueves 9 de junio de 1994

(Fobia/Sony Music Ariola/RCA International)

(Cuca/Culebra Records)

Además de los nuevos discos de Los Tres Grandes (y no se ofendan los demás, pero **Caifanes**, **Maldita Vecindad** y **Café Tacuba** siguen siendo los tres pilares del rock mexicano moderno), lo que resta del año tendrá a los rockeros angelinos chupándose los dedos.

Aquí les va un adelanto de la actividad de las bandas más importantes de México, empezando con unos deseos especiales: que el ex Tri de Bora (a no confundirse con **El Tri** de **Lora**) gane el Mundial en una final electrizante ante Estados Unidos, que el fútbol genere millones de dólares para balancear el presupuesto, y que los mexicanos se ganen el corazón del gobernador **Pete Wilson** para que nos dejen a todos en paz y entiendan que no deben preocuparse porque, con nosotros aquí, lo único que pueden perder es el país.

Los colosos: El nuevo de Caifanes, *Bajo el nervio del volcán*, sale el 28 de junio… Maldita Vecindad por fin está grabando su tercer disco en Nueva York… Café Tacuba ya tiene nombre para su segundo disco: *Re*. El disco saldría en las primeras semanas de junio, así que cuando lean esto quizás ya salió *[2020: finalmente, el disco salió el 22 de julio]*.

La Lupita: *Finally*, ya deberían haber terminado en Londres la grabación de su segundo disco. *Qué bonito es casi todo*, producido por el argentino **Daniel Melingo**, saldrá a la venta el 25 de junio en México. Después de Londres, el grupo tenía varias fechas de promoción en España. Se anunció que en agosto vendrán al Hollywood Palladium junto con **Las Víctimas del Dr. Cerebro** y **Cuca**, para hacer su esperado debut en la zona angelina.

Santa Sabina: ¿No era que después del segundo disco se iban a separar y que **Rita Guerrero** quería alejarse del rock? Lo único cierto, por ahora, es que después de **Revolución '94** se desligaron de **Marusa Reyes**, quien sigue siendo la mánager de Maldita Vecindad, Caifanes y **La Castañeda**. Por lo demás, todo está bien con el grupo: hace dos semanas presentaron su segundo disco, *Símbolos*, producido por **Adrian Belew** (el ex **King Crimson**, quien ya había producido *El silencio de Caifanes*) en el Teatro de la Ciudad del D.F. Dice **Yadira Camarena**, de Culebra Records: "¿Separación? Para nada. Están muy entusiasmados y tenemos muchos planes para ellos".

Rata Blanca: Después de rebotar de sello en sello por un rato (bah, exageré un poquito), los metaleros argentinos finalmente aterrizaron en Culebra y están en México para algunas presentaciones, por lo menos en el D.F.

Los Lagartos: Ya salió en México *Confesiones a Manuela*, el debut del nuevo grupo chilango producido por el caifán **Alejandro Marcovich**. Todavía no hay noticias sobre el lanzamiento en Los Ángeles. A ver, promotores locales: ¿Qué tal un conciertito?

El Mundial rockero: MTV Latino parece haber sido creado para todo el continente menos para nosotros, porque todavía por acá no pasa nada ("ya va a llegar" es lo que nos dicen desde hace un año a los que no vivimos en el Este de Los Ángeles). Eso no impide que la cadena aproveche la época del Mundial con una divertidísima idea: **Rockangol**.

Se trata de un partido de fútbol enfrentando a rockeros argentinos y mexicanos. El duelo de "10 contra 10" será entre **"Los Hot Tamales"** y **"Los Chimichurri Boys"**. Los equipos saldrán al campo de juego de la siguiente manera:

Por los Tamales, en la portería **Paco** (**Fobia**) y la temible máquina de **Alfonso André** (Caifanes), **Sax** (**Maldita Vecindad**), **Pato** (Maldita), **Leo** (**Fobia**), **Ricardo** (**Víctimas**), **Aleks** y **Michele** (**La Gente Normal**), todos capitaneados por el Gran Caudillo **Saúl Hernández** (Caifanes).

Por los argentos, la portería estará defendida por ¡EL CARPO!, Su Majestad **Pappo**. El plantel se completa con **Fabián Quintiero** (de la banda de **Charly García**), **Antonio Birabent** (hijo del legendario **Moris** y ahora exitoso solista), **Roy Quiroga** y **Pablo Memi** (**Ratones Paranoicos**), **Marcelo Moura** y **Pablo Tapia** (**Aguirre**), **Néstor Mencia** (**Parte del Asunto**), **Bahiano** (**Los Pericos**) y **Zeta** (**Soda Stereo**, capitán). El partido se transmitirá el 12 de junio a la 1 p.m. *Call your local cable company* y ¡pregúntenles qué chingaos esperan para darnos **MTV Latino**! *[2020: no recuerdo cómo salió el partido, pero sí de que, ese día, Birabent la rompió]*

Stay tuned: Fobia viene el 25 y 26 de junio, pero todavía no se sabe dónde. Era hora, ¿no?

EN ARGENTINA:

- Los **Paralamas** (de Brasil) presentaron lo nuevo: *Dos margaritas* (en español) y *Severino* (en portugués), con dos conciertos en el Teatro Ópera el 3 y 4 de junio.

- 50,000 personas fueron a escuchar a **Patricio Rey y sus Redonditos de Ricota** en dos conciertos en el Parque Patricios (la cancha de Huracán).

- **Charly García** se presentó recientemente en el Teatro San Martín, gratis y con algunos temas de su nueva ópera rock *La hija de la lágrima*.

Y DAAAALE CON LA CAMA

16 de junio de 1994

NUESTRO TIEMPO

Ruta Alterna

>s, dentro y fı

eado	ro sí las compensamos de otra	nos
nez-	manera.	entra
esa",	**RA:** La idea no me queda clara ¿no	algo
ıera.	pierden dinero pero no les pagan?	o dec

De La Cama ya escribimos bastante, y la última vez prometimos que ése sería el "punto final" sobre el tema. Pero como solamente los viejos avinagrados siguen al pie de la letra lo que dicen, esta semana hablamos con "La Cama Himself": **Marco A. García**, coordinador del club de pop y rock en español todos los domingos en el Shark Club. Éste es un resumen de lo que hablamos. Espero que, esta vez sí, sea el punto final. O no...

G: Es importante que nos des una oportunidad de

dar nuestro punto de vista. Quiero que escuches la parte positiva de La Cama: logramos llenar los domingos con 1,200 personas. Creo que es un récord en Los Ángeles entre mayores de 21 años en el movimiento de rock, pop y música alternativa. Hemos creado un ambiente bonito, donde se mezclan rockeros y la gente "fresa", por llamarla de alguna manera. Creamos un ambiente donde se juntan las celebridades: **Caifanes** nos visitó por cinco semanas consecutivas, **Maldita** por dos, **Santa Sabina** y **Café Tacuba** por seis semanas… ¡Hasta **Pimpinela**! La gente que quiere bailar va a la pista principal, y ahí también tenemos bandas de rock. En el *lounge* tenemos una banda de planta, que es **Radio Kaos**, y tenemos de todo para todo el mundo. No todo es negativo.

Ruta Alterna: Eso no lo discuto y por eso dedico espacio a La Cama y los anunciamos en el calendario. Pero hay algunas cositas que podrían mejorar. Por ejemplo: ¿Por qué no se les paga a las bandas locales?

G: Ninguna pierde dinero, pero sí las compensamos de otra manera.

RA: La idea no me queda clara. ¿No pierden dinero pero no les pagan?

G: Sería tal vez más claro decir que no pierden dinero *porque* se les compensa de otra manera. Metemos comerciales en la radio, hacemos volantes a todo color que atraen a mucha gente, cambiamos constantemente la decoración, ponemos los equipos, tenemos asistentes… Las bandas locales valen mucho más que cualquier cosa que podamos aportar, pero los gastos son increíbles.

RA: Pero antes nadie les pagaba porque no había gente. Ahora, el lugar se llena y tampoco les

pagan. Está bien que, por lo menos, "no pierden plata", *whatever that means*, pero me cuesta aceptar que no haya ni siquiera una suma simbólica, algo, cualquier cosa, para que no toquen gratis.

    G: Es que algunos llevan como 200,000 invitados. Nosotros nos hemos mantenido con $8 la entrada, pero si les vamos a pagar algo debemos aumentar la entrada o decirles que no lleven invitados.

    RA: No se trata de enseñarte a cómo hacer tu negocio, pero ¿no es posible llegar a otro arreglo? ¿Tan caro sale poner color en los volantes?

    G: ¡Muchísimo más caro!

    RA: OK, entonces que las bandas lleven menos gente y ustedes hagan los volantes en blanco y negro y la plata que se ahorren, aunque sea poco, úsenla para pagar a las bandas. ¿Cuándo diablos el músico local podrá cobrar como se debe? Lo más importante no es ni la decoración ni las luces, sino la música.

    G: OK, debe llegarse a un acuerdo, pero debemos hablarlo con las bandas.

PAPPO ES MEXICANO

Jueves 23 de junio de 1994

(Copyright © 1994 Los Angeles Times. Used with Permission.)

Por primera vez tocando frente a un público mayoritariamente mexicano, después de su reciente concierto en La Cama el legendario blusero argentino **Pappo** sacó carta de ciudadanía entre los rockeros latinos de Los Ángeles.

En el show hubo argentinos que lo siguen desde hace 25 años, pero la prueba de fuego era conformar al público mexicano, blusero hasta la médula y con **Alex Lora** como símbolo propio. Pappo aprobó el examen y se fue tan conforme como los que lo aplaudieron.

"El público mexicano es muy similar al argentino", me dijo Pappo. "Los dos me reciben muy bien y creo que ahora es el momento para ir a tocar a México".

Su debut en el Distrito Federal, que aún no tiene detalles confirmados, sería mucho más que la apertura de un nuevo mercado para Pappo: la idea es tocar con **El Tri** de Lora, lo cual sería una verdadera cumbre entre dos grandes del género.

"Alex me mandó unos CDs y quiero encontrarme pronto con él en el DF", contó Pappo, imaginando lo que lógicamente podría dar lugar al ingreso de Lora al mercado argentino. "Yo tocaría en México y Lora en Buenos Aires. Me atrae la idea y su música me parece excelente, tiene muchas similitudes con lo mío".

En su última visita a Los Ángeles, Lora también se mostró interesado en establecer contacto con Pappo, de cierta manera su equivalente argento.

"Escuché mucho hablar de 'El Pappo' y, aparentemente, tenemos muchas cosas en común", dijo Lora. "Sería chingón que nos uniéramos para algunas tocadas".

Al igual que Lora y la mayoría de los bluseros latinos que son fieles a su estilo, por años Pappo fue un marginado del rock y, pese a su virtuosismo instrumental y numerosos seguidores, era acusado de no evolucionar.

"Tocar blues no es 'quedarse'", dijo Pappo, ex **Los Gatos** y creador de **Pappo's Blues** en 1970, como parte de la primera generación de rockeros argentinos. "Cuando uno encuentra un estilo y se siente cómodo en él, es absurdo que se le exija otra cosa".

Luego de un viaje a Inglaterra en 1980, Pappo adoptó un estilo más metálico y fomó el cuarteto **Riff**, con el que grabó tres discos hasta su disolución en 1986.

"¿Qué querés que haga? Inglaterra es la cuna del *hard-rock* y mi viaje me afectó. Me saqué el gusto y luego volví al blues", dijo Pappo, quien recién recibiría pleno reconocimiento con *Blues local* (1991), su primera grabación en varios años y su primer Disco de Oro. Casi al mismo tiempo, monstruos como **B. B. King** y **Albert Collins** invitaban a Pappo a tocar con ellos durante sus giras por Argentina. Una vez más, fue necesaria la aprobación de los "verdaderos bluseros" para que Pappo fuese respetado como un blusero de primer nivel *mundial*, al menos entre nos.

El 22 de junio, Pappo fue invitado a la inauguración del club de blues de B. B. King en los Estudios Universal, donde el argentino tocó junto a su trío: **Carmine Appice** en batería, **Tim Bogart** en bajo (ex integrantes del trío de **Jeff Beck**) y **Deacon Jones** ("El Padrino del Hammond") en teclados.

Con su reputación definitivamente asegurada, Pappo podría estar iniciando uno de sus mayores logros: estrechar los vínculos entre los bluseros mexicanos y argentinos. Luego de largos años de incomunicación, es una difícil tarea que sólo gente como Pappo o Lora podrían lograr.

Calendario

- **26 de junio: Santa Sabina** en La Cama (Shark, Olympic y Grand), presentando *Símbolos*, su segundo disco. (El concierto de **Fobia** se postergó por aproximadamente un mes)

- **10 de julio: Caifanes** en el Festival Womad de Irvine Meadows.

En agosto: Cuca, Víctimas del Dr. Cerebro y **La Lupita** en el Hollywood Palladium.

CREER O REVENTAR: MANÁ EN Montreux (!)

Jueves 30 de junio de 1994

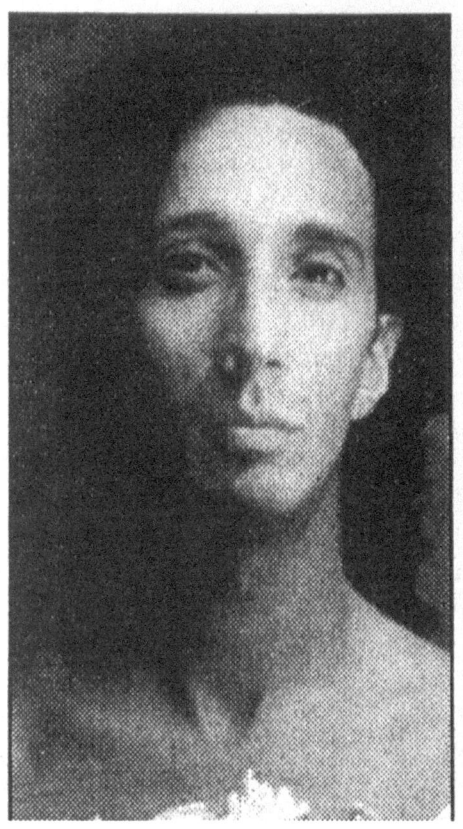

(Fito Páez/Warner Music Argentina)

Meses después del exitoso **Revolución '94** en el Universal Amphitheatre, los rockeros latinos vuelven a juntarse, esta vez con algunos poperos y lejos de Los

Ángeles. Las inusuales circunstancias hacen que el festival sea del interés de todos. Ahí les va:

Cuándo: 7 y 8 de julio.

Qué: Noche de Rock Latino en el 28º Festival de Jazz de Montreux (Suiza).

Quiénes: Café Tacuba y **Maná** (México), **Fito Páez** (Argentina), **Seguridad Social**, **Presuntos Implicados** y **Miguel Bosé** (España) y **Jorge Ben Jor** (Brasil).

Los conciertos, impulsados conjuntamente por la Sociedad General de Autores y Editores de España (SGAE) y la disquera WEA Latina, son otra oportunidad de mostrar al rock latino, no sólo por el prestigio del festival, sino por lo representativo de los artistas, más allá de gustos personales.

Café Tacuba no necesita presentación y, cuando salga su segundo discazo (*hopefully* a fines de junio o principios de julio), tampoco deberían necesitar visa. *Re* es tan bueno que, si el gobernador **Pete Wilson** lo escucha, debería decirles "pasen tranquilos, muchachos... con ustedes no hay ningún problema".

Fito Páez, con más de 750,000 copias vendidas de *El amor después del amor*, continúa siendo, hoy por hoy, el rockero argentino número uno y uno de los más importantes del continente. Pese a su inolvidable concierto del año pasado en el Wadsworth Theatre de UCLA, por estos lares el rosarino aún carece de la popularidad y reconocimiento acordes a su inmenso talento.

Seguridad Social, cuatro valencianos que

rápidamente se ganaron la aceptación del público de Los Ángeles con tres poderosos conciertos en los últimos tres años. Por alguna razón inexplicable, *Furia latina*, su disco más reciente, sigue sin salir en Los Ángeles. Delicias de nuestra industria discográfica.

Maná, fresas hasta la médula aunque Fher me lo discuta. Pero se ganaron mi admiración y devoción (secreta) con su disciplinado método de trabajo y un disco, *¿Dónde jugarán los niños?*, que contiene 12 hits perfectos que los convirtieron en el grupo pop-rock más exitoso de la historia de México y, si me apuran, del mundo de habla hispana (por lo menos en Latinoamérica).

Presuntos Implicados: Debo reconocer que no los he escuchado, tal vez porque el nombre nomás me hace temblar. Pero el trío español, liderado por la vocalista **Soledad Giménez** (y miren que no estoy leyendo ningún comunicado de prensa), acaba de lanzar *El pan y la sal*, su quinto disco. Supuestamente, tienen influencias de **Everything But the Girl** (quienes no conozcan a este dúo inglés, paren de leer y salgan corriendo a la disquería más cercana *right now*). Si eso es cierto, los voy a escuchar sin miedo.

¡Miguel Bosé! ¿Qué vamos a decir de Bosé en Ruta Alterna? Buen actor, inteligente y buena onda. Su último disco, *Bajo el signo de Caín*, quizás no te enganche de entrada pero a la larga es irresistible. Sobre sus discos anteriores, reiteremos que el hombre es muy buen actor.

Jorge Ben Jor, veterano de cuatro décadas y casi 30 discos, es una de las más grandes figuras de la música pop brasileña. A Montreux llegará en el mejor momento de su carrera, luego de vender más de medio millón de sus últimos dos discos.

Éstos son los *showcases* que valen la pena: variedad de estilos, sí, pero con un mínimo de calidad que justifique tanta lana invertida.

Sería bueno tener este año algo parecido en Los Ángeles: grupos de todos lados, pero que *don't suck*.

VAMPIRO E IVÁN: CHAU MANÁ

7 de julio de 1994

Iván y 'Vampiro' se fueron.
Pregunta a Juan, Fher y Alex para evitar
futuras confusiones: los dos reemplazantes ¿son
permanentes o están de paso?

Foto original: WEA Latina

El guitarrista **César González**, mejor conocido como "Vampiro" por su fanaticada (y por el inmortal "¡échale, Vampiro!" de "Me vale") y el tecladista **Iván López** ya no son parte de **Maná**. Según un escueto comunicado de prensa, los jóvenes músicos dejaron el grupo "para continuar con otras actividades". Por vía telefónica y de manera un poco más gráfica, **Alejandra Giménez**, de la oficina de Maná en Guadalajara, informó que Iván y Vampiro "decidieron subirse a su propio patín".

Maná, que vendió cerca de un millón de copias de su tercer disco, *¿Dónde jugarán los niños?*, tiene planificado sacar su quinto disco a principios de 1995.

La próxima gira mundial del grupo arranca en el Festival de Jazz de Montreux el 8 de julio y continuará a partir del 24 de agosto en Estados Unidos (Nueva York, Nueva Jersey, Chicago, Dallas, Houston y San Antonio). Entre el 11 y 24 de septiembre deberán presentarse en América del Sur (Paraguay, Argentina, Uruguay y Chile) y el 26 y 28 de septiembre en Barcelona y Madrid, respectivamente.

Completando el grupo para la gira estarán el guitarrista **Gustavo Orozco** (miembro fundador de **Sombrero Verde**, antecedente de Maná) y el tecladista **Juan Carlos Toribio**, quien participó en la grabación de *Falta amor*, el segundo disco de Maná.

Marcel Tofel, mánager de la banda, declaró que "el verdadero grupo" sigue intacto.

"Alex, Fher y Juan son las cabezas creativas de Maná", dijo Tofel en entrevista por teléfono. "Pero, como Vampiro e Iván figuran en la tapa de *¿Dónde jugarán los niños?*, hubo un poco de confusión sobre la verdadera integración del grupo".

Ni Iván ni Vampiro pudieron ser contactados para comentarios, y los restantes miembros de Maná prefirieron hablar por intermedio de su oficina.

Aunque la partida de los músicos no debería sorprender a quienes, de alguna manera, eran cercanos al grupo y conocían las diferencias musicales entre Iván (músico de formación clásica), Vampiro (con una tendencia mucho más *dark*) y el resto de Maná (decididos a continuar con una fórmula accesible que les ha dado grandes resultados), sí sorprende el enfrentamiento entre personas que hasta hace poco compartían el protagonismo de la más exitosa agrupación en la historia del pop-rock mexicano.

Cansados de ser los "patitos feos" del grupo, Vampiro e Iván decidieron pronunciarse y exigir cambios en la dirección musical del grupo. Maná decidió mantener la fórmula actual.

Según Tofel, Iván y Vampiro (quienes cobran regalías como intérpretes, no como compositores del grupo) presionaron a Maná para participar con más composiciones propias, lo cual fue rechazado por el grupo y su representante.

"¿Para qué cambiar un estilo que está funcionando bien?", dijo Tofel. "Por eso, decidimos dejarlos ir".

El mánager de Maná agregó que Iván y Vampiro incluso habrían amenazado con no salir de gira o no presentarse a grabar, creando un clima poco propicio para el funcionamiento del conjunto.

En su momento esperamos tener las declaraciones de Iván y Vampiro, pero por ahora vale la pena recordar que, más allá de los detalles y declaraciones del lado de la banda, Vampiro e Iván sí eran miembros legítimos de Maná. Por lo menos, eran presentados de esa manera aunque sólo hubiesen grabado un disco.

Indudablemente, la mayor parte de la creación del

grupo le pertenecía a Fher, Alex y, en menor medida, a Juan. Pero la presencia de Vampiro e Iván no se limitaba a la portada del disco, sino que era enfatizada en reportajes, comunicados de prensa y hasta los conciertos del grupo, los cuales contaban con un segmento donde Maná mostraba con orgullo un solo demoledor de Iván en teclados. En ningún momento se presentó a Iván o Vampiro como "músicos invitados", sino que ambos eran dos miembros más que aceptaban (aunque fuera a regañadientes) el protagonismo creativo de Fher y Álex.

Las diferencias musicales entre Vampiro e Iván, por un lado, y los demás miembros de Maná por el otro, eran indisimulables. Pero ambos, con talento y limitaciones, sí fueron parte de Maná en el mejor momento del grupo. Hasta *Falta amor*, Maná asomaba como un grupo con innegable importancia en el panorama del pop-rock mexicano, pero ni se sospechaba su éxito actual. La gran explosión llegó con *¿Dónde jugarán los niños?*, y Vampiro e Iván estaban ahí.

En la medida que sea, Iván y Vampiro fueron parte de la imagen que llevó a Maná a un éxito rotundo, y esto no sólo lo confirma la ficha técnica de *¿Dónde jugarán los niños?* sino el amor de los fanáticos que nunca los vieron como un par de bultos.

Si para ellos Maná fue un trabajo, lo hicieron bien y, según indican las declaraciones de Tofel, ya no están en el grupo porque se cansaron de ser ignorados. Ahora formarán su propio grupo y Maná seguirá un camino que, me animo a decir, continuará o aumentará su éxito actual. En ambos casos, sólo resta esperar.

Mientras tanto, cuidémonos de no cambiar la historia y demos a Iván y Vampiro el crédito que merecen. [2020: *años después, algo similar pasó con* **Caifanes**. *Cuando* **Alejandro Marcovich** *dejó el grupo, se nota un esfuerzo por parte de la banda de hacer de cuenta que Marcovich nunca fue un "verdadero" integrante, pese a que el guitarrista fue fundamental en los mejores álbumes del grupo. Corten con esas pendejadas. La historia no se reescribe. Y para que conste en el acta: el mejor Caifanes, en mi librito, es el de Saúl, Ale, Diego, Sabo y Alfonso. Punto. El que lo niegue, o es sordo o tiene mala leche.]*

ROCANRROLEANDO EN CUBA

14 de julio de 1994

(Carlos Varela/QBADISC)

No fue fácil, pero luego de varias esperas nocturnas con los dedos cruzados, pudimos entablar contacto telefónico con el rockero cubano **Carlos Varela**, sobre quien escribimos hace un par de meses en esta página. *[2020: página extraviada, debo decir]*

Varela ya era el principal ídolo juvenil de su país

varios años antes de la salida en noviembre de *Monedas al aire* (QBADISC, originalmente lanzado en 1991, su segundo disco (debutó con *Jalisco Park* en 1989, más difícil de conseguir que un fanático del **Che** en Miami). Además, es el primer "cubano de Cuba" cuyo video promocional puede verse en **MTV Latino**, cadena que, *by the way*, llegaría a todo Los Ángeles a fines de julio.

Pese a los escasos 10 minutos que la compañía canadiense permitió para la conversación, y pese a las interferencias que daban la sensación de que Varela nos hablaba desde Neptuno en lugar de La Habana, aquí publicamos el breve diálogo. Dadas las circunstancias, cualquier poquito vale la pena para acercarnos.

¿Conocés el rock en español de otros países?

Bastante, especialmente lo que pasa en Argentina y España, país que he visitado varias veces. El rock mexicano de a poco empieza a hacerse conocido por aquí, pero creo que en Cuba tenemos más idea de lo que pasa allá, que allá de lo que pasa acá. Aquí tenemos un importante movimiento de rock joven. Bueno, algunos recién empiezan a grabar, pero de todas maneras son muy populares. Es una vergüenza que gente como **Santiago Feliú**, el **Grupo Síntesis** o el **Grupo Habana** no sean conocidos en otros países.

¿Estás de acuerdo en que tu música presenta una considerable influencia de gente como Fito Páez o Charly García?

Sí, pero creo que hemos bebido de la misma botella. Ellos también escucharon mucha Nueva Trova cubana. En definitiva, somos latinos y más o menos tenemos las mismas influencias. Y creo que Fito también escucha rock inglés y americano, como yo. Hay influencias comunes y somos de la misma generación. Somos latinoamericanos y nuestro rocanrol, de todas maneras, es diferente porque nuestras sociedades y nuestras vidas son diferentes. Y creo que es bueno que haya una conexión de rock latino, por llamarlo de alguna manera.

Monedas al aire, finalmente, se está vendiendo en Cuba. Algunas de tus canciones tienen un contenido que, según la imagen que tenemos de Cuba por aquí, te harían seguro candidato a la cárcel. ¿Cuál es tu verdadera situación?

Mira, es cierto que el disco tiene algunas canciones que la radio y televisión cubanas se niegan a pasar. Algunas de las personas que manejan las políticas culturales no están de acuerdo con mis canciones, pero otros sí. Eso no es ningún misterio. Todos saben que el disco estuvo "congelado" por un tiempo. Pero ahora un sello privado lo lanzó y está vendiendo muy bien, aunque en Miami digan lo contrario [se ríe]. Éstas son canciones que canto regularmente en el teatro más grande de mi país, y es normal que los chicos vayan con pequeños grabadores y aprendan y distribuyan las canciones, incluso si la radio no las toca. No diría que mis canciones son censuradas, pero quizás son autocensuradas por algunos productores de radio y TV que tienen miedo de confrontar ciertos puntos con mi música.

En el libro *Castro's Final Hour* (*La hora final de Castro*), del insufrible Andrés Oppenheimer, tu entrevista con él terminó de manera abrupta. ¿No crees que, dadas las circunstancias, a veces es inevitable

hablar de política?

Es inevitable. El mero hecho de vivir en Cuba es una actitud política. A cualquier cubano se le preguntará sobre política, es parte de nuestra realidad. Uno siempre escucha las mismas preguntas, pero yo siempre repito que no soy un político. Lo único que sé es escribir canciones, aunque tengo muy claro que algunas de mis canciones tienen connotaciones políticas especialmente aplicables a mi país. Lo triste es que el 90 por ciento de los periodistas que vienen aquí, a diferencia de como me estás hablando tú, primero me preguntan de política y luego, quizás, sobre música. Es más fácil escribir una historia política sobre Cuba que algo serio sobre las posibilidades artísticas de un músico. Por eso, te agradezco mucho por haberme hablado primero de música y dejar lo otro para después.

Antes de que corten la comunicación: nunca viví en un país socialista, pero pasé toda mi vida en países capitalistas y no me gustaría que los problemas actuales de los cubanos fuesen reemplazados por los nuestros. ¿Qué es lo que realmente necesita Cuba?

Creo, mi hermano, que lo que Cuba más necesita es comprensión. Trata de visitar Cuba y realmente conoce al pueblo cubano, que es lo más importante que tiene este país. Creo que hay conflictos históricos que van más allá de políticas, gobiernos, banderas y religiones. Es un problema humano.

AJÚSTENSE LOS CINTURONES: LO NUEVO DE TACUBA ES UN DES-PE-LO-TE

Jueves 21 de julio de 1994

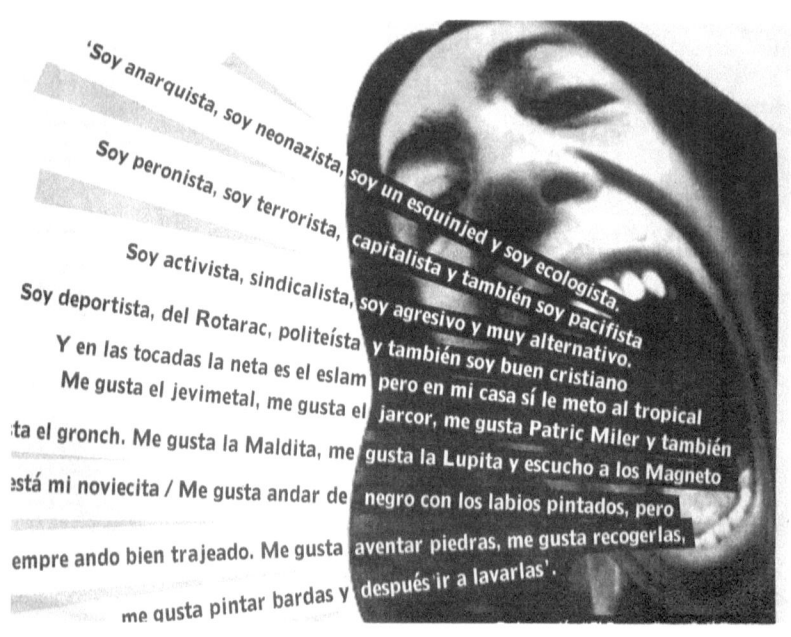

'Soy anarquista, soy neonazista, Soy peronista, soy terrorista, soy un esquinjied y soy ecologista. Soy activista, sindicalista, capitalista y también soy pacifista. Soy deportista, del Rotarac, politeísta, soy agresivo y muy alternativo. Y en las tocadas la neta es el eslam y también soy buen cristiano pero en mi casa sí le meto al tropical, me gusta Patric Miler y también :ta el gronch. Me gusta la Maldita, me gusta la Lupita y escucho a los Magneto 2stá mi noviecita / Me gusta andar de negro con los labios pintados, pero empre ando bien trajeado. Me gusta aventar piedras, me gusta recogerlas, me gusta pintar bardas y después ir a lavarlas'.

(Sergio Toporek)

"Ni un paso atrás y muchos para adelante". Éste bien podría ser el mensaje de *Re*, el nuevo disco de **Café Tacuba** (Cosme, Joselo, Quique y Emmanuel), que sale en Los Ángeles el viernes tempranito.

El disco, poco más de una hora que alucinará a muchos y sorprenderá a los que no estaban escuchando con atención, es una joyita que debe despejar cualquier duda sobre la posición de Café Tacuba en el rock mexicano: sólo **Maldita Vecindad** se le acerca en cuanto a creatividad y locura. Y los de los Tacubos es asombroso por su variedad y exuberancia sonora.

Después del debut discográfico más exitoso del rock mexicano (500,000 copias vendidas de *Café Tacuba* en 1991), las 20 canciones de *Re* muestran a un Tacuba aún más atrevido y divertido que antes pero, en lugar de reincidir con una fórmula "locochona" que funcionó y les permitió ingresar a mercados no siempre abiertos para los rockeros, en *Re* los Tacubos optaron por crecer. De golpe.

El resultado es un disco ecléctico, donde las cuatro o cinco canciones más "flojitas" serían exitazos para cualquier otro grupo, y las 14 o 15 restantes agregan voces y armonías vocales ausentes en el disco anterior.

En *Re* hay de todo: folclore jarocho a lo Tacuba, *industrial*, ataques de guitarra, segmentos experimentales donde parece que Cosme (ex Pinche Juan, ex Rubén Albarrán) se fue por la estratósfera, y demoledores contrastes que nos llevan de una quebradita a 300 mph ("El fin de la infancia", donde Cosme se pregunta "¿seremos capaces de bailar por nuestra cuenta?") a un bolerito de pocos segundos que dulcemente describe una ciudad donde "se va perdiendo la calma para cuando el sol asoma" y donde "la catedral desaparece entre esmog y caca de palomas".

Pero *Re*, además, es la definitiva declaración de principios de Tacuba, y el mensaje podría ser perfectamente aprovechado por **Caifanes** y Maldita Vecindad. Las tres bandas fueron objeto de críticas, a veces acertadas, frecuentemente injustificadas y mala leche, por parte de sectores intelectuales que las condenaron por supuestamente haber entrado en "el juego de Televisa", traicionando la esencia ferozmente independiente del rock mexicano.

En "El borrego", los Tacuba prenden fuego a los certificados de defunción emitidos prematuramente por los críticos y, con humor y rabia, se definen como lo que son: el grupo más original del rock mexicano, si no del mundo. En "La pinta" le responden directamente a **Rogelio Villarreal** (de la excelente revista subte *La Pusmoderna*, del D.F.) y a otros críticos mexicanos, antes de continuar dibujando música.

"Brenda amada, siento que no os aventuréis a navegar/ adiós Rogelio, quédate a los enunciados copiar/Camarada Naif, en la bardas me voy a plasmar/si quieres en casa quédate a teorizar/a tu edad no puedes ayudar y es mejor no estorbar/.../ me voy en la pinta, me voy de pinta y me voy a pintar".

"Empezó como una respuesta a los críticos de rock", dijo Joselo recientemente en el estudio de grabación. "Pero, en realidad, es nuestra respuesta a todos los que critican en lugar de ponerse a hacer algo".

Hay mucho más, incluyendo "Esa noche", que me gusta aún más que "María" y es un clásico instantáneo. **Gustavo Santaolalla** y **Aníbal Kerpel**, la mejor dupla de producción del rock en español (¿es necesario discutirlo?), dan una muestra más de su mayor virtud en la consola: dejar que el grupo suene como sí mismo.

Ojalá que lo nuevo de Maldita y Caifanes tenga el nivel de *Re*, pero la vara quedó altísima. Si lo logran, por un par de años más el rock mexicano seguirá siendo una fuerza clave del género.

Re, candidato firme a disco del año, es para escuchar de punta a punta, sin interrupciones. Los que atesoran el disco debut, compren *Re* y descubran a un nuevo Tacuba, más maduro e impredecible que nunca.

CULEBRA CRECE PERO... ¿QUÉ ONDA CON L.A.?

Jueves 28 de julio de 1994

(Los Olvidados por María Madrigal)

A casi dos años de su nacimiento, **Culebra Records** sigue creciendo. Creada en México en 1991 por iniciativa de **Jesús López**, el director regional de BMG para Latinoamérica, Culebra demostró ser verdaderamente independiente pese a que los fondos y la distribución corren por cuenta del gigante discográfico.

Pero las portadas de los discos, las contrataciones

y todo lo directamente relacionado con la música siempre fue tarea de los músicos *themselves*, **Humberto Calderón** (ex **Neón**) primero, y **Juan Collado** después, los dos primeros empleados de Culebra, que ya tiene ¡cinco! en el *payroll*.

Aun así, la evolución lógica no se dio como se esperaba. Después de las tres primeras y promisorias ediciones (**Cuca**, **La Lupita** y **Santa Sabina**), López se animó con los resultados y sacó el "segundo pelotón": **La Castañeda**, **Tijuana No**, **Toxodeth**, **Guillermo Briseño**, **Gerardo Enciso**, **Los Lagartos** (que tocaron el domingo pasado en La Cama) y otros.

Hasta enero de este año, el ejecutivo de BMG para la Costa Oeste, **Jorge Eringwald**, trató de lanzar a BMG/Culebra en Los Ángeles con la intención de establecer una base local y contratar, a su debido tiempo, a las bandas más importantes de nuestra ciudad. Pero, poco después del terremoto del 17 de enero, Eringwald se tomó un avión de regreso a México y los planes de Culebra en L.A. quedaron congelados.

Ahora recibimos noticias de la internacionalización del sello: **Rata Blanca** (Argentina) y **Aterciopelados** (Colombia) ya forman parte del equipo Culebra, que piensa ampliar su *roster* con otros grupos de Argentina, Chile y España. Además, **Botellita de Jerez** (sin el **"Uyuyuy" Sergio Arau**) regresa con *Forjando Patria*, disco que terminaron de grabar recientemente aquí. Otros nuevos nombres incluyen **Romántico Desliz**, de Guadalajara.

¿Cuál es el problema? Que la expansión de Culebra debe ir de la mano (o, por lo menos, pensábamos que iba a ir, como nos habían dicho) de la solidificación de bases locales netamente subterráneas. ¿No era ésa la idea en primer lugar? Por meses y meses, Culebra afirmó que su compromiso principal era con las bandas subte de México, hasta que empezó a hablarse de los grupos de L.A. como una "extensión de México" a los que se les daría una oportunidad. Pero ahora, de golpe y sin anestesia, se contrataron grupos extranjeros (sean éstos buenos, medianos o malos, no importa) pasando por alto al rock en español mexicano de Estados Unidos.

Un gran error. Aquí no tenemos ninguna legión de Cobains o David Byrnes en potencia, pero sí hay algunas bandas que están listas para entrar al estudio y, con la debida producción y *tiempo*, sacar un demo decente que documente muchos de los éxitos que ya son clásicos por aquí.

María Fatal, **Los Olvidados**, **Radio Kaos** (cuando hacen sus propias canciones), **Los Reos**, **Emilio Morales**, **Félix**, **Voz D' Mano** y tres o cuatro más están en condiciones de competir con bandas que ya han tenido su oportunidad y que, por la razón que sea, han pasado de otros sellos grandes a Culebra (Rata Blanca estuvo varios años en PolyGram y ahora aterrizaron en México). ¿Por qué no jugársela en serio y empezar con El Contacto Angelino?

Para que Culebra siga creciendo y se vuelva fuerte, es imprescindible que a los subterráneos, o sea, al pueblo, se lo mantenga contento.

Conclusión: ¡MANDEN DEMOS! *[2020: la nota terminaba con la dirección de Culebra en ese entonces, Avenida Cuitlaua en la Colonia San Salvador del DF]*

PAPPO Y LORA: DOS POTENCIAS SE SALUDAN
Miércoles 3 de agosto de 1994

Nombre legal: Norberto Napolitano.

Nombre real: Pappo.

Origen del apodo que ya no es apodo: "Yo qué sé... Supongo que viene de 'Napo'".

Historia: Guitarrista fugaz de la formación

original de **Los Abuelos de la Nada** (1968); guitarrista de la segunda formación de **Los Gatos**, el primer supergrupo del rock argentino (1969); integrante ocasional de **La Pesada del Rock and Roll** (1971-72); forma **Pappo's Blues** (1972-80); forma y disuelve **Aeroblús** varias veces; luego de un viaje a Inglaterra, se vuelve más metalero y graba tres discos con el exitoso cuarteto **Riff** (1980-86); nuevamente como solista, gana su primer Disco de Oro por más de 30,000 copias vendidas de *Blues local*, su primer disco en 10 años ("es el primer Disco de Oro que me dan, pero en realidad tengo varios"); es invitado a una zapada (palomazo) con leyendas como **Albert Collins** y **B. B. King**, con quien acaba de hacer un concierto en el Madison Square Garden de Nueva York; tocará con **El Tri** de **Álex Lora** el 27 de agosto en el Olympic Auditorium.

Por qué toca: "No sé, nunca me puse a pensarlo. Pero, si no toco, me muero".

El blues: "Quedarse con el blues no es estancarse. Simplemente, encontré un estilo en el que me siento cómodo".

Una cita al azar: "No me banco a los rockeros que cantan con las voces finitas. El rock no es para las ovejas". (dicho en las épocas de Riff)

Álex Lora: "Tenemos mucho en común y la gente la va a pasar muy bien".

Una anécdota: Cuando el presidente de una disquera lo presionó para que grabara un disco que debía por contrato, Pappo le contestó con un telegrama: "Chau, loco", y no grabó nada.

Qué va a pasar el 20: "Un concierto bastante

calentito".

Éste es el clásico ejemplo de concierto perfecto: Pappo y Lora, más allá del éxito o fracaso económico de la quijotada, es una tocada que se caía de madura. Le tocó al promotor **Kiko Vargas Jr.** creer en la idea y convertirse en el primer kamikaze local en organizar un concierto que tenga sentido, en lugar de optar por las viejas fórmulas onda "La olla de las bandas" (15,850 grupos buenos, regulares y malos, por lo general tocando el mismo día con pésima organización y peor sonido).

Siete días después, en el Hollywood Palladium, tocarán **La Lupita**, **Víctimas del Dr. Cerebro**, **Cuca** y **Ley de Hielo**, lo cual parece indicar que las cosas se están empezando a calentar otra vez. Ojalá las demás tocadas nazcan con la misma actitud: hagamos lana, pero usemos también la imaginación.

Por el resto del mes, desde esta página seguiremos el bombardeo: la próxima semana tendremos una "ficha técnica" similar dedicada a Lora y cualquier cosa que sirva para que el Olympic se llene hasta reventar.

Calendario

6 de agosto: **Los Hongos de Gina** (de Tijuana), **Los Olvidados** y **La Razzza**; sin límite de edad; 9 pm en el Hong Kong Low, 943 N Broadway, Chinatown.

7 de agosto: **Los Mixers** (ex LA Mixers) en La Cama (Shark Club, Olympic y Grand).

20 de agosto: **El Tri** y **Pappo** en el Olympic Auditorium,

1801 S Grand.

27 de agosto: Cuca, **Víctimas del Dr. Cerebro**, **La Lupita** y **Ley de Hielo** en el Hollywood Palladium, 6215 Sunset.

Todos los jueves: Rock en español (bandas y DJ) en el Mayan, 1038 S Hill.

Todos los viernes: DJ y bandas en El Paraíso, 420 Brookhurst (Anaheim).

Todos los domingos: Bandas en vivo y DJ de rock y pop en La Cama. Para mayores de 21.

Álex Lora antes de Pappo

Miércoles 10 de agosto de 1994

(WEA Latina)

Nombre: Álex Lora.

Ocupación: Mero-mero de **El Tri**.

Historia: Fundador en 1968 de **Three Souls In My Mind**. Pese al ridículo nombre y un arranque mayoritariamente en inglés (o algo por el estilo), se convirtió en el grupo más importante del rock mexicano. En 1980, Lora se peleó con el baterista **Charlie Hauptvogel** y le regaló el nombre con el cual no pasó absolutamente nada y ahora voy a poner una coma o un punto porque con este párrafo no vamos a ninguna parte.

By the way, para los que todavía no cayeron, El Tri viene de "Three". Lora no dudó en renunciar al nombre original y erigirse, ahora solito, en el máximo símbolo individual (ayer, hoy y siempre) del rock mexicano.

"[Charlie] me vino con que 'el nombre es mío, y dame el nombre' y todas esas pendejadas… Pos' yo le dije 'quédate con tu pinche nombre'. De todas maneras, a la banda siempre la conocían como El Tri". Grabó 25 discos y ya tiene listos "el 26, el 27 y el 28".

México después de los penales contra Bulgaria: "¡Pos' qué manga de culeros! ¡Cómo van a patear así!" (dicho 15 minutos después de que **Alberto García Aspe** clavara la pelota en el cartel de Cinzano).

Los críticos: "Bienaventurados sean los que me avientan calabazas, porque de ellos será el reino de los infiernos".

¿Por qué toca?: "Porque estoy podrido por dentro y todo a mi alrededor está podrido y porque me lleva la chingada. Pero, cuando toco, me siento libre".

Los Rolling Stones: "Sí, nos llaman 'los Stones mexicanos', pero en realidad a ellos deberían llamarlos 'El Tri de Inglaterra'. Claro que los escuché, pero mi principal influencia no son los Stones, sino **Chuck Berry**".

El éxito de El Tri: "Nosotros no nos ponemos ponchitos, sino que tocamos puro rocanrol. Nunca nos vendimos y hace 25 años que venimos retratando a la sociedad mexicana y denunciando la corrupción".

Los grupos nuevos: "Los **Caifanes** y los **Maldita** son buena onda, son cuates… pero no me gusta lo que hacen. A mí no me vengan con esas mamadas de la cumbia con el rock y los mariachis tecno y blues con tamborazos…"

Pappo: "La gente va a ver rocanrol". El hombre se refiere al concierto de El Tri y Pappo el 20 en el Olympic Auditorium (ver Calendario).

Un eslogan: "El rock es un deporte. Practíquelo".

Llueven las cartas (una)

Desde Anaheim nos escribió la veinteañera **Laura Sandoval**, cuyo pesadísimo *karma* consiste en empezar a leer en español con Ruta Alterna (te recomiendo que, más bien, empieces por el lado de **Borges** o **Fuentes**). Nuestra traducción sólo sirve para que tengan una idea de cómo vibran las rockeritas semibilingües de Orange County.

Señoras y señores, con ustedes, Laurita's *Greatest Hits*!

"He estado leyendo tu columna por varios meses y me parece absolutamente estupenda, aunque confieso que me toma como 10 minutos leer la página, porque todavía no soy muy buena leyendo en español.

La noche pasada (5 de julio) fui a JC Fandango a ver a **Caifanes**. Quedé decepcionada porque el evento estuvo muy desorganizado. Se suponía que el *show* empezaba a las 8 p.m., pero a la gente no se le permitió entrar hasta las 10:30 p.m. Pero creo que igual era preferible congelarme el culo afuera que sofocarme adentro de ese sauna. El *show* estuvo excelente; no hay nada como compartir sudores con chicos tatuados y de pelo largo. No hay nada comparable con ver una banda en vivo, aunque noté que Saúl hizo unos gestos peculiares que me hicieron acordar a **Eddie Vedder**. Quizás miró demasiados videos de **Pearl Jam**. Pero tengo a Caifanes en un altar.

Fui a **Revolución '94**, el show del cual no podías parar de hablar, y con razón: se anotó un 9.0 en mi escala Richter. Nunca había escuchado a **Maldita Vecindad**, pero después del concierto salí a comprarme su música. Me quedé muy impresionada de la facilidad con la que incorporan estilos. Con respecto a otro grupo, ya sé que **Divididos** me va a gustar una inmensidad.

Sisceramnte [sic] (¿lo escribí bien?),

Laura Sandoval (Anaheim)

Calendario

11 de agosto: Fobia en Fantasía Night Club, Puente Hills Mall, 60 East, salir en Azusa. Puertas abren a las 8 pm. Mayores de 21.

12 de agosto: Fobia en Obsession, del Pepper's Night Club, 13101 Crossroads Parkway (City of Industry). Puertas a las 8 pm. Mayores de 21.

13 de Agosto: Fobia en El Planeta, ahora en Michael's Night Club, 6809 Washington Blvd. (Commerce). 8 pm, mayores de 18 sólo por esta noche.

20 de agosto: El Tri y **Pappo** en el Olympic Auditorium, 1801 S Grand.

27 de agosto: Luis Alberto Spinetta, leyenda viviente del rock argentino. Wadsworth Theatre de UCLA, Wilshire y San Vicente (Westwood). Cinco pares de boletos gratis (dos por persona, 10 boletos en total, no se hagan) para los cinco primeros que llamen al promotor **Luis Chiarotti** [acá venía el número]. Suerte.

27 de agosto: Cuca, **Víctimas del Dr. Cerebro**, **La Lupita** y **Ley de Hielo** en el Hollywood Palladium, 6215 Sunset.

24 de septiembre: León Gieco (otro monstruo del rock argentino) en el Wadsworth Theatre de UCLA.

VUELVE (Y HABLA) SPINETTA

Miércoles 17 de agosto de 1994

(Spinetta por Alejandra Palacios)

(Ilustración de Luis Alberto Spinetta)

Aunque sus ventas no puedan compararse con los números que hoy manejan gente como **Fito Páez** o **Soda Stereo**, los 27 discos de **Luis Alberto Spinetta** — una obra irregular, por momentos hermética, inaccesible, pero siempre poderosa — son una pieza fundamental del rock argentino.

Sus sucesivos grupos, cada cual en su época, fueron el ejemplo más acabado de un rock con identidad propia, cansado de copiar modelos ajenos.

Con **Almendra**, a fines de los '60, Spinetta dio luz al primer grupo que verdaderamente apostó por la belleza con *swing*. Ya en los '70, con **Pescado Rabioso**, dio rienda suelta a la furia, a la crudeza, y con **Invisible** se acordó de la belleza inicial, pero de una manera aún más sofisticada. En los '80 siguió experimentando y, con el más jazzero **Spinetta Jade**, siguió siendo El Flaco, Dios, Gardel. Porque el rock argentino tiene muchos grandes pero sólo dos dioses: **Charly García** y Spinetta, no necesariamente en ese orden.

Spinetta importa no sólo por lo que hizo sino por lo mucho que todavía le queda por hacer; está más allá del bien y del mal y, de la historia, a Spinetta no lo saca nadie.

Como antes de su primera visita el año pasado, Spinetta, que hace unos meses sacó *Fuego gris*, su nuevo disco, nos habló por teléfono desde Buenos Aires. Demostró tener el entusiasmo que le da el saber que, aunque venga con poco aviso, siempre somos muchos los que iremos a escucharlo religiosamente.

La visita del '93

"De los tres conciertos, el del Coconut Teaszer [19 de mayo] fue el que me gustó más. Me encantó porque estábamos 'más abajo', era un lugar más inhóspito y el *show* fue muy vibrante. Un par de días después tocamos gratis para los estudiantes de UCLA, y justo coincidió con la manifestación chicana. Fue lindo unirnos mientras ellos luchaban por algo… sano".

La del '94

"El *show* va a tener cuatro partes: yo solo con mi guitarra acústica; un *set unplugged* con temas de diferentes épocas, acompañado por un tecladista; después un tema con cuarteto y, al final, se va el tecladista y con el trío estrenaremos varios temas nuevos que jamás hicimos en vivo, más algunos clásicos bien fuertes".

Clásicos argentinos en CD

"Tengo sentimientos contradictorios al respecto. Es cierto que RCA Victor respetó el arte y la filosofía originales de los discos. Hicieron una recopilación seria, pero los contratos son absolutamente leoninos. El artista no se beneficia con las regalías. Si un CD cuesta $18, el artista quizás gane cuatro centavos, lo cual es absurdo. En su momento nos desprotegimos porque nunca pensamos que [nuestra música de los comienzos] iba a tener vigencia. Deberíamos tomar medidas legales".

El dibujo de Almendra

[ilustración del propio Spinetta para la cubierta del primer álbum de Almendra] "Representa la idiosincrasia del argentino, que le gusta sufrir, que lo humillen, y por otro lado está entero... Es medio payaso y creativo. La versión moderna debería tener un tiro en la cabeza. Es absurdo, pero sin maldad. Está llorando porque le tiraron una sopapita en la cabeza. Es difícil de explicar, pero por ahí va..."

Las ventas

"Varios rockeros argentinos tienen discos en Estados Unidos, pero yo no. Ellos... son grandes vendedores de discos y lo mío es muy limitado. Y por suerte lo es, porque ése es el precio que elegí pagar para mantenerme fiel a mi música. Otros tienen la suerte de ser geniales y, también, vender millones de discos. Pero yo estoy en otra".

*Luis Alberto Spinetta y su nuevo trío (Los socios del desierto) se presentarán en concierto el 27 de agosto en el Wadsworth Theatre de UCLA (San Vicente y Wilshire, Westwood). Spinetta (guitarras y voz) estará acompañado por **Daniel Wirth** (batería) y **Marcelo Torres** en bajo, con la participación de **Claudio Cardone** en teclados.*

¡¡NO SE CRUCEN, CHE...!!

Considerando que el concierto de **La Lupita**, las **Víctimas** y **Cuca** en el Palladium viene anunciándose desde hace bastante tiempo, presentar a Luis Alberto Spinetta la misma noche es una metida de pata. Y creer que "el público de Spinetta es diferente y lo de él es otra cosa", si bien es cierto, no sólo no justifica sino que agrava aún más las cosas. Justamente, la idea es acabar con el mito de que "el rock argentino es de los argentinos" y "el rock mexicano es de los mexicanos". La idea es que todos puedan escuchar a todos, especialmente un año después de que Spinetta se presentó ante una buena cantidad de mexicanos (tanto en el Teaszer como en UCLA) que lo aplaudieron a rabiar.

Conclusión: la gran mayoría de mexicanos irá al Palladium, mientras que los rioplatenses iremos a verlo al Flaco. Una lástima, porque hace casi dos años que mucha gente con mi acento quiere ver a Cuca. Tendremos dos fiestas el mismo día, pero volvió el fantasma del "ellos y nosotros". *Too bad*.

Calendario

20 de agosto: **El Tri** y **Pappo** en el Olympic Auditorium, 1801 S Grand.

27 de agosto: Luis Alberto Spinetta en el Wadsworth. Diez pares de entradas gratis para los primeros 10 que llamen al promotor **Luis Chiarotti**. Esa misma noche: **Cuca**, **Víctimas del Dr. Cerebro** y **La Lupita** con los locales **Ley de Hielo** en el Hollywood Palladium, 6215 Sunset.

5, 7 y 10 de septiembre: Café Tacuba en el Huntington Park Casino, JC Fandango (Anaheim) y el Mayan Theatre, respectivamente.

24 de septiembre: León Gieco en el Wadsworth.

L.A.: MUCHO PÚBLICO, POCO APOYO

Miércoles 24 de agosto de 1994

(Fobia por Rachel Theodros)

Como alternativa a la ausencia de conciertos multitudinarios, los pocos promotores que se han dado cuenta de lo que está pasando han estado organizando "tripletes recontrasubterráneos": dos o tres conciertos sorpresa en lugares medianos o chicos. De alguna manera, la cosa funcionó pese a la escasa publicidad.

Tal fue el caso de **Fobia** y **Los Pericos**, la banda reggae más importante de Argentina, tan conocida por acá como la murga uruguaya **Araca La Cana**.

Yo no sé si Los Pericos son tan buenos como los **Wailers**, pero si a los pibes los invitaron dos años consecutivos al festival Reggae Sunsplash en Jamaica, muy troncos no deben ser. Y no me sorprende que su divertidísimo último disco, *Big Yuyo* (EMI), haya vendido 240,000 copias en Argentina.

Por su parte, Fobia, el grupo más esperado en Los Ángeles de los últimos tiempos, trajo nuevo baterista (**Jorge Amaro**, ex **Neón** y productor del primero de **Cuca**) y una selección de éxitos de sus tres primeros discos. Tocaron tres veces (Michael's, JC Fandango y Fantasia) con el mismo éxito y dejaron la puerta abierta para un concierto como Dios manda.

Ahora vienen tres presentaciones de **Café Tacuba** y todo parece indicar que los tripletes seguirán dando resultado por un tiempito. Por lo menos, en los casos de Fobia y Pericos la cosa funcionó de manera sorprendente considerando que, no hace mucho tiempo atrás, traer a grupos desconocidos (por acá) equivalía a un fracaso devastador.

¿Qué es lo que está pasando con el rock en Los Ángeles?

Llenar conciertos, algo que solamente podían lograr **El Tri**, **Maldita Vecindad**, **Caifanes**, **Café Tacuba**, **Miguel Mateos**, **Maná** y dos o tres más, ahora lo logra fácilmente, sin publicidad y TRES veces, un grupo perteneciente al segundo pelotón del rock en español. Y esto no es nuevo: **La Castañeda**, **Tijuana No** y **Víctimas del Dr. Cerebro** (sin contar a los consagrados **Fabulosos Cadillacs**) también lograron llenar el Whisky a Go Go y La Cama sin invertir una millonada en promoción.

El público está creciendo, y a pasos agigantados. Es hora de ponerse las pilas y darle la bienvenida a los que quieran hacer mucho dinero, siempre y cuando a las bandas se les pague.

Es hora de una radio de rock en español (por lo menos un programita, che…), de **MTV Latino** en L.A. y un buen programa de televisión.

Es hora de entender que nos gusta tanto el rock en inglés como el rock en español, pero que el rock en español puede subsistir sin pudrirse debajo del ala de **Soundgarden** esperando a que el Tío Sam nos dé su aprobación.

Es hora de traer muuuuuuchas bandas buenas, de editar muuuuuchos discos buenos, de sacar muuuuchas revistas nuevas (y buenas) y de que las disqueras grandes PONGAN MÁS PLATA para que, por ejemplo, las bandas de Culebra puedan grabar discos con una producción decente.

Así y todo, sigue habiendo conciertos y la cosa funciona, pero un periodista sigue ganando más plata que la inmensa mayoría de los músicos, pese a que los músicos siguen metiendo cientos de personas en un lugar.

Antes, la esclavitud del músico se "justificaba" con el "no llevan gente". Hoy, ¿cuál es la razón de que muchas bandas, sobre todo las locales, que necesitan un mínimo de motivación para seguir existiendo, no vean un dólar por ningún lado?

Estos conciertitos triples vienen bien y reflejan el continuo crecimiento de un género que parece injustamente destinado a la oscuridad por un tiempto más.

Pero si esto que escribo tampoco sirve para que

se junten los creativos con los ricos para que el rock en español se desarrolle como debe, ¿qué es lo que hay que hacer? Por ahora, seguiremos haciendo ruido, aunque sea nomás pa' molestar.

Calendario

27 de agosto: Cuca, Víctimas del Dr. Cerebro, La Lupita y **Ley de Hielo** en el Hollywood Palladium, 6215 Sunset. Cancelado el concierto de **Luis Alberto Spinetta** en el Wadsworth, originalmente programado para el mismo día. ¿El motivo? Ventas flojas. Con poca publicidad y el mismo día de una fiesta rockera mexicana, es muy difícil… *Told ya...*

2 y 3 de septiembre: Maná en Universal Amphitheatre. Primer concierto sin Iván y Vampiro. 8:15 pm.

5 de septiembre: Café Tacuba en el Huntington Park Casino, 6611 S Alameda, todas las edades. 7 pm.

7 de septiembre: Café Tacuba en JC Fandango, 1086 N State College (Anaheim). Mayores de 18, 8 pm.

10 de septiembre: Café Tacuba en el Mayan, 1038 Hill, mayores de 21, 8 pm.

DESIERTOS, RÍOS Y FRONTERAS

Miércoles 31 de agosto de 1994

Hace unos días recibí un sobre enorme procedente de Chula Vista. Adentro venían dos revistotas y una carta firmada por **Eduardo García**, uno de los editores de la revista *El sueño de la gallina*. La carta vino en inglés, pero Eduardo es más mexicano que las Chivas. Y traducirla fue un placer:

"Por algún tiempo, aquí en El sueño de la gallina hemos estado leyendo tus artículos en el L.A. Times y hemos estado siguiendo el movimiento de rock en español. Todos los jueves, Mario, Fritz y yo nos hemos estado reuniendo para escuchar música, hablar acerca de películas o discutir temas que nos resultan interesantes. Decidimos que queríamos hacer algo creativo, así que empezamos una revista en español que distribuimos en Tijuana y San Diego. Te incluyo una copia de los dos primeros números para que puedas echarle un vistazo. Si te fijas bien, en la revista citamos varios artículos tuyos.

Nos han dicho que eres un tipo *okay*, así que pensamos que te iba a gustar esto. Por suerte, hemos visto cómo el rock en español ha echado fuertes raíces en Tijuana. Hay conciertos todo el tiempo y hemos visto muchísimas bandas tocando aquí. También hemos podido observar con agrado cómo toma forma la nueva actitud, cómo aumenta el orgullo de ser latino, y todo esto nos parece grandioso. Nos gustaría mucho conocerte o hablar contigo. Gracias".

Como todas las demás, *El sueño de la gallina* sale cuando hay lana. O sea: muuuuy de vez en cuando, lo cual es una verdadera lástima porque se trata de uno de los proyectos más ambiciosos de los literatos rockeros. Además de la información habitual de rock en español y una buena reseña discográfica de grupos en inglés, *El sueño…* tiene mucho humor, y del bueno. Las tiras cómicas y fotonovelas con títeres son una barbaridad y el diseñador (Fritz), directamente, *es un Dios [2020: creo que se trataba de* **Fritz Torres**, *quien continuaría con una exitosa carrera hasta el día de hoy; tremendo diseñador, cabronsísimo y, si no era él, el otro también estaba cabrón]*.

Por supuesto, los errores ortográficos están a la orden del día, pero eso es lo más fácil de remediar. Aunque les confieso que poner a **Colosio** al lado de **John Lennon** queda un poquito, no sé, raro…

Sinceramente, emociona ver cómo en los lugares más remotos (¡Chula Vista!) los rockeros se las ingenian para sacar proyectos que les permiten decir cosas y ofrecer un lugar donde los demás también hablen. Ojalá surja algo o alguien que haga posible que estos proyectos sigan con vida. Lo mismo se aplica a nuestra conocida *La Banda Elástica* (de **Emilio Morales**) y *La Jornada Rockera* (de **Iván Munguía**), una promisoria revista nueva que pronto ilustrará esta página.

Por el momento, agradezco la buena onda de estos locos y estoy a las órdenes. *[2020: la columna terminaba con el teléfono de Eduardo García, para aquéllos que quisieran conseguir la revista]*

La foto del año

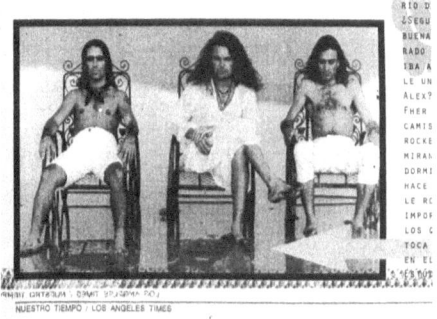

(WEA Latina)

¡Échale Vampi…! *I mean*… El "verdadero" **Maná** ya tiene nueva foto de prensa, y los resultados los dejo al criterio de los queridos lectores. ¿Seguro que ésta era la buena? ¿No se habrá entreverado con la foto que no iban a usar? ¿No podían subirle un poquito más el short a Álex? ¡Parece Fred Mertz! ¿Qué tiene Fher, un camisón? ¿Juan se está mirando el ombligo? No importa, muchachos, nosotros los queremos igual… Maná toca el 2 y 3 de septiembre en el Universal Amphitheatre.

Sorpresas de la semana:

- Ganó el PRI.
- Los observadores dijeron que no pasó nada.
- Los zapatistas están bien, gracias.
- El PAN dijo que está todo mal, pero está todo bien.
- Los bomberos amenazaron con suspender el concierto de **El Tri**, pero al final **Lora** tocó por dos horas y no murió nadie.

Calendario

2 y 3 de septiembre: Maná en Universal Amphitheatre. Primer concierto sin **Iván** y **Vampiro**. 8:15 pm.

5 de septiembre: Café Tacuba en el Latin Village de Pico Rivera, 8825 Washington Blvd., todas las edades. 7 pm.

7 de septiembre: Café Tacuba en JC Fandango, 1086 N State College (Anaheim). Mayores de 18.

10 de septiembre: Café Tacuba en el Mayan, 1038 Hill, mayores de 21, 8 pm.

21 de septiembre: Rata Blanca (Argentina), **Toxodeth** (México) y **Struendo** (L.A.) en el Mayan, 8 pm, mayores de 21.

24 de septiembre: León Gieco en el Wadsworth de UCLA.

Todos los jueves: Rock en español (bandas y DJ) en el Mayan.

Todos los viernes: DJ y bandas en El Paraíso, 420 S Broodhurst (Anaheim).

Todos los domingos: Bandas en vivo y DJ de rock y pop en La Cama. Shark Club, Olympic y Grand. Mayores de 21.

NUEVA REVISTA: *LA JORNADA ROCKERA*
Miércoles 7 de septiembre de 1994

Está por salir a la calle el cuarto número de *La Jornada Rockera*, la nueva revista de rock en español editada por **Iván Munguía** (con tanto pelo como buena onda). Producida a sangre, sudor y risas por Iván, su familia y amigos, LJR es otra alternativa que se suma a *La Banda Elástica* para hacer crecer al rock en español en nuestra ciudad.

Recientemente, LJR organizó la Primera Conferencia de Rock en Español, a la que no fui porque estaba en *māyā*, pero que aparentemente podría deparar beneficios para nuestro rock.

Además del usual debate en relación a las "envidias rockeras" (que me parece válido, pero insisto con que el problema no es mayor ni menor que la envidia que hay en el mundo, en cualquier área), Iván habló sobre la necesidad de que algunos grupos locales "afinen" la puntería.

"Algunos grupos se quejan de que no salen en la prensa, de que los promotores no los invitan a tocar, pero la culpa es sólo de ellos", dijo Munguía por teléfono. "Hay grupos que deben afinar el sonido y dejar de imitar a otros grupos. ¿Para qué sonar como **Maldita** o **Caifanes**, si ya los tenemos?" ¡Bien ahí!

Con respecto al temita de las envidias, el problema no es del rock, sino de la raza (humana). Hay unos que tiran tierra y trabajan, otros que tiran tierra y no hacen nada, y otros trabajan y tiran buena onda. Cada cual que ocupe el lugar que quiera. Yo, uruguayo y calladito.

Pero tratar de erradicar la envidia con reuniones, decretos o artículos periodísticos es una pérdida de tiempo. Métanselo en la cabeza: no habrá paz y siempre habrá envidia. Los idiotas sólo cambiarán cuando se den cuenta que es la obra de uno, en la profesión que sea, la que pondrá a las cosas en su lugar. Que los músicos toquen y los promotores hagan promociones. El envidioso sólo cambiará cuando le llegue el turno de crecer. Y si creen que cuando el rock en español triunfe las envidias se acabarán, prepárense para una gran sorpresa.

Otro tema de la reunión fue la formación de una especie de cooperativa u organización para facilitar los conciertos a nivel local. Además, el Canal 22, según Munguía, está preparando un programa especial de rock en español con bandas locales, tres de las cuales podrían salir de gira por México e, incluso, grabar. Todo está en el aire, pero este tipo de movimiento bien podría mantener la llama encendida.

En cuanto a Munguía, mucho más difícil que llegar a la tele o grabar un disco es sacar una revista, y él ya lo hizo cuatro veces. Suerte y manténganme informado.

Los que quieran conseguir *La Jornada Rockera*, envíen un cheque o giro por $18 a Iván Munguía, XXXX Larga Ave., Los Ángeles 90039 (por si fuera poco, ¡vecino!). Las 18 bolas equivalen a 12 números de LJR, que informa: "No nos vamos a clavar tu feria; la entrega es garantizada".

VUELVE RATA BLANCA

Rata Blanca, el grupo *heavy metal/hard rock* más exitoso de la historia del rock argentino, vuelve a L.A. para una sola presentación. Acompañado por los mexicanos **Toxodeth** (Culebra) y los locales **Struendo**, se presentarán el 21 de septiembre en el Mayan (ver Calendario).

Herederos de **Deep Purple**, **Whitesnake** y todo el tradicional sonido metalero que se niega a morir, Rata Blanca lleva vendidas más de 600,000 copias de sus cuatro discos. *El libro oculto*, grabado en España, fue editado en ocho países de América y en Japón (!). El concierto del 21 es parte de una gira por México, España, Portugal, Italia y Brasil. En Estados Unidos, la Rata tocará en Miami días antes de su visita a nuestra ciudad.

La banda está integrada por **Walter Giardino** en guitarra líder, **Sergio Berdichevsky** en segunda, **Gustavo Rowek** en bajo, **Javier Retamozo** en teclados y **Mario Ian**, quien reemplaza a **Adrián Barilari** como vocalista.

Calendario

7 de septiembre: Café Tacuba en JC Fandango, 1086 N State College (Anaheim). Mayores de 18, $20.

10 de septiembre: Café Tacuba en el Mayan, 1038 Hill, mayores de 21, 8 pm, $20.

11 de septiembre: Las Abejitas, **15 Letras** y otras bandas en el Whisky A Go Go.

21 de septiembre: Rata Blanca, **Toxodeth** y **Struendo** en el Mayan, 1036 S Hill, 8 pm, mayores de 21.

24 de septiembre: El concierto de **León Gieco** en el Wadsworth fue cancelado. Se habla de traerlo para noviembre, pero hasta que no haya seguridad no lo meto en el calendario. A cruzar los dedos y preparar una campaña publicitaria decente. Ya van dos veces que me dejan clavado (antes ya lo habían hecho con Spinetta).

RETORNO AL PAISITO: MANÁ, CHARLY, FITO, EL CHAVO Y XUXA

Miércoles 14 de septiembre de 1994

MONTEVIDEO, URUGUAY — No pude aguantar más de 10 años sin volver al paisito. La pregunta era: ¿voy directamente a Montevideo y el shock me sumerge en el más profundo *writer's block* de mi carrera, o paso un par de días en Buenos Aires para irme aclimatando?

Me decidí por esto último y, ni bien salí de la aduana del aeropuerto de Ezeiza, la hinchada de **Vélez Sarsfield** (el flamante campeón de la Copa Libertadores de América), con sus bombos, cantos y banderas, esperaba a los jugadores que regresaban de Brasil. Estaba claro: había vuelto a casa.

Fueron solamente dos días en Buenos Aires, pero los suficientes para confirmar lo siguiente: 1) Las calles y las veredas (banquetas) siguen rotas y sucias, pero Buenos Aires está más linda que nunca, 2) el innombrable presidente argentino seguramente será reelecto, 3) el rock mexicano EXISTE en la meca del rock en español.

Recorriendo la famosa Avenida Corrientes (por $3 la recorrí de punta a punta en taxi), unos carteles inmensos anunciaban a **Maná** en el Teatro Gran Rex, en una sola presentación (pensar que no hace mucho tiempo atrás, la creencia por acá era que "el rock mexicano no existe"…). Ahora, los tapatíos estaban por llenar una famosa sala céntrica y NADIE se rió de ellos. Además, se conoce a **Caifanes** y **Maldita Vecindad** a través de **MTV Latino** en ambas márgenes del Río de la Plata.

Claro, nadie se mata por comprar discos., pero de a poquito el rock mexicano gana espacio, de la misma manera que *El Chavo del Ocho* sigue primero en los ratings con programas de la época en la que Don Ramón todavía estaba en la prepa. **Chespirito** sacó del primer puesto a la insufrible **Xuxa**, que en Los Ángeles no se ve ni en los canales en español, y acá abajo ahora está como sexta.

Si a nivel popular se avanzó considerablemente, a nivel expertos la cosa para el rock mexicano está mucho mejor aún. Tres periodistas del diario *Clarín* (el de mayor tiraje en Buenos Aires) me llamaron para preguntarme sobre **Café Tacuba**, sobre los conciertos en Los Ángeles, sobre *La Banda Elástica* y, créase o no, sobre ¡**Los Olvidados**!

En Montevideo, como siempre, la cosa está mucho más tranquila, pero eso no impidió que, por las primeras dos horas de mi retorno después de una década, yo no pudiese decir palabra por tanta emoción. No sé si se debió a la larga ausencia o al triste hecho de que mi padre ahora tiene más pelo que yo. Detalle curioso, considerando que el viejo siempre insistió en que me lo cortara.

Bueno, acá va mi resumen semanal:

EL NUEVO DE FITO PÁEZ: El rockero rosarino presenta en octubre *Circo Beat*, su primer disco en dos años, luego del monumental *El amor después del amor*. Grabado en Londres con la producción de **Phil Manzanera** (ex **Roxy Music**), Páez seguramente confirmará su estatus de jefe actual del rock argento. Todavía no se sabe si se lanza en Buenos Aires o Rosario, pero la expectativa es enorme.

EL LOBO SOBREVIVE: Los Lobos se presentaron el 10 de septiembre en el Parque Patricios (la cancha de **Huracán**, subcampeón del fútbol argentino), como parte de un tributo al fallecido **Stevie Ray Vaughan**.

Aunque a Los Lobos se los conoce por "La Bamba", todavía los rioplatenses no entienden bien la grandeza de las leyendas del Este de Los Ángeles. Una cosa es segura: ahora que los escucharon, no los olvidan más.

FUERZA JAIMITO: El músico popular número 1 de Uruguay, **Jaime Roos**, agotó en dos días las primeras 5,000 copias de *Repertorio*, una compilación de 19 éxitos (no se rían: en Uruguay, 5,000 es un chingo de discos).

En octubre sale *La Margarita*, su nuevo disco, con textos del poeta (y ex tupamaro) **Mauricio Rosencof**. Ambas placas son editadas por DG Discos, propiedad del promotor argentino **Daniel Grinbank**, ex mánager de **Serú Girán** y algo así como el **Emilio Azcárraga** de los conciertos de rock en Buenos Aires.

EL RETORNO DE DIOS: Charly García presentó *La hija de la lágrima*, su nueva ópera-rock, con varios conciertos en el corazón de Buenos Aires. El ex **Sui Generis**, **La Máquina de Hacer Pájaros** y **Serú Girán** luce un horrible pelo teñido de rubio (en homenaje a **Kurt Cobain**) y la promoción habla de *La hija…* como "su obra cumbre". Mentira, son todas mentiras. Es un buen *show*, una buena banda y el disco trae tres o cuatro temas con el sello de Charly, pero el flaco sigue en deuda, sin repetir el nivel de cosas como *Yendo de la cama al living*, *Clics modernos* o *Piano bar*. Pero Charly es Charly, y a él le perdonamos todo.

DIVIDIDOS EN CONCIERTO: Ya pasada la fiebre de *La era de la boludez*, el trío de **Ricardo Mollo**, **Diego Arnedo** y **Federico Gil Solá** volvió con todo en la cancha de Vélez ante 50,000 personas. Un clima ideal: la mejor banda del rock argentino en la casa de los Campeones de América.

RESUMEN PORTEÑO

(Miércoles 21 de septiembre de 1994)

Foto original: Bonnie Perkinson

BUENOS AIRES, ARGENTINA — Desde estas hermosas playas... ¡Mentira! En Buenos Aires no hay playas y, si las hubiera, sería lo mismo porque hace un frío que no se puede salir a la calle salvo en casos de extrema urgencia, como el domingo pasado: fue el día de Racing-Independiente, el clásico de Avellaneda, al que fui invitado por colegas locales que comparten mi pasión por *lacadé*.

Por si las moscas, les recuerdo a los turistas

que las playas sí están del lado uruguayo costero, de Oeste a Este, pero será mejor que esperen a fines de diciembre: las temperaturas en mi paisito son igualmente insoportables y allá también se curte la onda de caminar y caminar hasta que la piel se te queda violeta.

Al grano: acá va el resumen de esta semana:

- La visita de **Maná** a Buenos Aires fue en serio. Una buena parte de la ciudad estuvo empapelada con grandes afiches anunciando el concierto del viernes, el debut de los tapatíos en Argentina. Todo el mundo sabe quiénes son y, al igual que en el resto del planeta, muchos los aman y más de uno los detesta. Para que tengan una idea de la popularidad de los chavos, esto salió al aire días antes del concierto en Radio del Plata FM, una de las más importantes del país: "Queremos avisarles a los oyentes que el sorteo de los CDs del grupo mexicano Maná, quienes nos visitaron en el estudio el lunes, ya terminó hace dos días. Por favor, no sigan llamando porque ya no nos quedan más CDs, y apúrense porque las entradas se están agotando. Una vez más, los ganadores de los CDs son…"

- La semana pasada, mi fanatismo por **Divididos** me traicionó al momento de mencionar la cantidad de gente que los había visto en la cancha de Vélez: fueron "apenas" 22,000, en lugar de los 50,000 que mencioné. Los fanáticos del trío — entre los cuales me incluyo — quedaron alucinados, pero parte de la prensa vio algunos desajustes que nosotros nos perdimos porque estábamos escuchando la música. **Daniel**

Amiano (*La Nación*), en un artículo del 12 de septiembre, tuvo sentimientos encontrados. Bajo el titular "Divididos en Vélez, con energía y desencuentros", Amiano escribió que "Divididos clausuró una noche con más de 30 canciones y casi tres horas para un reencuentro que no fue todo lo mágico que puede esperarse cuando se trata de una de las bandas más poderosas del rock nacional".

- Del 15 al 18 de septiembre, el legendario **Charly García** presentó *La hija de la lágrima* en el Teatro Ópera. Las entradas del fin de semana se agotaron rápidamente y el disco fue bien recibido, pese a que en los últimos años tirarle palos a Charly se había convertido en un deporte.

- *Cóctel*, el último disco de **Miguel Mateos** para el sello BMG, lleva vendidas alrededor de 30,000 copias en Estados Unidos, pese a la ausencia de Mateos o una promoción adecuada. Al menos en EE.UU., Mateos es lo más cercano a un auténtico *rock star* y su popularidad está intacta, pero el hombre no deja de ser polémico por decisiones artísticas que, en una época, le sacaron canas verdes a los "verdaderos rockeros que amaban a **Zas** pero odiaban 'Obsesión'". Sin embargo, durante mi estadía en Buenos Aires lo visité en su estudio y me voló la cabeza con *Pisanlov*, su nuevo disco que saldrá el año que viene. No tengo miedo de gritar a los cuatro vientos que se trata del mejor disco de su carrera, por lejos (*move over, Kryptonita*). *Pisanlov* lo confirma como uno de los compositores y poetas clave del rock en español (sí, pese a los bodrios ya mencionados). Con *Kryptonita* (1991), Mateos se reivindicó; con el independiente *Pisanlov*, un disco absolutamente conmovedor, su lugar en el rock en español estará asegurado por al menos dos años más. "A nivel de sonido, éste es mi álbum más contundente, muy superior a *Kryptonita*", me dijo Mateos. Y a nivel temática, éste es mi manifiesto definitivo".

GASES DEL OFICIO

Miércoles 28 de septiembre de 1994

Antonio Birabent tocó en Buenos Aires en septiembre.

BUENOS AIRES — La última vez que estuve en esta increíble ciudad fue en 1982, cuando la dictadura militar que dejó unos 9,000 desaparecidos (reportados) daba sus últimos suspiros. Sinceramente, la impresión que me dejó fue deplorable: miedo, poca gente en las calles, caras largas y una mala onda general que, a ojos de un — entonces — joven montevideano, confirmaba la extendida teoría de que, efectivamente, los porteños eran insoportables. Pero tenían algo que los uruguayos, por ese entonces, estábamos lejos de alcanzar: en un concierto de música rioplatense en el estadio de Obras Sanitarias, la multitud cantaba "se va a acabar, se va a acabar, la dictadura militaaar..."

Doce años después las cosas cambiaron mucho, y ese cambio también se ve reflejado en el rock nacional, acostumbrado desde fines de los '60 a participar de la identidad social y política de Argentina.

Contra todo y contra todos, el rock argentino sigue creciendo. Atrás quedó la temprana euforia luego del retorno de la democracia en 1983, y hoy los jóvenes saben bien que, aunque la onda económica (un dólar vale igual que un peso) los tenga bastante entretenidos, la fiesta se acaba en cualquier momento, cuando la farsa explote y todos se queden como siempre: tristes y sin un mango.

Lo único bueno de todo esto es que esa adrenalina resulta en un movimiento que asombra por su peso en la realidad nacional. El rock argentino tiene de todo: genios, payasos, solistas, grupos, hombres, mujeres, pibes y pibas de 16 años, raperos, thrasheros, metaleros, poperos, "sónicos vs. rockeros" e infinidad de matices que ya nadie puede ignorar. Vean:

- Hay un promedio de 80 conciertos por mes, desde figuras grandes hasta grupitos nuevos subterráneos, para todos los gustos. La edición del diario *Clarín* del 16 de septiembre anunciaba estos grupos y solistas en la misma semana: **Cajas Vacías, 6 en punto, Gas Verona, Antonio Birabent, Hermes, Man Ray, Limbo, Viaje a Venus, Todos Tus Muertos, Las Pelotas, Lethal, Los Twist, Vox Dei, Javier Martínez, Los Brujos, Los Caballeros de la Quema, A.N.I.M.A.L.,**

Pecadores, Anemia y decenas más, sin contar los recitales de **Charly García, UB40, Los Pericos** y **Paralamas** en el estadio de River Plate ante 50,000 personas.

- Dos radios que pasan rock las 24 horas del día.

- Además de **MTV Latino**, existen varios programas de rock en televisión, y la música de vanguardia también tiene su lugar dentro de programas de todo tipo.

Caminando por la calle uno se puede dar cuenta de la relación entre el rock y las hinchadas de fútbol: en todo el país, todas las hinchadas utilizan, con frecuencia, canciones rockeras a las que le cambian la letra para alentar a su equipo. Y muchas "barras bravas" adoptan grupos de rock como "mascotas". Ejemplo: mi querido **Racing Club** está con los **Rolling Stones**, a juzgar por varias banderas que vi en el Cilindro de Avellaneda. Y pensar que, a fines de los '60, ni **Spinetta** ni nadie pensaba que algún día iban a vivir de esto...

Lo peor que le sucede al rock argentino, paradójicamente, está relacionado con uno de sus grandes impulsores: el promotor **Daniel Grinbank**, quien se cansó de abrir puertas y crear una infraestructura envidiable, pero que ahora es algo así como el **Emilio Azcárraga** argentino, copando todo el mercado.

Grinbank es el dueño de la radio **Rock & Pop** y el organizador de los conciertos locales e internacionales más importantes de Argentina. De hecho, tiene alquilados por todo el año los principales estadios donde se hace rock en el país (River, Vélez, Huracán y Obras Sanitarias). Hoy por hoy, salvo poquísimas excepciones subterráneas como **Patricio Rey y sus Redonditos de Ricota**, para "trabajar de rockero" en Buenos Aires hay que estar bien con Grinbank.

El club de los ofendidos:

Maná se presentó con gran éxito el 16 de septiembre en el Gran Rex, justito enfrente de donde **Charly García** hacía lo propio con *La hija de la lágrima* (buenas luces, excelente sonido, pero Charly sigue sin meter goles). Aunque cancelaron su segunda presentación, los mexicanos metieron 3,500 personas, en su mayoría chicas adolescentes. Pero debajo del escenario, según fuentes anónimas de Ohanian Producciones, dejaron plantados al diario *Clarín* porque prefirieron salir a recorrer la ciudad y dieron orden de "no dejar entrar a Lopetegui porque sólo critica", seguramente a raíz de mis dos últimas columnas publicadas luego de la salida de Vampiro e Iván.

La noche del concierto, el mánager **Marcel Tofel** me dio la mano y hablamos por pocos segundos. En ningún momento me dio a entender que no era bienvenido. Segundos después, se pudrió todo. En boletería, con la cara roja de vergüenza, una chica me dijo que ya no había credenciales de prensa para mí, "por orden de Tofel". *[2020: si la memoria no me falla, la chica se llamaba Analía]*

No es la primera vez que pasa. Después de **Revolución '94**, **Caifanes** se negó a hablar conmigo, debido a que soy uno de los pocos que está convencido de que Caifanes está LEJOS de ser la mejor banda mexicana.

En fin, son *gases* del oficio.

[2020: Reconozco que hubo un poco de mala leche de mi parte en el penúltimo párrafo: sin dudas, Caifanes sí fue una de las mejores bandas mexicanas no sólo de ese momento, sino de toda la historia del rock mexicano. Simplemente, en ese momento pensé (y sigo pensando) que, en la época, los dos primeros de Maldita y los dos primeros de Café Tacuba les habían sacado varios cuerpos de ventaja. Mi historia con Caifanes fue una de una relación cordial con la banda, especialmente con **Saúl Hernández**, *que siempre fue muy simpático y amable conmigo. Hasta que un día llamo a BMG para solicitar un reportaje y* **Laffitte Benítez**, *el excelente publicista de BMG por varios años, me informa que la banda ya no quería hablar conmigo. "No sé por qué, pero me dieron esa orden". Nunca supe el porqué de la súbita negativa, hasta que un día me lo encuentro a Saúl (y creo que él estaba acompañado por* **Diego Herrera**) *en el House of Blues, en los momentos previos de un concierto de* **Tito Puente**. *Se me acercó como si nada, sonriendo y acariciándome la cabeza recién afeitada. "¡Te pelaste, cabrón…!", me dijo entre carcajadas. Yo no entendía nada, hasta que sospeché que me había confundido con otra persona. "¿Sabés quién soy? Soy Enrique Lopetegui", le dije, y la expresión de Saúl cambió radicalmente. Se puso serio como perro en bote y le digo: "Nunca supe si fue por decisión de Marusa (Reyes, la mánager de Caifanes) o tuya, pero de un día para el otro la banda nunca más habló conmigo. Yo pensé que teníamos buena onda". "No, no fue Marusa, fui yo", me dijo Saúl. Cuando le pregunté por qué, Saúl fue claro: "Porque tú no eres honesto cuando escribes". Eso sí me calentó. Las críticas me las banco, pero no que digan que no soy honesto. Cuando le pregunto que me*

mencione un caso puntual, Saúl se limitó a decirme: "Tú sabes lo que escribes. Léelo y te darás cuenta". Yo le propuse llevarle todos mis libros de notas publicadas y que él me señale un caso de "deshonestidad", y él aceptó: "Ven al hotel a las 10 a.m. y te lo muestro", me dijo. Sospeché algo raro cuando me dijo que estaba en el Highland Gardens, cuando por lo general la banda se quedaba en los Oakwood Apartments, pero fui igual. Saúl no se apareció, o no estaba. Nunca más hablé con Saúl, pero se trata, sin duda, de una figura clave en la historia del rock mexicano, autor o co-autor de varios himnos que están entre las mejores canciones de la historia del rock en español. Lo demás no importa, al menos a mí. Y lo demás que tengo que decir me lo guardo por si un día nos volvemos a encontrar, así lo hablamos en persona. Pero no soy de tirar golpes bajos a la distancia.]

LAS REEDICIONES DEL AÑO: 10 AÑOS DEL ROCK ARGENTINO

Miércoles 5 de octubre de 1994

No es noticia que gran parte de lo mejor del rock argentino clásico (1965-1970 y pico) ya esté disponible en CD. Pero la colección que acaba de lanzar EMI Argentina, dirigida por el pionero productor **Jorge Álvarez**, representa el proyecto de reedición más serio y ambicioso del rock en ese país.

La colección *10 años de vida, una historia del rock nacional*, consiste en 12 cajas, cada una con varios discos clave de diferentes épocas. La primera contiene tres CDs y un librito de 84 páginas en el que se incluyen letras (con y sin censura), contexto político e histórico, citas de los propios músicos y anécdotas de la grabación. Pero la atracción principal es la música, remasterizada pero con el mismo espíritu inocente de la época.

Esta primera caja, que salió a la venta el lunes en Argentina, es un indispensable puntapié inicial para todo aquel que se interese por las auténticas Biblias del rock en español:

- *Invisible*, el disco debut del trío homónimo formado por **Luis Alberto Spinetta** luego de **Pescado Rabioso**. Incluye seis sencillos ausentes del *Long Play* original, ahora disponibles por primera vez en CD.

- *Instituciones*, el tercer y, para muchos, mejor disco de **Sui Generis**, el inolvidable dúo formado por **Charly García** y **Nito Mestre**, que marcó el inicio de la segunda etapa del rock argentino. Por motivos de censura, originalmente el disco salió bajo el título *Pequeñas anécdotas sobre las instituciones* y no incluía dos canciones que, de cualquier manera, eventualmente se convertirían en éxitos: "Botas locas" y "Juan Represión". Además de estos dos temas, la caja incluye las letras originales y censuradas de clásicos como "Instituciones", "Señor Tijeras", "Música de fondo para cualquier fiesta animada" y "Para quién canto yo entonces".

- *Energía natural*, primer y único disco del fugaz pero importante grupo **Soluna**, liderado por **Gustavo Santaolalla** (ex **Arco Iris** y hoy productor de **Maldita Vecindad**, **Café Tacuba** y

Divididos, entre otros; él y la única voz femenina de Soluna, **Mónica Campins**, viven en Los Ángeles, y otro miembro clave de la banda era un joven llamado **Alejandro Lerner**). Incluye, por primera vez en CD, el tema "Energía natural", editado como sencillo antes de la salida del disco y curiosamente eliminado del *Long Play*. Considerado por la crítica especializada como uno de los mejores discos de 1977, éste fue el último trabajo de Santaolalla antes de radicarse en Estados Unidos. Otra joyita que hoy sigue sonando bien.

Que esto sirva para que, en estas épocas de acercamiento, EMI Latin edite la colección en EE.UU. y los funcionarios correspondientes del sello que sea hagan lo propio con la rica historia del rock mexicano.

Lo malo es que, por el momento, la única manera de conseguir la colección es yendo a Buenos Aires o suplicándole a algún amigo viajero que traiga una cajita pa' los amigos. Por otro lado, las buenas noticias son dos: EMI Argentina está por instalar una línea para hacer las compras por teléfono desde aquí. Mientras tanto, si quieren asegurarse de que en Buenos Aires se enteren que existimos, llamen a **Eduardo Barone** a EMI Argentina al XXXXX. La otra buena nueva es que faltan 11 cajas que saldrán aproximadamente cada 45 días, y las próximas seis ya están listas. Agárrense fuerte:

- **CAJA 2:**
  Pescado Rabioso 2 (el doble en un solo CD).
  La Máquina de Hacer Pájaros (segunda banda de **Charly García**; los dos discos, el debut homónimo

y *Películas*, en un CD).
Hasta que se ponga el sol (varios en vivo).

- **CAJA 3:**
  Adiós Sui Generis 1
  Adiós Sui Generis 2
  Adiós Sui Generis 3

- **CAJA 4:**
  Desatormentándonos (Pescado Rabioso)
  Vida (Sui Generis)
  Caliente (**Vox Dei**)

- **CAJA 5:**
  Polifemo (los dos en un solo CD)
  La Biblia (Vox Dei)
  Lo más pesado de La Pesada (**Billy Bond**, **Kubero**, **Claudio Gabis**, **Jorge Pinchevsky**, **Alejandro Medina** y otros, **La Pesada del Rock and Roll**)

- **CAJA 6:**
  Antología de los primeros años (**Miguel Abuelo**)
  30 minutos de vida (**Moris**)
  Tanguito

BOTELLÓN DE JEREZ

Miércoles 12 de octubre de 1994

(Mastuerzo, Ojeda y Vega Gil por Rachel Theodros)

"¿Última oportunidad?", preguntó asombrado el baterista **Paco Barrios "El Mastuerzo"**, integrante de **Botellita de Jerez**, sobre el "segundo retorno" de la legendaria banda mexicana. "Nos vale madre si se vende o no se vende. Seguiremos haciendo esto toda la vida. Pero sí nos interesa que quede bien claro que esto es lo que somos ahora y que estamos en nuestro mejor momento".

Aunque ya tienen su lugar asegurado en el Salón de la Fama del rock mexicano, desde la partida de **Sergio Arau** (el "**Uyuyuy**") en 1987 el grupo vio cómo **Caifanes**, **Maldita Vecindad** y **Café Tacuba** tomaban la posta del rock auténticamente mexicano, iniciado por ellos mismos en 1983. Desde ese fatídico '87, sin Arau, trataron de encontrar un sonido y sólo lograron meter la pata hasta el fondo.

"Pasamos por un momento de crisis que nos afectó bastante", dijo Barrios, junto con el bajista **Armando Vega Gil** (el "**Cucurrucucú**"), uno de los miembros originales de Botellita (a la nueva alineación la completa **Santiago Ojeda** en guitarra). "Decidimos alejarnos del acartonado 'guacarrock', negándonos a nosotros mismos, mientras los demás grupos crecían con algo que habíamos empezado nosotros. Fue una sensación bastante rara", dijo Vega Gil. *[2020: Vega Gil se suicidaría el 1 de abril de 2019]*

La metida de pata histórica fue cuando los Botellitos se casaron con Televisa ("esa gran basura comercial", dice Vega Gil), llegando incluso a protagonizar ¡UNA TELENOVELA! que, por suerte, no tuvo el éxito esperado (quizás hoy estaríamos soportando cosas como *Corazón de Guacarrock* o alguna pesadilla por el estilo). Como ellos mismos lo admiten, un verdadero desastre.

"Nunca debimos haberlo hecho", dijo Barrios, "pero los tropezones también sirven".

Cuando finalmente despertaron, en 1990 lanzaron un disco decente (*Busca amor*), pero ni eso alcanzó para volver al primer plano.

"El disco no era malo, pero hubo problemas de ejecución y todavía no teníamos muy claro el sonido que queríamos", dijo Vega Gil.

Se necesitaba un disco-terremoto, un golpe sonoro contundente que les devolviera la credibilidad perdida. Les tomó tres años, pero finalmente lo lograron.

Forjando Patria (Culebra/BMG), lanzado en México el 14 de septiembre y aquí hace unos días, hace justicia a la historia del grupo y coloca nuevamente a Botellita de Jerez entre las bandas más importantes y frescas del rock mexicano. Sólo que esta vez la cosa va más allá de "originalidad" y etnicismos: el disco es realmente bueno y el entusiasmo de la banda no es exagerado.

"No tengo dudas de que es nuestro mejor disco", dijo Barrios. "Es el más maduro, el más potente y el más espontáneo".

Según los músicos, el concepto del disco surgió después de componer las canciones.

"Llegó un momento en que nos dimos cuenta de que tabúes como la bandera, el himno y los próceres de México estaban en todas partes del disco", dijo Vega Gil. "En México, el himno y los colores de la bandera sólo los puede utilizar el Estado de manera muy solemne, y nosotros quisimos un poco romper con esa tontería. Al fin y al cabo, la Patria somos nosotros. *Forjando Patria* es muy excesivo. El disco se convirtió en una especie de catarsis, un vómito de cuestiones muy personales, de frustraciones, de anhelos y de ganas de echar desmadre, de divertirnos".

El disco, que dura una hora y cinco minutos, es una versión corregida y aumentada del viejo Botellita:

guitarras bluseras, toques de música tradicional mexicana, un poquito de ska, una actitud punketa, mucho humor y hasta algunas baladitas para bajar un poco el ritmo arrollador.

"Somos una banda nueva cuya mayor influencia es Botellita de Jerez", fue la definición perfecta de Barrios.

Hasta en lo afectivo todo parece marchar bien para Botellita de Jerez. Aunque la partida de **Sergio Arau** no fue violenta, las diferencias musicales sí provocaron un alejamiento que duró hasta hace pocas semanas. Finalmente, el reencuentro ocurrió en el Roxy luego de la última presentación de Arau, quien a su vez les devolvió el favor acercándose al estudio a desearles suerte con el nuevo disco.

"Fue muy padre volvernos a ver", dijo Vega Gil. "Sólo se trató de un divorcio artístico, y tú sabes cómo son los divorcios". (Segundos después le aclaré que de divorcios no sé nada, pero de separaciones nadie sabe más que yo)

Si había heridas entre Botellita de Jerez y Arau, *Forjando Patria* se encargó de cicatrizarlas todas. Sólo resta abrir bien las orejas, subir el volumen y dar una calurosa bienvenida al nuevo Botellita de Jerez. Un placer tenerlos nuevamente por aquí.

DE NUESTRO BUZÓN

"Éste es un resumen del concierto de Café Tacuba en La O, por si no pudiste ir (si fuiste, no te vi).

Como siempre, estuvo prendido aunque pudo estar mejor, no sé si por el club. Cosme o Juan, como quieras llamarle, se escuchó bien en todas sus canciones. La de 'El borrego' sí que no se le entendía nada, pero no importó porque fue una de las más prendidas, aunque casi todo eran *tracks* grabados. Pero sí se puede decir que es un álbum a toda madre. Tal vez el otro concierto en el Latin Village estuvo mejor, pues creo que muchos estaban aburridos por la música que ponen en La O. ¿Cómo pueden mezclar a **Maldita** con **Timbiriche**? Lástima que **Rata Blanca** se va a presentar ahí mismo. Lo único que puede uno hacer es llegar muy tarde y pedirle a Dios que no esté **Arjona** en ese momento. Lo bueno de ese club es que la cerveza es más barata que en La Cama. Bueno, ahora a esperar a la Maldita.

Marlon Pinzón
Los Ángeles

PD: *La Banda Elástica*, algo indispensable para sobrevivir en esta tierra (aunque $25, ni la *Rolling Stone*…)"

[2020: confieso que no tengo la más puta idea de lo que es "La O". ¿Un club en Orange County? Hasta ahí llega mi memoria.]

Calendario

15 de octubre: Caifanes en Universal Amphitheatre.

1 de noviembre: Maldita Vecindad en el Palace, 1735 Vine, Hollywood.

2 de noviembre: Tijuana No en el Roxy, presentando su segundo disco. 9909 Sunset.

Todos los domingos: DJ y bandas en El Paraíso, 420 Brookhurst (Anaheim), mayores de 18, $8.

DJ y bandas en La Cama (Shark, Olympic y Grand).

Bandas en vivo en el Whisky A Go Go, 8901 Sunset, mayores de 21.

SE VIENE EL 'WOODSTOCK LATINO'

Miércoles 19 de octubre de 1994

Hace no mucho tiempo atrás, **Jesús Velo** (integrante de la banda chicana **Los Illegals**) me contaba un incidente que simboliza buena parte de las relaciones entre los rockeros chicanos y mexicanos: en pleno concierto en algún lugar de México, los *Chicano rockers* eran recibidos a pedradas por la raza que los veía como "un montón de gringos".

Es hora de que dejemos las rivalidades estúpidas de lado y empecemos a soñar con el acercamiento entre dos culturas, tan diferentes y tan parecidas, pero ambas con el talento necesario como para crear un poderoso movimiento de rock latino en Estados Unidos (al paso que vamos, ni ellos ni nosotros la vamos a hacer solitos).

Big Top Locos, "un día de música, comedia y paz", es una especie de mini-Woodstock del subdesarrollo que tendrá lugar el 22 de octubre desde el mediodía hasta las 4 am.

Con dos escenarios ubicados en el Olympic Auditorium, BTL es el proyecto musical, poético y artesanal más ambicioso organizado por chicanos en los últimos años y en el cual tres bandas de rock en español tendrán una importante participación.

Tijuana No, los héroes locales **María Fatal**, y **Fobia** compartirán uno de los dos escenarios con más de 30 artistas de diferentes géneros. Para los de la frontera, será el debut junto con "la otra raza" y, para los liderados por **Fernando Ramírez**, un examen fundamental que, de ser aprobado, les daría el empujoncito final para ser considerados la banda local más importante.

Pero el rock en español es sólo una partecita de BTL (no, no es una de *beicon, tomeiro y leras*). Los otros invitados incluyen a **Rage Against the Machine** (una de mis bandas ultrarrecontrarremilfavoritas y todo el mundo contra la pared), **Cypress Hill** (recién saliditos del mero Woodstock) y **Little Joe y La Familia** (un poquito de tejano y Tex-Mex no le hace mal a nadie). Pero habrá de todo: desde hip-hop hasta banda, así que prepárense para el rocanrol y las quebraditas (los estalinistas pueden pararse en un lugar estratégico para salir huyendo cuando le llegue el turno a la **Banda Zeta**).

El cerebro y motor de BTL es **Richard Montoya**, del trío cómico **Culture Clash**.

"La cultura chicana/latina es muy impresionante y poderosa, pero aparentemente todo lo que escuchamos en la prensa son los aspectos negativos: las pandillas, las abejas asesinas, la mafia mexicana, la comida grasosa y los jardineros locos", escribió Montoya en una especie de declaración de principios que acompaña al material de prensa de BTL.

Big Top Locos, un día de paz, música y comedia

Rage Against the Machine, Cypress Hill, Little Joe y La Familia, Tijuana No, María Fatal, Fobia, Lighter Shade of Brown, Souls of Mischief, Thee Midniters, Tierra, The Susie Hansen Latin Jazz Band, Dr. Loco and the Rockin' Jalapeño Band, Lalo Guerrero, Bongo Logic, José Montoya (legendario poeta chicano y padre de Richard)**, Banda Zeta** y otras bandas de rock chicano, jazz latino y rap político.

Parte de la recaudación será a beneficio del **UFW**, el **Comité de Defensa de Leonard Peltier**, **The Wall/Las memorias** (un monumento recordatorio para víctimas latinas del sida) y **Para los Niños** (paralosninos.org).

$22 por anticipado llamando a Ticketmaster, o $30 en la

puerta.

PREPAREN LAS PANCARTAS

Caracol Puccini, el loquísimo programa radial de **Natalie Stawsky** y **Carly Bracuto** en KPFK-90.7 FM, sigue sin horario fijo.

Aunque todos la queremos, la KPFK necesita una urgente dosis de *swing*. *Caracol Puccini* perfectamente podría llenar ese vacío. Pese a todo, Stawsky y Bracuto, a los ponchazos, se las vienen arreglando para hacer ruido, aunque a veces hay que consultar al *I Ching* para adivinar cuándo saldrán al aire.

Respetuosamente solicitamos a KPFK que invente el merecido espacio para que CP se convierta en *el* programa radial alternativo. Para ayudar a que el dúo argentino reduzca su (y nuestro) nivel de estrés, escriban a… *[y venía la dirección y teléfonos de la radio]*

ALEJANDRA GUZMÁN, ROCKERA

Miércoles 26 de octubre de 1994

Foto original: BMG

Nada personal contra **Alejandra Guzmán**.

Además de sus indudables atributos físicos, la nena no es ninguna tronca. Desde chiquita hace ballet, jazz y *tap dance* y, aunque no es ninguna **Martha Graham**, tampoco es **Mr. T**.

Vocalmente, la hija de **Enrique Guzmán** — uno de los primeros quijotes que se animaron a hacer algo llamado "rock en español" allá por 1962, aunque hoy ande todo trajeado — y la actriz **Silvia Pinal** es una de las figuras más subestimadas de nuestro pop-rock. En efecto, la Guzmán canta en serio, y su garganta es lo que más la acerca al título de "reina" de algo.

El problema es, justamente, cuando irrumpe en la escena como "la Reina del Rock" mientras los "verdaderos rockeros", los que arriesgan el parietal en el *slam*, opinan que la Guzmán forma parte del grupito de **Gloria Trevi** y otras para quienes su cuerpo y las millonadas de infraestructura son más importantes que la música.

Para ellos, Guzmán es "fresa" y no tiene lugar en una columna "seria" de rock. Para la propia Guzmán, sus detractores tienen razón:

"Yo empecé siendo rockera comercial, totalmente", reconoció Ale por teléfono desde el Distrito Federal. "Pero es que hace seis años no había el movimiento de rock que hay ahora, ni tenía el apoyo ni nada. Es en este último disco que hice exactamente lo que quise hacer. Con BMG quiero dejar la imagen comercial de mis primeros cinco discos".

Fue con la disquera Melody que la Guzmán se convirtió en la figura pop-rock más importante de México, aunque nunca se haya ganado el cariño del sector más vanguardista y crudo del rock de ese país. Según ella, hasta sus amigos le venían pidiendo "que me dejara de fresadas".

"Los **Caifanes** y otros compañeros músicos, a los

que siempre admiro, me decían '¡Pos ya, órale, vamos a hacer cosas más locochonas!' Eso puedo hacerlo ahora porque tengo el apoyo de la disquera. ¿Por qué crees que me cambié a BMG? Porque aquí sí creen en el rocanrol".

En *Enorme*, su sexto disco, la Guzmán por primera vez tiene directa participación en la producción (dirigida una vez más por **Miguel Blasco**) y la cantante dice que se sacó el gusto de hacer las cosas a su manera.

"Es un nivel mucho más alto que en los otros cinco discos. Es mucho más latino, con pincelazos de muchos sabores, muy sabrosón, como un trago de ranchera con rock".

Y es, también, el verdadero retorno a las disquerías y a los escenarios, luego de casi dos años de ver crecer a su hijita **Frida Sofía** en la casa… y a Gloria Trevi en todas partes.

"Yo siempre supe que [Trevi] era una mujer muy inteligente desde que optó por compararse conmigo, cuando no se parece a mí ni en la música ni en nada", dijo la Guzmán.

"Empezó a subir y a subir y a subir, pero a mí no me importa porque creo que todos tenemos lugar en este ambiente. Deseo que le vaya bien en la vida, pero no tiene nada que ver conmigo. Yo voy a seguir luchando por mí, no en contra de alguien ni comparándome con nadie, porque la neta es que *la casta se mama*".

"Mi mamá tuvo cuatro hijos y nunca vio su carrera interrumpida. Así lo vi yo y me dije: 'Déjalas que suban, así al rato me las vuelvo a bajar a todas'. Yo aprieto y aflojo", dijo entre carcajadas.

La Guzmán sabe que ser la hija de Enrique Guzmán (quien con **Los Teen Tops** influyó a muchas de las más importantes figuras del rock en español de todas partes) le da una responsabilidad extra.

"Me enorgullezco del cabrón de mi papá, porque fue el primero", dijo. "Y me da gusto porque me lo recuerdan **Miguel Ríos**, **Joaquín Sabina**, gente que yo admiro mucho. Sí, presumo un poquito de venir de buen padre… lástima que ahora esté haciendo una novela espantosa, pero bueno... Menos mal que yo todavía no caigo en las garras de la televisión".

¿Y en las garras de Televisa?

"No", contestó rotundamente. "Yo no soy exclusiva de nadie".

Salvo de Frida Sofía, quien le cambió la vida sin hacerle desaparecer la locura.

"Los que me conocen saben que mi personalidad es netamente rockera, pese a esos primeros discos, pero el embarazo te cambia la manera de ver la vida. Desde el momento que hay una personita que depende de ti, piensas las cosas dos veces. Si me voy de reventón, me voy de reventón, pero ya no es igual. Te preocupas por estar, por hablar a tu casa, por educar a una chavita y por verte bien, para que tenga un buen ejemplo y para que tenga una madre, no un desmadre".

Por delante le queda una gira por Estados Unidos, América del Sur y Europa.

"Quiero hacer varios masivos, porque estoy harta de los palenques", dijo, aclarando que su momento no obedece a una "nueva imagen" ni nada por el estilo.

"No, no soy nueva, sino la misma. Pero ahora soy más yo, con más ganas, más experiencia y rocanrol. El 5 de noviembre te invito a que me critiques como debe ser. ¡Eso!"

Calendario

29 de octubre: Radio Kaos (última tocada en Los Ángeles antes de la gira mexicana) y el retorno de **Juana La Loca** (ex **Excel Nova**) en el Roxy. Dos por $10 antes de las 11 pm, todas las edades.

1 de noviembre: Maldita Vecindad en el Palace, $25.

5 de noviembre: Alejandra Guzmán, **Seguridad Social** (de Valencia, España) y **María Fatal** en la Arena Deportiva de Pico Rivera, 6 pm.

6 de noviembre: Tijuana No en el Roxy, presentando su tercer disco, *Transgresores de la ley* (concierto originalmente anunciado para el 2).

Todos los domingos: DJ y bandas en El Paraíso (Anaheim, $8), DJ y bandas en La Cama (Shark Club, mayores de 21) y bandas en vivo en el Whisky, mayores de 21.

El ROCK DE LA CÁRCEL

Miércoles 9 de noviembre de 1994

MARIA MADRIGAL / Para Nuestro Tiempo

(Los Olvidados, por María Madrigal)

No es la primera vez que se organizan conciertos de rock en español a beneficio de algo, pero esta vez parece que la cosa está mejor organizada que nunca y podría ser el comienzo de algo muy importante.

El Guateque, según el comunicado de prensa, es una palabra indígena (especifiquen, che) que significa "fiesta en grande". Para el primer guatecazo de Los Ángeles, seis de las bandas subte más importantes de la ciudad compartirán el escenario con **Nessie** (Tijuana), quienes — también según el comunicado de prensa — pasan la frontera ilegalmente cada vez que vienen a tocar, pero juran jamás haber solicitado Medi-Cal.

Todo el paquete luce a prueba de fiascos:

- Es organizado por el Club de Rock en Español (CREE) y una nueva organización de relaciones públicas llamada Sindicato del Hambre (SDH), que por ahora se dedicará exclusivamente a dar manija a actividades del rocanrol local. Aunque el SDH no es estrictamente sin fines de lucro, sí organizará donaciones en cada tocada para diferentes obras.
- La sede de El Guateque es nada menos que el auditorio de la antigua cárcel del Centro de Los Ángeles. Los que ya estuvieron en el bote, no tengan miedo de volver: esta cárcel ya no funciona.
- Las bandas: **Los Olvidados**, **Motita**, **María Fatal**, **Juana La Loca** (ex Juana La Loca, ex **Excel Nova** y otra vez Juana), **15 Letras**, **Las Abejitas** (¿la revelación del '94?) y **Nessie** (si no los agarra el Border Patrol) tienen todo para dar un buen espectáculo y dejar las cosas listas para futuros guateques.

Pero lo más lindo es que la entrada de $9 se rebaja a $7 si llevamos una lata de comida. Todas las latas se donarán al Whittier Optimist Club, organización que ayuda a los desamparados de nuestra ciudad (un gremio que promete aumentar rápidamente en el futuro cercano). ¿Qué tal si llevamos una lata y hacemos todos, prensa incluida, un esfuercito para igual pagar $9?

MALDITA A MEDIA MÁQUINA

(Ilustración de Lalo Alcaraz; concepto de Enrique Lopetegui)

El concierto de **Maldita Vecindad** del 1 de noviembre en el Palace tuvo casi todo: gente, fervor, un *slam* salvaje y un temible *security* pelón contra el escenario que casi se desnuca mirando para todos lados para sacar potenciales clavados.

En lugar de Noche de Brujas o Día de los Muertos, la noche fue una letal muestra de repudio contra **Pete Wilson**. Primero fue **Roco**, quien cantó toda la noche con una playera contra la 187; luego, un integrante del trío cómico **Chicano Secret Service** disfrazado de Wilson fue molido a patadas por uno de sus compañeros, mientras el público gritaba cosas contra el Gobernador y un pariente muy cercano (lo que **Les Luthiers** hubiese llamado "descendiente directo en primer grado de una cortesana de dudosa moral"). Nadie sintió lástima, pero ¿no se les ocurrió algo un poquito más sutil?

Todos disfrutamos, todos quedamos a la espera del tercer disco de la Maldita, pero — y que me perdonen los fanáticos — a este concierto le faltó algo.

Me trago que sólo hayan tocado por poco más de hora y media (el mismo tiempo que demoraron en salir a escena), pero no que no hayan tocado con la misma fuerza que demostraron en **Revolución '94**, cuando se metieron el *show* en el bolsillo.

Maldita sigue siendo Maldita pero, *we humbly submit*, los chavos pueden dar mucho más.

CALENDARIO Y BABOSADAS

La Neta: La última creación de **S.P. Lavis**, gran cuate y candidato a convertirse en el último rockero del planeta. El hombre escribe (a máquina y a mano), edita (es un decir), fotocopia, reduce, aumenta, corta, pega y pone ganchitos en una obra maestra del desmadre subte que se suma a las revistas, fanzines, pasquines y columnas de rock en español que pululan esta tierra de libertad y tolerancia multicultural (*yeah, right*). El colmo de los colmos es que el 28 de octubre hubo una tocada en Macondo ¡y el lunes 31 el Lavis ya tenía la nota con fotitos y todo! Técnicamente, *La Neta* es un desastre. Pero creo que por su honestidad, independencia y *swing*, no puedo dejar de leerla y no me quiero perder ni un número. El segundo número acaba de salir a la calle. Escríbanle a Lavis para saber si esto se vende, porque el tema de la suscripción no es, precisamente, uno de los aspectos más claros de la revistita. Al escribir, no sean codos y mándenles al menos una estampilla y un poco de feria para que el Lavis pague las fotocopias. XXXX Parkside Ave. #203, LA 90031.

Charly sigue vivo: Tranquilos… **Charly García** no murió. Al momento de escribir esto, el legendario rockero argentino se había internado voluntariamente en una clínica del barrio San Telmo, en Buenos Aires. Según fuentes confiables, "Charly estaba pasado de rosca y decidió parar un poquito". Gente grande, che… Que te mejores, Maestro.

Alerta *Caracol Puccini*: El próximo programa radial de **Natalie Stawsky** y **Carly Bracuto** se transmitirá (anoten rápido que se borra) el jueves 17 de noviembre a las 8 pm. El que no lo escuche se reencarnará en Yorba Linda o Simi Valley.

La Cama *update*: Los domingos en el Shark son historia.

El 30 de octubre, **Mindy** y compañía se despidieron del club nocturno y prometieron regresar pronto, en un lugar aún mejor y con muchas sorpresas. Así que quedan avisados, no sea cosa que vayan a ver a **Los Olvidados** y terminen sacando chispas al ritmo de **Rudy Regalado y su Chévere**. (A propósito, Rudy, si estás leyendo esto, te mando un gran abrazo y a ver cuándo nos vemos, panita)

12 de noviembre: Las Abejitas, María Fatal, Los Olvidados, 15 Letras y **Nessie** (de Tijuana) en El Guateque, antigua cárcel del Centro de Los Ángeles (Broadway y 19), $9 o $7 con una lata de comida.

23 de noviembre: Segundo Aniversario de *La Banda Elástica*, con bandas por confirmar, en el Whisky. Todas las edades, todas las playeras y todos los tenis, así que no hay excusas para no ir. $14

Los jueves: Rock en español con grupos en vivo y DJ. "Sport elegante", *whatever that means*, y *valet parking* (¡qué niveeeel...!). De 8 pm a 2 am en el Pedro's Grill, 1739 N Vermont. RSVP (*God!!*) al (213) XXX-XXXX ($10 o $7 con el volante).

Viernes y domingos: Pop-rock en español con DJ en La Luna, JC Fandango, 1086 N State College (Anaheim). Créase o no, los organizadores piden ropa "semiformal" y que no lleven playeras (!). Mayores de 18.

EL DÍA QUE VOZ D'MANO SE ROBÓ LA NOCHE
Miércoles 16 de noviembre de 1994

Voz D'Mano — MARIA MADRIGAL

(Voz D'Mano por María Madrigal)

Parecía una tocada más, pero terminó siendo un punto de partida.

El domingo 6 de noviembre, los que llegamos

al Roxy lo hicimos con un solo propósito: ver en vivo a **Tijuana No**, una banda de las, digamos, "grandes". Pocos sabían que, además, otras cuatro bandas entibiarían las tablas del histórico escenario.

"Nos vemos en el Roxy para ver a Tijuana No, ¿verdad?", decían los integrantes de **Seguridad Social** poco antes del concierto, mientras empacaban las valijas de regreso a España.

Pero antes, mucho antes de que Tijuana No saliera a escena, los que hablábamos nos callamos, los que estaban afuera entraron, los que estaban sentados de a poco se acercaron al escenario y, en pocos minutos, estaban bailando y siendo parte de un momento clave en la historia del rock en español de Los Ángeles: **Voz D'Mano**, una de las bandas más populares del circuito subte, regresaba con una nueva integración y nos dejaba con la boca abierta.

Parecía un espejismo, una visión, un rayito de esperanza que podrá consolidarse o no, pero que quedará grabado para siempre y debe ser recordado por todos: es posible que de Los Ángeles salga una banda de rock en español realmente buena.

Tony Estrada, el líder, dejó los teclados y dio un paso al frente para dar la cara y gritarle a todos que *this is it*, carnales. Voz D'Mano dejó de ser la banda que, por años, se caracterizó por tener posesión de balón para perderlo en tres cuartos de cancha. Mucho toque y sutilezas, pero no pasaba nada. Así fue durante mucho tiempo, tocando en todas partes y hasta dándose el lujo de perder (!) en el Primer Concurso de Rock en Español (aquél organizado por **Patty Hernández** y que ganó **Scarlett**, hoy **Radio Kaos**). Era necesario alejarse por un tiempo, ajustar unos tornillitos e intentar nuevamente, a ver qué pasaba.

Para mí, que nunca fui muy fanático del grupo, fue una oportunidad de volverlos a ver después de mucho tiempo. Y ahora, con la misma fuerza con que acusé de exagerados a los que me insistían que Voz D'Mano era la mejor banda de por aquí, hoy les informo que, si el nuevo VDM siempre toca como lo hizo el domingo, el rock en español angelino acaba de producir a su primera banda realmente buena.

¿Qué significa esto? ¿Que mis amados **Olvidados** son buenos, pero en broma? ¿Que **Los Reos** (si todavía existen) ya no me gustan más? ¿Que Radio Kaos perdió puntos desde que se decidió a hacer *covers*? ¿Que las otras bandas no sirven? Nada de eso. Éstas siguen siendo *my personal favorites*.

Sucede que, por primera vez desde que me toca ser testigo de este rollo, veo una banda nuestra que no sólo insinúa y entusiasma, sino que posee un baúl enorme de la joya más preciada para cualquier grupo o género musical (suenen pitos y matracas): ¡Canciones, *man*! Son pocas las bandas que tienen suficiente material para un CD disfrutable de punta a punta aunque, por lo menos, las canciones que sí hay ("La soga" y "Pórtate mal", de María Fatal, son un par de ejemplos) ya son clásicos que no nos saca nadie.

La diferencia es que, en esta tocada de Voz D'Mano, no hubo una sola rola desechable y, además, respaldaron lo suyo con talento instrumental, presencia escénica y una seriedad que no aburrió a nadie.

Estrada no sólo compone y canta bien, sino que

es un auténtico *bandleader* que atrapa tanto a "los que saben" (?) por su *descontrolado control* de sí mismo y del escenario, sino que también dio indicios de tener un carisma que enloquece a las chicas en busca de un héroe propio a la **Bon Jovi**. Pero los ocasionales gritos femeninos no opacaron el verdadero poder de la banda: los arreglos bien hechos, el cuidado por la melodía, la variedad estilística, el *groove* irresistible de la mano derecha de Estrada, que quiere ser pop pero nunca deja de ser rockero.

Los demás integrantes siguen al caudillo, pero dejaron la sensación de que, para tocar con él, hay que tocar bien. Especialmente por el lado de las congas, con frecuencia maltratadas por quienes creen que la percusión es "más fácil" que las cuerdas. Pero **George Ortiz**, un chavito de 15 años que alguna vez alternó con Radio Kaos, dejó claro que su inclusión en el grupo tiene un propósito y que él está capacitado para hacerlo, y muy bien. Como haciéndole honor al nombre del grupo, cada mano de Ortiz estuvo bien puesta y dio el toque latino que separó al grupo de la bolsa de simples grupitos pop. Ortiz es joven pero ya tocó con **Celia Cruz** y **Oscar D'León** *[2020: años después, se uniría a la orquesta de **Poncho Sánchez**].*

"Este chaval es bueno en serio", dijo **Miguel Jiménez**, mánager de **Seguridad Social**, quien no tenía la menor idea de la existencia de VDM. "Quizás no pase nada con ellos, pero es fundamental que esto pase y que todos entiendan que no es en vano".

Jiménez dio en el clavo: el triunfo o desaparición de VDM es un detalle sin importancia. Pero el estándar de calidad establecido por ellos el domingo será absorbido y utilizado de diferentes maneras por otras bandas, en esta generación o en la siguiente.

"Éste es el comienzo de algo, y lo único que hay que hacer es seguir tocando sin preocuparse por el futuro", continuó Jiménez.

Que me perdone Tijuana No pero, para mí, cuando terminó VDM terminó todo. Me fui como un bólido para mi casa a escribir esto y me dejé llevar por la euforia de una tocada inolvidable. Estrada no es **Springsteen**, pero el domingo 6 de noviembre de 1994 un chavo de Nayarit amenazó con convertirse en la nueva columna vertebral del rock en español de Los Ángeles.

Si su banda siempre toca así, creo que no le costará mucho lograrlo. *[2020: En 1998, VDM cambió su nombre al más práctico **Voz de Mano** y lanzó el debut* Ruta Satélite.*]*

Calendario

23 de noviembre: La Castañeda, **María Fatal**, **Los Olvidados** en el Whisky. $14

LA ERA *ROK ERA*

Miércoles 23 de noviembre de 1994

Hace un año **Roger Mejía**, un artista gráfico chicano, no tenía idea de lo que era el rock en español local. Hoy es el responsable de *Rok Era*, la nueva revista subte que salió hace un mes y que descubrí en el Whisky, mientras **Voz D'Mano** me ponía la piel de la gallina.

Rok Era es el producto del interés que, en tan sólo un año, el rock local despertó en Mejía.

"Yo estuve muy metido en la onda punk angelina de los '80", dijo Mejía por teléfono. "Descubrí al rock en español en un concierto de **Los Olvidados** en Wilmington, el año pasado. Desde ese día, se me metió en la cabeza la idea de apoyar el movimiento con una revista".

Mejía se tomó su tiempo. Armó un equipo de redactores recomendado por amigos, se aseguró de conocer a todas las bandas y se preocupó especialmente de que la impresión fuese de primer nivel (o por ahí arribita). La cosa le salió muy bien.

El primer número de *Rok Era* es tan informativo como *La Banda Elástica*, pero luce increíblemente maduro para un publicación nueva y hecha a pulmón. La página editorial le da una identidad definida, los reportajes a las bandas tienen un propósito y definen la actitud y sonido de los grupos en pocas palabras. Las fotos (especialmente las de un tal **Nené Hernández**) son un a-lu-ci-ne y los dibujos del propio Mejía son cosa seria.

"De la misma manera que se necesitan muchas bandas y diferentes sonidos, también son necesarias muchas publicaciones y opiniones diferentes", dijo Mejía. "No tengo nada contra *La Banda Elástica*, pero creo que hay lugar para todos".

Aunque el tema de la distribución y precio de *Rok Era* todavía está estudiándose, por ahora la revista se vende en las tocadas y en un par de tiendas. A diferencia de LBE, *Rok Era* no es gratis.

"Noté que algunas personas se molestaban porque les cobrábamos $2, cuando LBE es gratis. Pero la mayoría de los que la hojeaban terminaban comprándola", dijo Mejía, agregando que espera seguirle dando por un año "para ver qué pasa".

"Esto es un gran sacrificio, así que, si en un año la cosa no funciona, tendré que descontinuarla". Sería una lástima, porque $2 no son nada y la revista los vale.

Rok Era se consigue en **La Cara del Rock** (en el *swap meet* de 744 S Broadway) y la Casa Loza (708 N Avalon Blvd., en Wilmington). Para recibir el primer número, manden $3 (gastos de envío incluidos) a Roger Mejía, P.O. Box XXXX, Wilmington CA 90748.

Denle una probadita a *Rok Era* y verán que no exagero.

LA BANDA ELÁSTICA YA TIENE DIENTITOS:

¿Cómo no reservar un rinconcito para *La Banda Elástica*?

La creación de **Emilio Morales** es la pionera de la prensa subte local (como revista, ya que antes existía la hojita de *El acordeón*) y acaba de cumplir dos años de vida. El debido fiestón de lujo será este miércoles por la noche en el Whisky (ver Calendario) y es un merecido premio para Emilio *himself* y para todo el movimiento que, desde la aparición de LBE con cuatro hojitas locas, viene creciendo y mejorando sin parar.

LBE siempre será la pionera, pero su importancia va mucho más allá de la fecha en que salió. Los aciertos superan por paliza a las fallas, y la permanencia de cualquier proyecto dirigido por un personaje clave como Emilio debe ser defendido con uñas y dientes.

Feliz cumple, pese a los palos.

CALENDARIO

23 de noviembre: Segundo Aniversario de *La Banda Elástica* con **La Castañeda**, **María Fatal** y **Los Olvidados** en el Whisky, $14, todas las edades. Además: Primer Aniversario de 5 Mosqueteros, productora de conciertos locales. Dos bandas sorpresa y *buffet* gratis. JC Fandango (Anaheim), mayores de 18, $15, de 7 pm a 2 am, entradas en Ritmo Latino y en taquilla la noche del *show*.

9 y 11 de diciembre: Guillotina y otras bandas en Latin Village, Salón Casino, 8825 Washington Blvd. (Pico Rivera), 9 pm, mayores de 18.

En TV: *W.C.*, programa de pop-rock en español del Canal 22, cambió de horario. Ahora sale los martes a las 11 pm. (Y hagan algo urgente con el nombre, porfa)

ADIÓS MIGUEL

Miércoles 30 de noviembre de 1994

Miguel Angel Rodríguez

Esto sólo lo escribo a pedido de mi editor. Si no me hubiese insistido por teléfono (debió haberme echado, en realidad), Ruta no salía.

Al momento de escribir esto, todavía no se sabía la causa y fecha de la muerte de Miguel Ángel

Rodríguez, redactor de rock en español de *La Opinión*. Lo que sí se sabe es que, según nuestra *copy editor* **Leila Cobo-Hanlon**, **Elena de la Cruz** y **Blanca Arroyo** (estas dos últimas amigas y compañeras de trabajo de Miguel), habría fallecido en su casa en Alhambra víctima, parece, de un ataque de epilepsia. La autopsia todavía está pendiente.

Miguel era, ante todo, un ser humano de primera. Empezó en *El Diario de Los Ángeles* (también mi primer trabajo a tiempo completo en Los Ángeles), siguió en *El Eco del Valle* y aterrizó en *La Opinión* hace tres años. Lo conocí por poco tiempo, pero nuestras respectivas tareas, cubriendo prácticamente el mismo circuito, hizo que habláramos seguido en persona, en los conciertos, o por teléfono. Elena me llamó hace un par de horas para darme la mala noticia; desde entonces, extraño a Miguel enormemente.

Miguel tenía el corazón limpio, y por eso tuvo más alcance que nadie al comunicarse directamente con un mundo que siempre respetó pero jamás le dio todo lo que merecía.

Da rabia que las cosas terminen antes de que deban terminar, pero más rabia da que sean los buenos los que, en un segundo, se vayan y nos tiren la estantería emocional (hierba mala nunca muere).

Miguel era un buen tipo, de esos que todo el mundo quiere, que te miraban y te caía bien incluso antes de que te dijera "Hola, ¿qué onda?" Fue uno de esos extraños especímenes que lograron que nadie, pero absolutamente nadie, tuviese algún comentario negativo sobre él. No conocí a nadie que tuviera algún reproche, algún comentario sarcástico, algún odio contra Miguel.

Miguel nunca fue "el que escribe en el otro diario", sino un colega que me hacía sentir orgulloso de mi profesión y me daba esperanzas para seguir adelante pese a la mala onda y la ponzoña cada vez más abundante en el aire.

Él era mi punto de referencia semanal y mi socio en ese club invisible que dedicó su vida a escribir sobre algo que nunca existe del todo, pero que nos mueve el alma de tal forma que le seguimos dando pese a que a veces no vamos a ningún lado.

Con frecuencia nos llamábamos para intercambiar información, y con él las cosas eran bien claras. Los dos sabíamos muy bien que la "competencia" no existía, que cada cual estaba en lo suyo y que el respeto era mutuo.

Cuando me veía, se me acercaba a fumar un cigarrillo, hasta que dejó de fumar y me regaló una caja empezada de unos cigarros que no conoce nadie.

Como dos locos, siempre que nos veíamos en una tocada nos despedíamos con un "a ver cuándo nos juntamos". Mentira. No nos juntamos nunca, y eso es lo más doloroso para mí: el darme cuenta a la fuerza, sin anestesia, que esa asociación por la cual siempre sentí cariño y respeto, fue completamente desperdiciada y jamás la volveré a tener.

Se murió Miguel, y acá quedamos sin saber qué hacer.

Lo que conocí de él es eso que vale más y muy pocos tienen: la ausencia de maldad, de ego, la calidad humana que te deja respirar un poco más.

Lo demás es secundario, pero todo el impacto de

su página, su credibilidad, su lenguaje sencillo y, sobre todo, sincero, eran producto de la fuerza interior causada por su pureza.

Según varias personas cercanas a él, se venía quejando de una nueva medicina para la epilepsia que no le había caído bien.

El miércoles pasado por la mañana habría tenido un ataque de epilepsia, pero luego fue a trabajar a *La Opinión*.

Antonio Mejías-Rentas, editor de Espectáculos de *La Opinión*, lo vio mal y ofreció llevarlo a su casa, lo cual Miguel aceptó. Ese mismo miércoles por la noche, fue con Blanca Arroyo a la fiesta de *La Banda Elástica* en el Whisky.

El jueves fue *Thanksgiving*, por lo cual hubo un fin de semana largo. El lunes no se presentó a trabajar, Blanca fue a su casa y encontró el cuerpo.

Como sus padres ya murieron, sus hermanos en México están organizando el envío del cuerpo a la tierra natal.

Aparentemente, no hay suficiente dinero para costear los gastos, por lo cual se están organizando diversas actividades.

Elena Nava, de WEA Latina, dijo que "las disqueras vamos a ayudar por todo lo mucho que él hizo por nosotros".

Nosotros también.

Chau, Miguel, y gracias por enseñarnos a ser más humanos.

Y al chavo que se sacó una foto con Miguel y conmigo en el concierto de **Alejandra Guzmán** *[2020: el "Pelos" Jesús Olvera, que perdió la foto]*, por favor, si lo ven, díganle que quiero la foto. Si no pude despedirme del alma de Miguel, por lo menos quiero despedirme de su imagen.

BOOM! BOFETADA A L.A. DESDE MIAMI

Miércoles 7 de diciembre de 1994

(Kike Posada por Barón Da Parré)

Boom, el programa de rock en español conducido por el colombiano **Kike Posada** (foto) y el argentino **Fabio Vallebona**, cumplió un año al aire en la Radio Ritmo de Miami, WRTO-FM 98.3, una de las más importantes de la ciudad.

Para los rockeros angelinos, acostumbrados a

decir con orgullo que vivimos en "la sede del rock en español en Estados Unidos", el nacimiento de *Boom* el 7 de noviembre de 1993 fue una bofetada histórica. ¿Miami tiene un programa de rock y nosotros no? ¿Sede de qué, somos?

Pero que *Boom* haya sobrevivido ¡un año! al aire es el colmo y confirma mis sospechas de que, pese a todos los "estudios de mercado" y dogmas de la industria radial (que está convencida de que aún no hay "suficiente mercado" para el rock en español), el éxito (o, al menos, la permanencia) de una programación rockera está mucho más cerca de lo que todos creemos.

Según los casetes que me han hecho llegar a lo largo del año, *Boom* no es una obra maestra ni nada por el estilo; necesita crecer, pero cumple su cometido y deja que la música sea el principal atractivo del programa. La fórmula sencilla funcionó e impulsó la cada vez más frecuente producción de conciertos de rock especialmente dirigidos a la comunidad latina de Miami.

En Los Ángeles, los pocos intentos no dieron resultado, y las razones son varias.

Por años, el argentino **Adrián López**, ex jefe de programación de KLVE-FM 107.5, era la persona indicada para impulsar al rock en español desde la radio. Sin embargo, su escepticismo con respecto al rock ("no puedo poner a dos tipos que griten para 5,000 mientras 50,000 cambian de radio", me dijo una vez) hizo que el rock en KLVE estuviera limitado a algunas canciones pop y reportajes superficiales a las bandas antes de los conciertos. Eso, sumado a la falta de creatividad y errores garrafales al momento de decidir la selección musical y actitud de los programas, hizo que el rock jamás se ganara el lugar que merece en la radio.

Por suerte, hoy las cosas parecen haber cambiado y sí existe un interés concreto por parte de varias personas clave relacionadas con la radio.

Richard Heftel, director de KLVE y KTNQ-AM 1020, es una de ellas.

"¿Ves esas oficinas?", me dijo hace unos meses, mientras me enseñaba las renovadas instalaciones de las emisoras. "Son dos radios, listas para operar. La pregunta es: ¿Cómo y cuándo? El rock es una opción, pero todavía no hay nada concreto".

Otra persona a tener en cuenta es **Humberto Hernández**, director de La Máquina KMQA-FM 98.3, cuyo ejemplo es típico: cree en el rock y estaría dispuesto a hacer algo al respecto, pero… ¿con quién?

"Creo que está todo listo no sólo para un programa de rock, sino para una emisora", dijo Hernández. "Si todavía no ha ocurrido, es porque nadie ha tomado la iniciativa, y me refiero a algo bien planeado, con los pies en la tierra".

Hernández, quien en 1989 le dio luz verde a **Enrique Blanc** para su programa en la Radio Quince (KNSE-AM 1510, Rancho Cucamonga), afirma que interesados hay muchos, pero al momento de poner la plata, todos ponen marcha atrás y la cosa queda igual.

"Todos creen en el rock, hasta que llega el momento de invertir", dijo Hernández. "Seamos sensatos: cualquier radio debe producir dinero, sea del formato que sea. No podemos pensar sólo en el arte, sino en presentar al arte de manera tal que la cosa funcione".

En otras palabras, Hernández tiene razón cuando dice que la radio o el programa de rock en español, además de informar y ofrecer una selección de lo mejor del rock en español, también debe tener los *hits* del momento, aunque al DJ se le revuelva el estómago. Un equilibrio entre *lo que debe ser* y *lo que puede ser*.

"A excepción de Blanc, quien tuvo que parar el programa [en 1992] sólo porque necesitaba pasar mucho tiempo en México, la mayoría de los intentos que se han hecho hasta el momento, o carecían de un plan serio o eran decididamente malos", dijo Hernández. "No soy el único que está interesado, pero solos no podemos salir a inventar una radio de rock en español, sino escuchar ideas serias y ver qué se puede hacer".

Mientras siguen surgiendo programas de rock en televisión (bienvenidos, pero también necesitamos radio, gente...), las dos oficinitas de KLVE siguen vacías mientras que, en Miami, Posada sigue sin entender nada.

"Es raro, realmente", dijo Posada desde Miami por teléfono. "No puede ser que en Los Ángeles no se pueda, hay algo que anda mal", agregó, aclarando que la permanencia de *Boom* también se debió, en gran parte, a la desinteresada pasión de los conductores y al gran apoyo brindado al rock por **Betty Pino**, conocida locutora ecuatoriana de Radio Ritmo.

"Sobrevivimos, sí, pero tanto Fabio como yo hemos trabajado por el amor al arte", dijo Posada. "De todas maneras, es un logro muy importante que, por lo menos, hizo que en Miami el rock latino sea una fuerza más".

El '94 se fue y seguimos sin una radio, pero todo

parece indicar que entramos en la recta final. Hasta que el rock no llegue a las radios latinas, no pararemos de hacer ruido y meter presión.

Concierto para Miguel

Al momento de escribir estas líneas, ya se habían llevado a cabo tres conciertos a beneficio del fallecido colega y amigo **Miguel Ángel Rodríguez** (reportero rockero de *La Opinión*). El jueves pasado hubo dos (Pedro's Grill y Macondo) y el domingo hubo una tocada grande en el Shark con 10 bandas locales. Es necesario, sin embargo, organizar otra tocada aún más grande. **Sergio Arau**, quien reside en Los Ángeles, ya se mostró dispuesto a ayudar (solo o con banda), pero todavía no hay nada concreto. Los interesados en ayudar a conseguir el dinero que aún se necesita para enviar el cuerpo a México, deben enviar cheque o giro a nombre **Blanca Arroyo** en *La Opinión*. *[y aquí estaba la dirección de* La Opinión*]*

Calendario

9 de diciembre: Púrpura, **Bandera** e **Hijos de Pancho** en Dancing Waters (San Pedro).

9 y 11 de diciembre: Guillotina y otras bandas en Latin Village, Salón Casino (Pico Rivera), mayores de 18. Boletos gratis para los primeros 20 que llamen al (213) XXX-XXXX.

YENDO DE LA CAMA AL HOTEL

14 de diciembre de 1994

Según los organizadores de **El Hotel del Rock**, un ambicioso proyecto que abrió sus puertas el domingo antepasado en Hollywood Circus, para la inauguración hubo 800 personas que bailaron con DJ o escucharon el concierto de **Ley de Hielo**, banda local que cumplía su tercer aniversario.

Para la segunda noche de El Hotel el domingo, **Sergio Arau y La Venganza de Moctezuma** se presentaron en vivo luego de una gira por el Norte de

California. Pero, al mismo tiempo, otro club reabría sus puertas para completar una escena local que está más prendida que nunca: La Cama, que debutaba en el Roxbury de Hollywood luego de varios meses exitosos en el Shark. Por lo tanto, ahora son dos los principales clubes que se disputarán el creciente público de rock en español, y creo no equivocarme al decir que hay gente para los dos y que lo menos recomendable en este momento es empezar a sacarnos la cabeza.

De La Cama ya hemos escrito bastante, lo bueno y lo malo. Más allá de mi opinión personal sobre la selección musical, el proyecto de **Mindy Sahagun** y **Marco A. García** es vital para el desarrollo del movimiento.

El Hotel del Rock es diferente; describirlo simplemente como "club" no hace justicia a lo que quieren hacer. El formato actual es similar al de La Cama en cuanto a selección musical (aunque mis pláticas con ellos me dejaron esperanzas de que la cosa mejore), pero aún más ambicioso a nivel visual. El lugar fue decorado por fuera con columnas, letreros luminosos y otros juguetitos que dan un ambiente entre circo y desmadre. Adentro, varias cámaras filman todo lo que pasa en la pista o en el escenario (al estilo de *Soul Train*), todo bajo la conducción del nicaragüense **Jaycee**, *our own private* papacito de Estelí (según ellas). Lo filmado probablemente se convierta en *Impacto Rock*, "un nuevo programa de televisión que está siendo negociado con un importante canal hispano de Los Ángeles", según los mero-meros de El Hotel. Hasta aquí, vamos bien.

El problema con El Hotel del Rock es que, de entrada, los volantes lucen curiosamente similares a los de La Cama, llenos de colores y dibujitos. Pero el colmo de los colmos es que una de las líneas del volante de El Hotel dice que bla bla bla "ya tienes tu Cama reservada en…" *Big mistake*, aunque sea todo "legal". Más allá de la ética, la idea no es salir a competir con La Cama ya desde los volantes, sino ofrecer una alternativa a un lugar que muchos quieren y muchos ni pisan. La idea es que los dos lugares sobrevivan porque, si uno de los dos desaparece, somos todos los que perdemos. Después tenemos el famoso asuntito de qué música debe pasarse y qué no, pero ese punto lo tocaré después de visitar El Hotel.

    Dicho esto, aprovecho para meterme un poquito más en el fondo del asunto con la táctica que más me gusta: prestarle más atención a la vibra que a los principios, y debo concluir que, pese al golpe bajo ("se me chispoteó") contra La Cama, los responsables de El Hotel no vinieron a escupir gente, sino a hacer cosas. El mexicano **Gabriel Klériga**, director de CVS Productions, reconoció con una sonrisa que "a los de La Cama no les gustó, pero nosotros sólo usamos 'Cama'". *(Dude!)* Pero tanto él como sus colaboradores parecieron aceptar en silencio que la cosa no pasa por ahí y, dijeron, no volverá a ocurrir. "No tenemos mala onda con La Cama ni con nadie", dijo Klériga, durante la cortés visita a domicilio que me hizo con su equipo hace unos días.

    Hay otro aspecto que afecta a los dos clubes: el famoso bichito de la credibilidad. La mayoría de los promotores de clubes de rock han sido acusados de no ser "verdaderamente rockeros" y de haberse metido en esto solamente por la plata. Sinceramente, este tema ya me tiene un poquito pasado. Es cierto que abundan las caras nuevas, gente que parece haber salido de debajo de la tierra con una chamarra de cuero, rostros que por años jamás vimos en ninguna tocada. Pero también es cierto que los "verdaderos rockeros", los "sinceros", los "sensibles", los "inspirados", jamás logramos producir infraestructura alguna que se parezca a La Cama o El Hotel. Hay fallas, pero el día que se junten el dinero con la creatividad, las cosas estarán en su lugar. Mientras tanto, habrá fallas, pero la historia dirá que, el domingo 4 de diciembre de 1994, Ley de Hielo tocó para 800 personas. No es poco.

    Hay guerra, sí, pero estamos a tiempo de que sólo se utilicen balitas de goma.

1995: PREDICCIONES Y DESEOS

Miércoles 21 de diciembre de 1994

(Foto de Victoria Munguía)

Pronóstico para el '95: Por primera vez en la historia del rock en español de Los Ángeles, llegaremos a tener espacio en alguna radio importante, con muchas horas semanales y promoción adecuada. *[2020: needless to say, le erré como a las peras: no pasó naranja]*

Eso significa que aumentarían las ediciones y ventas de discos, la calidad y éxito de los conciertos y habrá mucho más trabajo para los que más se lo merecen: las bandas locales.

Pero, si bien es cierto que la radio es lo único que nos falta para tener un mínimo de infraestructura y seguir creciendo, cometeríamos un gran error al pensar que sólo eso es suficiente para mantener la llama encendida.

También necesitamos poner en práctica la palabra más utilizada por los rockeros: unidad.

En lo personal, unidad no significa "apoyar" cualquier cosa, sólo porque "es rock" o se le parezca. Más bien, unidad significa dejar que todos trabajen y dar oportunidad de que todos pongan sus habilidades al servicio del rock. Y el mejor lugar para poner esto en práctica es en las tocadas.

Pese a que es bueno que cada vez haya más tocadas, el ambiente de la mayoría de ellas es un bodrio insoportable cuando no está sonando la música, especialmente para los que no están en la onda. ¿Por qué no agregar más atractivos a todas las tocadas, grandes o chicas, para que la cosa no pase sólo por la música?

Son muchas las cosas que podrían hacerse para que los conciertos del año próximo sean una especie de feria, un lugar donde realmente se refleje todo lo que significa ser rockero en L.A. En esta oportunidad me limitaré a tirar una onda bien barata y fácil de hacer:

- **LAS MESAS.** Señores promotores: cada vez que organicen un concierto, consideren asignar espacios para que los proyectos rockeros puedan difundirse y venderse mejor. Por ejemplo:

- **LAS REVISTAS:** Permitan que las revistas locales vendan libremente sus publicaciones en los conciertos. Déjense de joder con los porcentajes: cuanta más gente lea estas revistas, más gente se enterará de las tocadas.

- **LAS ARTESANÍAS:** Permitan que los artesanos rockeros, muchos de los cuales también venden demos de las bandas locales, hagan lo suyo sin problemas. **Iván Munguía**, artesano y editor de *La Jornada Rockera*, tuvo que entregar un porcentaje de lo vendido a los organizadores de *El Guateque* y terminó perdiendo $10 (había vendido $40). ¿Qué es esto?

- **LOS DEMOS:** Permitan que todas las bandas que tengan demos o CDs hagan conocer su música y tengan la oportunidad de ser retribuidos por su arte. Igual que con las revistas: cuanta más gente conozca y guste de estas canciones, más gente irá a los conciertos.

- **LOS CLUBES:** Permitan que el **Club de Rock en Español**, el de fanáticos de **El Tri** y hasta el de Admiradores de los Cangrejos Azulgranas ofrezcan sus servicios libremente. Cuanta más gente se una a este rollo, más rápido crecerá todo. Resultado: más potenciales clientes para los promotores.

Esto significa que, por ejemplo, las bandas deben organizarse para que en todos los conciertos haya gente vendiendo los demos, incluso si hay dos conciertos el mismo día.

Organícense, muchachos, porque el '95 se viene con todo. El que se duerma, pierde.

Calendario y babosadas

22 de diciembre: Miguel Morales (tributo acústico a **Rockdrigo González**), **La Razzza**, **Las Abejitas** y **Mala Conducta** en Pedro's Grill, 1739 N Vermont, 8 pm, $10.

25 de diciembre: Tijuana No y **Voz D'Mano** en El Hotel del Rock, Hollywood Circus, Santa Mónica y Las Palmas, mayores de 21, 9 pm.

29 de diciembre: La Bandera, **Karma**, **Andrómeda** y grupo invitado en Pedro's Grill, 8 pm, $10.

Todos los sábados: DJ y, a partir del Año Nuevo, bandas en vivo. Variety Arts Center, 940 S Figueroa (entre la 9 y la Olympic), $10 (chicas gratis antes de las 9:30 pm).

Todos los domingos: La Cama, bandas y DJ en Roxbury (Sunset y Crescent Heights, en Hollywood), siguiendo el formato de pop y algo de rock que tuvieron en el Shark. Mayores de 21, $10.

Tercer Mundo, DJ de rock en español y lo mejor de KROQ. Bandas en vivo a partir de enero. Fantasía, 19470 Nordhoff (Northridge, detrás de Tony Roma's). Mayores de 21, 9 pm.

Rock en el idioma de ellos

La Navidad no existe.

Perdónenme los eternos optimistas que se aguantan todo porque "siempre hay un mañana", pero por aquí nos sumamos a la lista de amargados que, a medida que se acercan las fiestas, lo único que desean es que pasen rápido.

El asunto de los regalos es otra cosa. Por eso, Ruta inaugura esta nueva sección ocasional con el regalo obligado para Navidad: ¡EL NUEVO DE LOS **BEATLES**! (¿no suena maravilloso?) Para los despistados, aclaro que hablo bien en serio. *Look*:

Se trata de dos CDs con 56 canciones (30 de ellas en circulación por primera vez, *ever*) que el cuarteto grabó en una serie de conciertos en vivo para la BBC entre 1962 y 1965.

Compiladas y remezcladas por **George Martin** ("el quinto beatle"), *Live at the BBC* (Capitol) los dejará bien con todo el mundo.

Now, si no quieren regalarle nada a nadie, cómprenselo igual o dejen de lamentarse por no haber vivido en los '60.

Coming Up:

27 de diciembre: Cheap Trick y **The Muffs** en el Ventura Concert Theatre, 26 S Chesnut (Ventura), 8 pm.

7 de enero: Johnny Cash y **Beck** en el Pantages, 6233 Hollywood Blvd., 8 pm.

1994: LO MEJOR/PEOR

Miércoles 28 de diciembre de 1994

Éste fue un año horrible como pocos, pero la música una vez más vino a aliviar un poco la cosa. Pesimismos aparte, lo peor de todo es que el '95 no luce mucho mejor. Pero *cheer up, my friends*, que ya vendrán tiempos peores. *You know how it is*: unos se mueren, otros también…

Escarbando entre la basura y los bajones, este año también tuvo lo suyo. La polémica está abierta, pero aquí están mis favoritos y algunos bolazos del '94.

Banda local del año: Los Olvidados.

A veces sonando como una máquina, a veces desafinando, pero siempre divertidos. A veces con todo el equipo, otras con baterista prestado o una *drum machine* conseguida a último momento y que no saben manejar. Fuere como fuere, Los Olvidados se las arreglaron para ser la banda más importante del '94 por actividad, por progreso (hace un par de años no se podían escuchar ni ellos mismos); por potencial, por buena onda y por autenticidad. Sólo la falta de apoyo (¡RADIO!) no les permitió llegar más lejos.

Tucupá es algo así como el símbolo del rockero local, y **Jorge Infante**, además de buen violero y músico serio, se erigió como una de las plumas más importantes de la prensa subte, escribiendo para *La Banda Elástica* y *Rok Era*.

Para Los Olvidados, el '95 repetirá la historia de los últimos años: a seguirle dando y a ver qué pasa. Este año no se les dio del todo y el disco sigue ausente pero, ¿quién les (nos) quita lo bailado?

Felicitaciones, muchachos. No aflojen y sigan creciendo.

Canción del año: "El fin de la infancia" (**Café Tacuba**). La quebradita como debe ser.

Lo mejor del rock en el idioma de ellos: *Live Through*

This (**Hole**) y *Superunknown* (**Soundgarden**).

Canción del año (en el idioma de ellos): "Black Hole Sun" (Soundgarden).

Disco del año: *Re* (**Café Tacuba**). Le sacó varios cuerpos a los demás e hizo trizas cualquier duda sobre la integridad y musa de los Tacubos. *Bajo el nervio del volcán* (**Caifanes**) fue un digno retorno después del glorioso *El silencio* y me hizo trizas a mí, que pronostiqué que los Cai estaban acabados. *I blew it*. Pero a *Re* no hubo con qué darle.

La tocada del año: Revolución '94, el "Marusalooza" o "Febrerazo" del Universal Amphitheatre. Aunque todos hubiesen tocado mal, nomás con la gran actuación de **Maldita Vecindad** nos alcanzaba. ¡Que se repita!

Lo bueno

- La proliferación de clubes de clubes de rock, aunque muchos cierren.

- La llegada de **Caracol Puccini**. El día que las cosas funcionen como se debe, **Carly Bracuto** y **Natalie Stawsky** tendrán un programa con horario fijo y no andarán a las corridas.

- La aparición de nuevas revistas y periodistas de rock. *La Jornada Rockera*, *La Neta*, *Rock Era* y *El sueño de la gallina* (de Chula Vista) se sumaron a *La Banda Elástica* para consolidar esto. No sabemos muy bien qué es, pero aquí estamos.

- La continua edición de discos de rock en español en Los Ángeles, pese a la falta de apoyo radial.

- El trabajo periodístico de los colegas de otras publicaciones. Un abrazo a todos ellos.

- El nuevo sonido de **Voz D'Mano**, que me tiene entusiasmadísimo.

- **Manuel López**, el cantante de **Futuros Primitivos**. *Check him out.*

Lo malo

- La mala onda que aumenta a medida que el rock crece. Hay que vacunarse contra la estupidez, que es contagiosa.

- La falta de decisión de los que tienen plata y no se animan a abrir una radio de rock en español.

- El estancamiento de **Culebra**, que arrancó con todo y ahora perdió hasta a **Juan Collado**. ¿Qué pasa?

- La mala onda de algunos (y algunas) mánagers que creen que las bandas trabajan para ellos, cuando es exactamente al revés.

- La maldita barrera del *"21 & over"*. Señores promotores: si se van a meter en esto, hagan todo lo posible para que La Mayoría no se quede afuera. Si no lo hacen, no lloren si la gente no entra.

- Pero lo peor que pasó este año lo tendremos

que soportar por un tiempito: la abominable Proposición 187, que nos cambió la vida a todos. A apretar los dientes y meterle pa'delante, pero con inteligencia y sin olvidarnos de lo más importante: si queremos que se acabe el racismo, debemos reconocer que entre nosotros mismos también existe. Saquémonos la careta y todo será más fácil.

LOS DE AFUERA SON DE PALO

Miércoles 4 de enero de 1995

(Voz D'Mano por María Madrigal)

¿Vamos a empezar el año bien? ¿Vamos a dejarnos de bobadas? ¿Por qué tanto ruido con esto del rock en español? ¿Vale la pena?

Para entender al rock en español, es imprescindible entender, primero, dos cosas: 1. Esto no es para entender, sino para sentir. *Either you feel it, or you don't.* Y todos amigos como siempre. 2. Nadie está tratando de imponer a la fuerza nada ni de demostrar que "lo nuestro" es "mejor que lo de ellos".

El final del '94 continuó con la tradición de los últimos años: hay un montón de chavos, pibes, botijas o como quieran llamarles, que hacen música y forman un mundo aparte, ignorado, que viene creciendo a los ponchazos pero nunca deja de crecer. Esos chavos, pibes, botijas o como quieran llamarles están, hoy más que nunca, fuera del mercado y fuera de toda realidad, si es que La Realidad es, efectivamente, eso que tenemos que respirar todos los días, queramos o no. Esos chavos, pibes, botijas o como quieran llamarles, tienen varios lemas:

"No sabemos nada de internet ni de computadoras".

"Muchos no tenemos ID ni papeles, y el futuro luce oscuro. Consíganme una güera o un güero para que la Migra me deje dormir".

"¿De qué trabajo? ¡De músico, güey!"

"¿Crédito? ¿Qué es eso?"

"No te pude ver en la tocada porque era 21 & *over*".

"¡Queremos rocanroooool...!"

Yendo al grano: el rocanrol de Los Ángeles existe, y el año lo quiero empezar sacándome el sombrero ante los héroes del mundo local. Quiero que esto sea un homenaje para los verdaderos héroes de mi mundo, aunque el otro día uno de los pibes de **Karma**, con mucha generosidad, me dijo que "gracias a ustedes, los periodistas, nosotros salimos a tocar y nos sentimos motivados para seguir luchando". Es exactamente al revés, manito: son ustedes los que nos mueven la calavera de tal forma que no nos queda más que, humildemente, tratar de documentar esta locura que algún día, espero, va a explotar. Y el día que nadie escriba nada, ustedes seguirán ahí, dándole.

¿Es tan difícil ver esto? Olvídense del viejo asunto de que si el rocanrol es "bueno" o "malo". ¿Son todos unos imitadores? ¿Ninguno sirve? *Who cares!* A muchos de nosotros nos gusta y, pese a quien le pese, hace seis años que estamos creciendo. Los hechos nos hacen merecedores, por lo menos, de un mínimo de confianza de parte de los que tienen la lana.

I mean, miren lo que viene pasando en Los Ángeles. Según los escépticos (la mayoría de los cuales fue a dos o tres conciertos hace años y nunca más volvieron, esos que empiezan a vomitar antes del primer *riff*), las bandas locales son horribles y, de aquí, "jamás saldrá nada".

Estoy de acuerdo en que todavía nos falta *la* banda y que, técnicamente, todavía nos falta mucho (a todos: a los que tocan y a los que escribimos). Pero el simple hecho de la cantidad de bandas que han salido (de seis a 50 en dos o tres años) es algo valioso y, con todas nuestras limitaciones, tenemos un puñado de grupos (y canciones) que lograron un suficiente nivel como para no pasar vergüenza en ningún lado, ni siquiera en el Whisky.

Y en cuanto a eso de que "acá nunca va a pasar nada", *wrong again*: recientemente, **Radio Kaos** se convirtió en la primera banda local que firmó contrato con una disquera grande. ¿Eso no significa nada? Lo veremos, pero en lo personal me pone contento que

Radio Kaos haya salido de acá, y su disco abrirá otras puertas que servirán de algo, pronto o para futuras generaciones.

Esto no se trata de gustos ni cultura musical: se trata, una vez más, de la vieja batalla entre Los Que Hacen Cosas y Los Que Piensan Demasiado. Es la lucha entre Los Obreros Muertos de Hambre que se rompen el lomo, metiéndole para adelante, haciendo fuerza para sacar su arte ("bueno" o "malo", *that's not the fucking point*) para hacerle caso a su propia naturaleza, para intentar crear belleza sin ponerse a intelectualizar y racionalizar todo y dejarse hundir por las dudas que, muchas veces, nos llevan a la tumba sin siquiera haberlo intentado. Es la lucha de Nosotros y Nosotras, por un lado, contra Los Que Se La Pasan Glorificando La Actitud DIY Del Punk Pero Son Los Primeros En Quejarse Del Guitarrista Que Pone Mal El Dedo Y El Periodista Que Pone Mal Una Coma.

Los músicos locales, más allá de logros, más allá de talentos (que los hay), son chavos y chavas que sienten que su deber es crear sonidos y dejar su marca. Como artistas y trabajadores merecen todo mi respeto y admiración, pero mi entusiasmo aumenta cuando muchos de ellos, indocumentados, pobres y en plena pesadilla post 187, le siguen metiendo para adelante como si nada.

Para el músico rockero local, no hay radio ni planes concretos de grabar. Los pocos conciertos no les dan plata y la vida cada vez es más dura. Pero ellos siguen sudando porque la tienen bien clara: el músico hace música. No hay otra.

El otro día, **Voz D'Mano** tuvo que parar dos veces

en la segunda canción porque el sonido era un desastre. La reacción lógica: todo mal. *Wrong!!* Cada vez que una banda se sube a un escenario, es un inmenso triunfo. Lo demás es secundario. Y el que no entienda que, si el artista no crea, se muere y no hay vuelta que darle, seguirá viendo otra película toda cortada y aburrida.

Mientras tanto, en algún lugar oscuro, frío y semivacío, los músicos locales se seguirán sacando el gusto de hacer música para ellos mismos o para que el aire escuche.

Y los frustrados que no podemos sacar ni un acorde ni tocar el timbre, seguiremos mirándolos con envidia, perfectamente conscientes de que no hay nada, absolutamente nada más gratificante que hacer música.

Queridos músicos: con fuerza y pa'delante. Como dijo Obdulio, los de afuera son de palo.

Calendario

Tocadas organizadas por **Miguel Morales** en Pedro's Grill, 1739 N Vermont, todas las edades, 8 pm, $10.

5 de enero: Fe Verdadera, Panteón Azteca y **La Razzza.**

12 de enero: Titanium, Ánima, Metamorphosis y **Ravia.**

19 de enero: Tequila Soul, Panteón Azteca y **La Razzza.**

16 de enero: Coito y **Piel**.

AHORA SÍ: LLEGÓ *CARACOL PUCCINI*
Miércoles 11 de enero de 1995

El jueves 5 de enero a las 8 pm, manejaba mi abollado Toyota Celica del '80 (*also known as* "El Turbo") por la Broadway y escuché a *Caracol Puccini* en KPFK-FM 90.7. Día histórico. Y se me puso la piel de gallina.

Anteriormente, **Natalie Stawsky** (conductora del programa junto con **Carly Bracuto**) me había llamado para darme una de las noticias más importantes de 1995: después de más de dos años de caminarse todo, repartir volantes y decirle a todo el mundo que "llamen al número tal para saber cuándo sale el programa", finalmente KPFK les había dado un espacio fijo. Como por obra de **Indra** o algún otro semidiós (y gracias, también, a un reciente *shake-up* que cambió la dirigencia de la emisora), ahora *Caracol Puccini* existe como Dios manda. En febrero tendrían la confirmación oficial, pero todo parece indicar que la permanencia de CP es un hecho.

"No nos agarró de sorpresa, pero igual es muy temprano como para cantar victoria", dijo Stawsky por teléfono. "Como no había una debida representación latina, esta semana echaron a los que dirigían la radio y recién en febrero se anunciarán los cambios definitivos".

El miércoles 4 de enero, **Patricia Scott**, directora ejecutiva de Pacifica Foundation (propietaria de KPFK), despidió al gerente general **Clifford Roberts** y a la directora de programación, **Lucia Chapelle**, quienes habían desempeñado sus cargos por 15 meses y siete años y medio, respectivamente. Scott dijo a *Los Angeles Times* que también había eliminado la posición de asistente del gerente general, ocupada por **Mary Fowler**, pero que ésta permanecería en la radio.

La escena era de no creer: por media hora manejé en el Centro de Los Ángeles mientras de la radio salían **Santa Sabina**, **Divididos**, **Cuca**, **Botellita de Jerez**, **Charly García** y dos conductores bilingües que, entre efectos especiales, climas delirantes y una actitud impredecible, hablaban de "rock en español", se cansaban de pronunciar las palabras "alternativo" y *underground*, levantaban la bandera del servicio a la comunidad y declaraban la guerra contra las "estrellitas inventadas".

"Ya hemos tenido ofrecimientos de radios

comerciales, pero no nos interesa", dijo Bracuto. "Estamos mucho más cómodos en una radio alternativa, comunitaria, que dependiendo de un burócrata que nos dé plata porque huele billetes, no porque le interese el rock. No estamos en contra de la radio comercial, pero preferimos trabajar así, teniendo absoluto control artístico".

Es por eso que los de CP no son muy fanáticos del trabajo de un servidor.

"Yo, por ejemplo, jamás me sentaría a hablar con **Gloria Estefan**", dijo Stawsky quien, en un reportaje para *La Banda Elástica*, afirmó que no tenía sentido "escribir de otra música que no fuera rock".

"¿Es que Estefan es una gusana?", le pregunté. "¡No sólo por eso!", respondió Stawsky. ¡Es una estrella inventada!" *[2020: For the record, no curto la onda **Miami Sound Machine**, pero Gloria y su esposo se rompieron el culo para llegar a donde llegaron, y* Mi tierra *es un discazo. He dicho.]*

Más allá de diferencias de visión y actitud, *Caracol Puccini* me gustó y reafirmó mi convicción de que cubren un lugar muy necesario. Esta página sigue y seguirá al servicio de CP (*meaning*: los pondré en el calendario, mínimo) y otros proyectos similares, especialmente si sus responsables piensan y actúan diferente a mí.

La historia del nombre del programa es para alquilar balcones.

"Hubo una época en la que yo, por alguna razón, soñaba con unas manos muy largas y con uñas muy largas que tocaban un piano", dijo Bracuto. "**Giacomo Puccini** nos estaba dando vueltas en la cabeza en ese momento y, cuando llegó la hora de ponerle un nombre al programa, me decidí por '*Las uñas de Puccini*' o '*Puccini's Nails*'. Pero Natalie escribió mal el nombre y puso '*Puccini Snail*'. Cuando lo tradujimos, nos dimos cuenta que *Caracol Puccini* era un nombre maravilloso".

El programa es más que una simple media hora de rock en español: entre el caos también hay lugar para la poesía, los reportajes e información sobre asuntos comunitarios. El material da para una hora, pero CP por ahora seguirá así.

"Me gusta el formato de media hora porque le da una gran dinámica al programa", dijo Stawsky. "Pero, de vez en cuando, seguiremos haciendo programas especiales de dos o tres horas" (*by the way*, su nombre se produce "Natalí". Al que diga "Nátali", le arranca la cabeza).

Todos los que quieran comunicarse con Stawsky y Bracuto (quienes, además, están dispuestos a enseñar sus conocimientos de radio "a todos los que verdaderamente quieran servir a la comunidad…"), pueden dejar un mensaje en el (310) XXX-XXXX.

Una vez más: *Caracol Puccini* sale al aire los jueves a las 8 pm en KPFK.

Si te gusta Ruta Alterna, te gustará *Caracol Puccini*. *But if you hate* Ruta, te gustará aún más.

TEQUILA *SOUND*

Miércoles 18 de enero de 1995

Tequila Soul quiere ofrecer un sonido de primera en sus conciertos y ser la primera banda local en firmar un contrato con una disquera en Los Angeles.

(Fotos originales: Alfredo Reynaldi)

"Queremos ser la primera banda local que cuente con un sonido ejemplar", dice el argentino **Darío "Tubito" Hermosilla**, mánager de **Tequila Soul** y conocido sonidista local.

Hermosilla, hablando de la presentación de la banda este domingo en El Hotel del Rock, asegura que el sonido será tan espectacular que, ojalá, los Tequila Soul se conviertan en "los primeros en firmar un contrato con una disquera en Los Ángeles y los primeros en grabar acá".

A Tubito, quien trabajó como "plomo" (utilero) de prácticamente todos los grandes del rock argentino, hay que tomarlo en serio. Su última tocada latina grande fue el concierto de **Alejandra Guzmán**, **Seguridad Social** y **María Fatal** en la Arena Deportiva de Pico Rivera, que contó con un sonido espectacular.

"Parece mentira que vivamos aquí, en el centro musical del mundo, y nuestras bandas no suenen bien o tengan que ir a grabar a México", dijo Tubito, refiriéndose a **Radio Kaos**, banda que recientemente firmó contrato con EMI México.

El Tubi, Tubo o Tubito está dispuesto a ayudar gratis a todas las bandas que real y profesionalmente quieran mejorar su sonido (llámenlo al 818/XXX-XXXX). Y recomiendo a todos los interesados que pasen por El Hotel del Rock el domingo para que tengan una idea de lo que él entiende por "buen sonido".

"Ese día Tequila Soul sonará como ninguna otra banda local en español ha sonado jamás", dijo el Tubo, quien cree que tocarán para 1,000 personas.

"Quiero invitar a mucha gente importante, para que vean que el rock en español de Los Ángeles llegó a un nivel sonoro y musical digno", dijo, y empezó a especificar (no se preocupen, que yo tampoco entiendo nada):

"Para luces tendremos PAR 64, entre 32 y 40 *cans* distribuidas en las torres y en el piso, dos máquinas de humo F100 y de cuatro a ocho pequeños robots. ¿Los conocés?" me preguntó. Creo que los conozco de cara, nomás.

"El sonido tendrá una consola de 24 canales y 5,000 vatios por canal, 16 cajas de parlantes, monitores, efectos, micrófonos Shure, ecualizadores y….." y otros chiches imposibles de escribir, además de un telón negro detrás de la banda con el logo de TS y una tarima especial para la batería. Nada para llenar de envidia a **Pearl Jam**, pero una infraestructura inusitada para el rock en español local.

Tequila Soul tiene un año de vida y está formado por **Gustavo Hachmann** (argentino de Santa Fe, guitarra y voz líder), **Jaime Castañeda** (tapatío, bajo y coros), **Gerardo Ávila** (chilango, coros y segunda guitarra) y **Román Kancepolski** (de Buenos Aires, batería y percusión). Una inusual alianza de dos mexicanos y dos argentinos, con un poderoso sonido donde hay blues, R&B y funk, inevitablemente enriquecido por el sabor latino de ambos hemisferios.

"Lamentablemente, y en buena parte debido a prejuicios, los músicos argentinos y mexicanos se comunican muy poco", dijo Kancepolski. "Esperemos que nuestro grupo ayude a romper esa barrera para que el rock local se enriquezca".

La expectativa por la tocada de TS de este domingo, en realidad, debería afectar a los mercados rockeros del resto del país. ¿Cómo? Aprovechando la infraestructura de TS para que, de una vez por todas, se empiecen a organizar giras decentes con bandas de todas partes. Tequila Soul viajará a algunas ciudades después de este concierto y, si Tubito está detrás del sonido, se estará poniendo la semilla para una serie de conciertos a nivel nacional que, por lo menos, serán *escuchables*. *And now is the time*, señores promotores. Es hora de entender que hay gente en varias ciudades con ganas de hacer cosas. *Pick up that phone.*

En otras palabras: cada día que pasa, hablar de "rock en español de Los Ángeles" suena más limitado y egoísta aunque, a simple vista, al ver "todo" lo que tenemos, no lo parezca:

- Cada vez hay más bandas. ¿50? ¿60? *Okay*, sólo un puñado de ellas están *ready*, pero todas hacen mucho ruido y Radio Kaos es el primer fruto concreto.

- Cada vez hay más y mejores revistas subte.

- Cada vez hay más y mejores periodistas rockeros.

- Cada vez hay más clubes con DJ y bandas, al punto de que todas las semanas se hace más difícil encontrar espacio para meter el calendario.

- Cada vez más, la presencia del rock en español es más normal en la prensa, radio y televisión. Ya no hay que convencer a nadie de que *this is serious, man*.

Por varios años, "Este año la hacemos" fue el mantra de todos los rockeros ilusionados en algo que todavía no ha llegado. Y yo no sé si este año, efectivamente, "la vamos a hacer" del todo, pero no me caben dudas que el '95 luce jugosísimo. Si no ocurre La Gran Explosión total, por lo menos tratemos de tener el año de las giras y la Gran Comunicación Rockera Nacional.

MÁS ROCK EN LA RADIO

Al momento de escribir esto, todavía no hay un nombre seguro (el horrible "Radio Caliente" es temporal). *But, frankly*, como diría **Lora**, me vale madre el pinche nombre. Lo importante es que **Alex III** (o **DJ Alexxx**, de La Cama y El Planeta) tiene su espacio todos los días de 7 a 8 pm en Radio KALI-AM 1340. Tengo esperanzas de escuchar algo que valga la pena. Mucha suerte y Mención Especial para **Roberto Rivera** (dueño del Grand), quien puso la lana para el lanzamiento. Y esperemos que anuncien a *todos* los clubes, no solamente lo de ellos.

FITO PÁEZ INVADE MÉXICO

Circo Beat NO es el mejor disco de **Fito Páez**, pero Fito sigue siendo Fito, el hoy número uno del rock argentino.

Después de años de componer y tocar para otros en su Rosario natal, el *big break* le llegó a comienzos de los '80, como tecladista de su coterráneo **Juan Carlos Baglietto**, una de las gargantas más privilegiadas del rock argento.

Y sucedió lo inevitable: Fito se mudó a Buenos Aires y tocó con todo el mundo (**Charly García** incluido) hasta ganarse la oportunidad de grabar su primer disco en 1984: *Del 63*. El resto de la historia tuvo de todo: nueve discos, más de un millón de copias vendidas, conciertos monstruosos, asesinos monstruosos (que le mataron a los dos familiares que le quedaban y lo inspiraron a grabar el maravillosamente oscuro *Ciudad de pobres corazones*), depresión, éxito, una visita a Los Ángeles y más éxitos.

El esperado *Circo Beat*, producido por **Phil Manzanera** (ex **Roxy Music**) y grabado en Londres, salió en Argentina cerca de fin de año y será lanzado en México el 27 de enero, en una conferencia de prensa/concierto de lujo organizado por WEA Latina. Nos invitaron y allí estaremos… siempre y cuando surja un patrón caritativo con la lana para el pasaje y el hotel (debo ser el único periodista latino de Los Ángeles que no acepta viajes de disqueras, aunque en casos como éste confieso que me dan ganas de pecar, prenderle fuego a la ética periodística y viajar, como hacen tantos colegas… Pero no, seguiré aguantando estoicamente).

Esto es bueno, y aumentan las esperanzas de que Fito regrese a ésta y otras ciudades del país. Sin Fito, al rock en español de Estados Unidos siempre le faltará una de sus cartas más poderosas. Y ahora, que cada vez hay más movimiento en todo el país, es el mejor momento para traerlo.

Por Fito, por *todos* los demás que faltan, y por *todo* lo demás.

LOS FABULOSOS (E INDESTRUCTIBLES) CADILLACS

Miércoles 25 de enero de 1995

(Vicentico por Pablo Cerolini)

Call it good luck or good management, pero **Los Fabulosos Cadillacs** siempre se las arreglaron para saltar obstáculos y seguir existiendo hasta lograr lo que buscaban. *Now*, lo que les sucedió en el '94 fue de no creer.

Al principio los acusaron de plagio y al final,

en lugar de desaparecer con la cola entre las patas, "Matador" (la canción que detonó la bomba) los convirtió en uno de los grupos más populares del año, en todas partes. El premio MTV al mejor video fue un broche de oro a un año que los hizo crecer un poco más.

¿Quién no escuchó "Matador"? Es el tema más popular en varios clubes, desde Los Ángeles a Buenos Aires. Ni bien entran los tambores bahianos, las pistas de baile explotan. La canción (según el disco, compuesta por **"Sr. Flavio" Cianciarullo**, el bajista) le dio más honores a los Caddies que la mismísima "Mi novia se cayó en un pozo ciego". Sin embargo, según un memorioso periodista del periódico *Página/12* de Buenos Aires, se trató de un evidente plagio. Para comprobarlo, el periodista **Carlos Polimeni** (quien también conduce un programa en la radio Rock & Pop) pasó al aire "Matador" junto con "Jeito Faceiro", una canción del grupo brasileño **Olodum**. Me lo perdí, pero varios que sí lo escucharon afirman que se trata de una canción "muy parecida". *[2020: la melodía del coro es casi un calco, y los tambores son del mismo estilo bahiano, pero se trata de dos canciones totalmente diferentes; en ambos casos, se trata de grandes composiciones]*

En poco tiempo, como por arte de magia, todos dejaron de hablar de la controversia y tanto LFC como Olodum están en paz y relajadísimos: la historia sigue diciendo que "Matador" es de Sr. Flavio y, hasta el día de hoy, nadie dio (abiertamente) pasos legales al respecto. No que nosotros sepamos.

Sobre las demás canciones nadie ha protestado y los Caddies siguen siendo los Caddies. *By the way*, esto no es nuevo: desde **George Harrison** a **Michael Jackson**, pasando por **Julio Iglesias** y muchos otros, los juicios por plagio (conscientes o inconscientes) siempre han existido. Pero es el tiempo y toda la obra de un artista lo que le da su debido pedacito de la historia, un pedacito que LFC ya se ganaron hace rato.

LFC están acostumbrados a las pedradas. Cuando hace 10 años empezaron a hacer ska en Buenos Aires (y peor no podían tocar, dicen), los acusaron de "gorditos saltarines". El contraataque: con un par de *hits* vendieron todo y nadie más abrió la boca.

Cuando debutaron en Los Ángeles en el '89, la raza de **Alex Lora** los recibió con nachos (a ellos y a otro/as). Contraataque: insistieron con varios conciertos y hoy son de la casa y más populares que nunca *[2020: hasta Café Tacuba les abrió* a ellos *en Los Ángeles una vez; nunca antes una banda mexicana establecida le había abierto a una argentina]*. Y más allá del asunto del presunto plagio, las ventas y los logros indican que LFC están *at their peak*. Y los que crean que más no pueden hacer y que ya se están quedando sin canciones ("por eso sacaron *Vasos vacíos*, una recopilación con sólo dos temas nuevos y bla bla bla"), *think again — the Caddies are back*. Y vuelven con todo.

Recién empezó el '95 y el nuevo disco de LFC ya está casi listo. Grabado en las Bahamas, mezclado en Miami y masterizado en Nueva York, la producción esta vez corre a cargo de (agárrense bien) **Tina Weymouth** y **Chris Franz** (ex **Talking Heads**). Invitado de lujo en algunos coritos: **Mick Jones** (ex The Clash, otro sueño hecho realidad para la banda). Como si esto fuera poco, **Debbie Harry** (**Blondie**) hace un coro bilingüe con **Vicentico**. Esto no es garantía de nada, pero *enough* para despertar nuestra curiosidad. Si el resultado es tan bueno como la reputación de estos invitados, LFC tendrán un año bastante ocupadito.

El disco — que se llamará *Papa Nuggett* o *Papa Loco* — *[2020/minga: se llamó* Rey Azúcar*]* sale a fines de marzo *[2020/minga 2: salió en junio]* simultáneamente en América Latina, Estados Unidos y varios países de Europa.

Desde aquellas épocas de puro ska electrizante han pasado muchas cosas y estilos. Hoy, LFC son buenos con sus instrumentos y ofrecen una ensaladita mucho más amplia que a unos fascina y a otros provoca espanto (yo soy del primer grupo). Mientras tanto, LFC siguen haciendo la de ellos: aguantar todo y seguir adelante. Y son tan tercos que cada vez resulta más difícil ignorar que los pibes son buenos de verdad.

¡Socorro! Se vienen los Grammys

Un colega de *La Opinión*, **Antonio Mejías-Rentas**, lo definió magistralmente (voy a parafrasear): "Las nominaciones latinas para los **Grammy** sólo son un reflejo de lo espantosa que es la música comercial en español". De acuerdo: sólo la nueva categoría de Latin jazz se salva del papelón.

Por supuesto, según *whoever* vota en los Grammy, el rock en español no existe. Y es innecesario confirmar que aquí lo único que importa son las ventas: en los Grammy, la palabra "mejor" es sinónimo de "más vendido". ¿Sería mucho problema dar premios como "Disco más exitoso" o "Más popular"? ¿No les da vergüenza crear una situación en la que, por ejemplo, **Cristian** es candidato a "Disco del Año"? *Is this a joke or what?* ¿Por qué en las categorías en inglés también se cuelan algunas cosas buenas y lo nuestro es todo un desastre?

Lo más tragicómico es que la verdadera "explosión" del rock en español será oficial cuando nuestras bandas empiecen a aparecer en los Grammy. Con perdón de los "verdaderos" alternativos y los puritanos que no se quieren juntar con "esa chusma", cuanto más crezca el rock, más cerca estarán los Grammys. Y si la cosa no cambia, me imagino que las nominaciones quedarían más o menos así:

"In the new rock en español category, the nominees to Record of the Year are: **Maná, Caifanes, Laureano Brizuela, Los Fabulosos Cadillacs, Gloria Trevi** *and* **Pablito Ruiz**".

Qué sé yo... A veces vale la pena aguantar lo inaguantable.

[2020: Mi opinión sobre el Grammy Latino, y el "Grammy-Grammy", por añadidura, cambió cuando **Dave Konjoyan** *(un tipo de primera, hoy vicepresidente de Servicios Creativos de la Academia de Grabación que organiza los Grammy) me pidió que escribiera el primer programa oficial de la ceremonia en 2000, lo cual continué haciendo para la segunda en el 2001 (cancelada por el ataque a las Torres Gemelas, ocurrida un día antes de la ceremonia que iba a llevarse a cabo el 12 de septiembre) y el 2002. Cuando le hablé a Dave sobre mis reservas sobre la premiación, él me convenció de que querían hacer las cosas bien y me explicó que, a diferencia de otros premios más relacionados con las ventas que con otra cosa, en los Grammy las cosas se resuelven por votación de los miembros. En otras palabras, lo que escribí en el párrafo que está más arriba (el "¡Socorro!") fue una pelotudez sin pies ni cabeza: los ganadores del Premio Grammy y Grammy*

Latino NO dependen de las ventas. Desde entonces, me vino la obsesión de convencer a todxs aquéllxs que se quejan de la premiación a "artistas horribles" pero se niegan a hacerse miembros para, precisamente, equilibrar un poco las cosas (especialmente en Uruguay, un país lleno de gente talentosísima pero con muy poco peso al momento de la votación, veo una resistencia de la industria local a aumentar su cantidad de miembros). Lo que terminó de convencerme de que el Grammy Latino era importante fue cuando vi pasar a mi lado a **Mercedes Sosa**, *emocionadísima, con su primer Grammy en mano en 2000 por* Misa Criolla, *la calidad de los ensayos y el talento de las personas con las que me tocó trabajar. Años después, cuando ya me había ido de Los Ángeles y yo no tenía poder ni influencia algunos en la industria, muchísimo menos en el Grammy Latino,* **Gabriel Abaroa** *(presidente de LARAS, la Academia Latina de Grabación, que organiza el Grammy Latino) me llamó un domingo a mi casa y hablamos por una hora de diferentes aspectos de la industria. Gabriel es un tipo muy capaz y pongo las manos en el fuego por él y su equipo en cuanto al amor que sienten por nuestra música. Y reitero lo que vengo diciendo hace años: HÁGANSE MIEMBROS. No se trata de los premios, pero una simple nominación le abre muchas puertas a un artista y el sólo hecho de formar parte de la familia Grammy/Grammy Latino ha dado lugar a varios contactos y colaboraciones entre artistas serios. Al igual que ustedes, cada vez que salen las nominaciones me quiero cortar las venas, pero eso sólo cambiará cuando más gente capaz (y con buen oído) se haga miembro de LARAS y/o NARAS.]*

LA CITA DEL ANO (no, no quise escribir "año")

"Yo estoy en la vanguardia porque no hay radios que pasen rocanrol latino. Estos grupos son muy compactos, ensayados, se mueven y tienen mucha expresión. No sólo se paran ahí y tocan, como los estadounidenses; ¡se mueven! Una vez que logren que alguna radio les pase su música, será como cuando los japoneses se apoderaron del mercado automotriz. No solamente suenan bien, sino que ¡se ven bien! Y tienen algunas chicas hermosas también, a quienes no les molesta mostrar el trasero ... Alguien se me acercó el otro día y me dijo que alguien de Geffen le había dicho '¡Necesitamos un Nirvana latino! ¡Necesitamos un Nirvana latino!' Ahí tienes: ésa es la fórmula. Por supuesto, aquí estamos rompiendo el hielo. Primero tuvimos el rocanrol latino con Ritchie Valens y ahora nos vamos con los filipinos. Nunca nadie ha hecho nada con ellos".

(**Bob Keane**, descubridor de **Ritchie Valens** y presidente de Del-Fi Records, en el *LA Reader*. Sin comentarios...)

LA CULEBRA SOLITARIA

Miércoles 1 de febrero de 1995

La Solitaria, un nuevo subsello independiente distribuido por BMG, nació oficialmente el lunes con el primer disco solista de **Oswaldo de León**, guitarrista de **La Castañeda**.

"Es un nuevo sello destinado a editar los trabajos solistas de músicos que ya estén con nosotros", dijo **Carlos Garrett**, ejecutivo de **Culebra**, sello independiente creado por BMG en 1992. Garrett, además, informó que en marzo o abril saldrá la segunda producción de La Solitaria: el debut solista de **José Fors**, ex cantante de

Cuca (presente en *La invasión de los blátidos*, el debut del cuarteto tapatío).

De León decidió utilizar el nombre **Oz** para su debut solista, al cual bautizó *El sentido*.

"Este disco reúne algunas canciones que me sería muy difícil hacer con La Castañeda", dijo De León por teléfono desde el D.F. "Prácticamente yo toco todos los instrumentos. Es algo más personal y menos locochón". Agregó que pronto sale el nuevo de La Castañeda y que el grupo sigue siendo su prioridad.

"Mi disco lo hice por una necesidad personal de expresión, pero no tendrá mucha difusión. La mayor parte de mis energías siguen concentradas en el grupo".

La Castañeda, una de las bandas alternativas subte más populares de México, lleva vendidas más de 30,000 copias de *Servicios generales II*, su debut con Culebra. Hace un año, en Los Ángeles y San Diego, dejaron una grata impresión en el festival **Revolución '94**, compartiendo escenario con **Caifanes**, **Maldita Vecindad** y **Santa Sabina**.

El Tianguis del Chopo, más vivo que nunca

Hace 14 años que **El Tianguis del Chopo** es algo así como La Meca del rock mexicano. Ir al D.F. y no visitar el Chopo es como ir a París y no visitar el Arco de Triunfo, o venir a Los Ángeles y no arrastrarse sobre el Teatro Chino mientras la patrona grita "¡Ahí está la Marilyn!"

Para los extraterrestres como yo, que cometimos el pecado de todavía no conocer México, El Tianguis del Chopo es una especie de paraíso punk con el cual se mantiene un inmenso amor platónico.

"¿Vas a México? Plíiiiis, andá al Tianguis del Chopo y traeme cualquier cosa", es lo que siempre le digo a amigos viajeros, y siempre me traen un regalito perfecto.

En esta oportunidad, la viajera fue nuestra querida lectora **Laura Sandoval** (aka "La rockerita semibilingüe de Orange County", que ya es de la casa), quien nos trajo lo siguiente:

- Un cenicero azteca.

- Tres números de *Expresión Musical*, una revista subte bastante completita que nos vendría muy bien tener por acá. Los interesados en distribuirla pueden llamar al (011-52-5) XXX-XXXX y preguntar por el mero-mero, **Héctor González**.

- *La Rockagenda 1995*, una maravilla creada por el sello Opción Sónica que recomiendo a todos: *this is a must*. Se trata de un calendario de 120 páginas bien diseñadas, impresas y encuadernadas, con fechas importantes de todo el rock (no solamente en español). Incluye una buena guía de servicios y 12 artículos periodísticos. Es posible que **Emilio Morales** (*La Banda Elástica*) se encargue de la distribución de las agendas, pero un par de llamaditas podrían acelerar las cosas. Emilio está en el (310) XXX-XXXX y **Edmundo Navas**, de Opción Sónica, en el (011-52-5) XXX-XXXX (fax: 011-52-5-XXX-XXXX).

- La cuarta edición de *Códice Rock*, la publicación del Tianguis Cultural del Chopo (el nombre oficial de La Meca). En toda la revista no hay una sola fecha, así que no sabemos cuándo salió. De todas maneras, muy vieja no debe ser, porque se habla del nuevo álbum de **El Tri** y se anuncia lo nuevo de **Tijuana No**. *Códice Rock* es fresca, informal pero organizada, y los que escriben no son ningunos improvisados. Los que estén en el rollo de la compra-venta o la obtención-distribución (o *whatever*), anoten bien la dirección: **Aurelio González**, *Códice Rock*, Ejército Constitucionalista, Smz. X, mz. XX-XX-E, C.P. 09220, México, D.F.

¿Otro club más?

La pujante comunidad rockera de Lakewood queda informada: desde el domingo tendrán su propio club de rock en español.

El Pozo ("el nuevo antro del rock en español", dice el comunicado de prensa) es una idea de **Debbie Ward** (mánager de **Voz D'Mano**) y tiene como fin presentar una banda local cada domingo.

Anoten bien las tocadas de febrero:

Domingo: Gran inauguración con **Voz D'Mano**.

12 de febrero: Cábula.

19 de febrero: (por confirmarse)

26 de febrero: María Fatal.

El Pozo queda en el Coconutz Nite Club, 11529 E Carson St. (Lakewood), $8, mayores de 21.

Además, Debbie nos informó sobre otras fechas de VDM:

Viernes en el Baby Rock de Irvine, 4255 Campus Drive.

Sábado en el Huntington Park Casino con **Mirage**, **Karma**, **Piel** y **Hermano Lobo**.

HABEMUS DISQUERÍA

El promotor **Kiko Vargas Jr.** abrió la disquería **Rock Latino** en Hollywood y Vine (en el mero corazoncito de Hollywood). Si no me equivoco, es la primera tienda de su tipo (sin contar ondas subte como **La Cara del Rock**) y Vargas está dispuesto a todo: "Tenemos todo lo de México, España y Argentina", dijo. "Y lo que no tenga, tú me dices y lo consigo". Rock Latino queda en el 1704 N Vine, y abre todos los días de 11 am a 7 pm.

CIRCO FITO

Miércoles 8 de febrero de 1995

En "Soy un hippie", incluida en *Circo Beat*, **Fito Páez** se suma al club de los *rock stars* atormentados.

"Llevo todos los días escapando de los fans/salen de los taxis, del placard, de la sopa".

En los reportajes confiesa abiertamente lo podrido que está de los *side effects* del éxito. ¿Suena familiar? Pero a no exagerar: Fito es bastante más práctico que **Eddie Vedder**.

"Sí, la fama es bastante imbancable", dijo Páez, por teléfono desde la Ciudad de México, donde periodistas de todo el continente lo sometieron a un agotador maratón de 40 entrevistas en tres días. "Es que me impresiona bastante ver a tanta gente que depende de uno y no poder salir a la calle como hacía antes. Pero no quiero quejarme demasiado porque no me interesa irme al Tíbet a meterme en un rollo diferente. Así que decidí acostumbrarme a mi nueva vida e intentar llevarlo adelante con muy buen humor. Además, supongo que, con este asunto del éxito, en algo debo estar involucrado yo también".

Lo de Fito no es de ahora. El gran público rioplatense lo conoció tocando en el disco debut del también rosarino **Juan Carlos Baglietto** (*Tiempos difíciles*, 1982), placa en la que también colaboró con algunas canciones bellísimas. Cuando lo vi, me sorprendió su parecido físico con **Charly García** e inmediatamente sentí que, tarde o temprano, iba a triunfar como solista.

"En realidad, todo me sucedió demasiado rápido", dijo Páez, quien luego de integrar la banda del propio Charly debutó como solista en 1984 con *Del 63*, y año tras año creció hasta llegar a ser el número uno. Pero antes, en 1986, sufrió un golpe devastador cuando su abuela y su tía abuela (sus dos últimos familiares), así como la empleada de ambas fueron salvajemente asesinadas por un imbécil en su casa natal de Rosario. *Ciudad de pobres corazones* (1987), quizás su mejor disco, reúne toda la furia de Fito después de la tragedia. Hoy, el responsable está preso *[2020: murió joven en 1998, por suerte]* y Fito sigue creando y viviendo, pese al horror que nunca desaparecerá.

"Es muy simple", dijo Fito. "Este tipo de tragedias no se superan nunca en la vida, no tienen paliativo. Uno tiene que aprender a vivir con eso, si es que quiere vivir. Si no, se tendrá que pegar un tiro, porque es una situación absolutamente insostenible".

Circo Beat, su octavo disco, no sólo es "un palo al progreso", como dice Fito, sino un viaje de retorno a Rosario, su ciudad natal, a donde se dirigió para encontrarse a sí mismo.

"Volví a mi barrio para encontrar al tipo que metió tanta gente en un estadio, y me encontré con que mi casa ahora es una clínica, y los cines donde vi tantas películas maravillosas ahora son un *shopping center*", dijo Fito, quien aprovechó para hablar sobre la ilusoria "estabilidad" argentina. Entre sus palos al progreso, Fito siempre tiene uno reservado para el presidente **Carlos Saúl Méndez** (me niego a escribir el nombre real de este mufa), Mr. Decretazo.

"Es una suerte de payaso de los [estadounidenses]", dijo Fito. "Es cierto que está poniendo a la Argentina dentro del contexto económico mundial, pero a un costo social altísimo. Te diría que entre el 70 y el 80 por ciento de la población está muy afectada económicamente. Está la clase alta, la Argentina de la ostentación y las joyas, la clase baja que no tiene un mango y una clase media conservadora que, con tal de tener un peso que le llega por mes, no le importa nada. Es una sociedad muy poco solidaria y el país está en estado de descomposición: los intelectuales interesantes están fuera del juego, el tango y el folclore no tienen cabida y los rockeros se pasan peleando entre ellos todo el tiempo".

La obra de Fito reúne varios de los mejores elementos del rock argentino clásico (especialmente **Luis Alberto Spinetta** y Charly García), una total disposición a nutrirse tanto de tango como folclore y rocanrol, una poesía rica en imágenes y canciones bien compuestas y mejor producidas. Todo el paquete le permitió llegar aún más lejos que sus maestros del rock argentino.

¿Podrá hacer lo mismo en el resto del continente? Es muy posible, si logra entrar en las radios. Pase lo que pase, el lugar de Fito es fundamental en cualquier lugar donde se escuche rock en español, aunque *Circo Beat*, en lo personal, no me envuelva tanto como sus discos anteriores. *[2020: el paso del tiempo le dio la razón y hoy el disco me gusta mucho más que antes]* Pero no se lo digan a él, que se considera un protagonista involuntario de un género que no se toma muy en serio.

"Ser rockero es tan… adolescente, tan ingenuo", dijo. "No sé, me parece una cosa de chicos y me enferman las peleas entre rockeros. No me interesan las polémicas, en que los 'alternativos' se cagan en 'el tipo que está impuesto', que los punk se pelean con los *thrash*, que los *thrash* dicen que Charly es una mierda, que Charly dice esto o yo digo aquéllo. Me parece una gran tontería de este fin de siglo tonto y esta 'era de la boludez', como dicen los Divididos, que estamos viviendo".

Para rematarla, recurre a una canción grabada por **Serú Girán** en 1980.

"Te resumo mi posición con una frase de Charly que me parece genial: '*Mientras miro las nuevas olas/yo ya soy parte del mar*'".

FITO'S NEWEST LATEST

- En Argentina, *Circo Beat* salió a fines de noviembre y lleva vendidas más de 250,000 copias, pese a que la gira todavía no comenzó. *El amor después del amor* (su disco anterior, también disponible en Los Ángeles) vendió 600,000 copias en Argentina y alrededor de 100,000 en el resto de América.

- Fito coprodujo el disco con el londinense **Phil Manzanera**, quien integró el **Roxy Music** de **Bryan Ferry** en los años '70.

- Recientemente, Fito estuvo en Rio de Janeiro y grabó junto con **Caetano Veloso** una versión en portugués de "Mariposa tecknicolor", el primer sencillo, que se utilizará exclusivamente en la edición brasileña.

- La gira de *Circo Beat* empieza el 3 de marzo en el Teatro Ópera de Buenos Aires y termina en septiembre en la misma ciudad, muy probablemente en un estadio de fútbol.

- Alrededor de mayo, Fito viene a Los Ángeles y Miami en plan promocional que incluye la grabación de un imperdible *unplugged* de **MTV Latino**. El segundo concierto que daría en Los Ángeles tendría lugar entre julio y agosto. No hay fecha concreta, pero que viene, viene. *[2020: daría un concierto espectacular en el Conga Room en el 2000]*

- Sacado del diario de Fito: "Algo no funciona bien en este mundo y lo sé. Creo que los discos no me importan. Sé que pueden afectar la vida de mucha gente y eso sí importa. La música es políticamente sospechosa, como diría **Settembrini** en *La Montaña Mágica*. Tenía razón. ¡Ni hablar de las canciones! Psicodelia dramática. Suena a **Dostoievski**, a cosa seria. Lo es. La tragedia de los lugares y su gente. Inevitable. Construir, reír y olvidarlo. Nadie es tan importante como uno cree". (Publicado en *Página/30*, la revista mensual del matutino *Página/12*, Buenos Aires, noviembre del '94)

L.A. HIJA DE LA LÁGRIMA

Miércoles 15 de febrero de 1995

(Charly García por Pablo Cerolini)

La hija de la lágrima, lo último de **Charly García**, salió en Estados Unidos hace un mes. ¿Alguien se enteró? Por aquí bien, gracias.

Si se tratara de "lo viejo" de Charly, quédense tranquilos que yo andaría con una antorcha en Studio City frente a la ventana de Sony protestando por la poca bola que le dieron al disco.

No, *La hija de la lágrima* no le volará la cabeza a nadie y será mejor que activemos un poquito el *non calentarum largo vivirum*. Pero lo que da bronca es que ni siquiera nosotros, la prensa "especializada", nos enteramos de la aparición local de un disco que, más allá de divagues, es un documento importante que hay que tener.

El disco, que salió en Argentina en julio del '94, es el primer trabajo de Charly en cuatro años y marca el retorno de uno de los enooormes maestros del rock argentino. Se trata de una irregular ópera-rock que está lejos de ser su obra cumbre pero que tiene lo suficiente como para demostrar que, con o sin drogas y alcohol, Charly sigue vivo y en cualquier momento se zarpa con otra de sus obras maestras.

Técnicamente, *La hija*... es impecable. Todo suena bien, hasta la voz de García, aunque sin el brillo de antes (eso de que "ya no puede cantar" es mentira; además ¿cuándo cantó "bien"? Charly es un *cantor*, no un "cantante").

Pero hay pocas canciones y muchos climas instrumentales (nada del otro mundo) que desconcertarán a los que recuerdan a Charly como el gran poeta y artesano de muchas de las melodías más memorables del rock argentino.

"Sólo escuché el tema de difusión, 'Chipi-Chipi'", dijo **Nito Mestre**, compañero de Charly en el legendario dúo **Sui Generis**, en una encuesta del suplemento rockero *Sí*, del diario argentino *Clarín*. "Pero esto no es necesario para decir que Charly es un capo de músico, al igual que **Spinetta**. Sin él, mucha gente no estaría tocando ahora. Y me parece algo desmesurado que a Charly, como a otras personas, se le esté pidiendo marcar tendencias o caminos. Él ya marcó una hace tiempo".

En la misma encuesta, **Mario Pergolini**, de la radio argentina Rock & Pop, dijo que el disco le gustaba menos que los anteriores.

"Esperaba más *hits*, más temas para cantar, con esas letras que uno dice '¡Uh! ¡Qué copado lo que está diciendo!', dijo Pergolini. "En mi caso no pasa eso con este disco. Quizás sí con algún tema, como 'La sal no sala'. Pero hablar todo el tiempo de 'la blanca' es medio recurrente, es casi esnob... De todos modos, no lo juzgo: es Charly ... Charly es un clásico ... No creo que con este disco marque rumbos nuevos; no sé quién está marcando ahora nuevos rumbos, pero Charly no. Creo que es uno de los mejores músicos que tenemos, es uno de esos tipos que uno los escucha y dice '¿quién te contó mi vida?' Ya podemos vivir de los éxitos de Charly".

Para quienes no conozcan a Charly (*shame on you*), *La hija de la lágrima* no estorba, pero sería mejor complementarlo por lo menos con los demás discos suyos que se pueden conseguir en Los Ángeles (buscando bien): *Cómo conseguir chicas*, *Parte de la religión* y *Filosofía barata y zapatos de goma*.

Busquen bien, porque no les recomiendo morir sin haber escuchado a Charly.

Discografía recomendada

Con Sui Generis: *Vida* (1972), *Confesiones de invierno* (1973), *Pequeñas anécdotas sobre las Instituciones* (1974) y *Adiós Sui Generis 1, 2 y 3* (1975).

Con La Máquina de Hacer Pájaros: *La Máquina de Hacer Pájaros* (1976) y *Películas* (1977).

Con Serú Girán: *Serú Girán* (1978), *La grasa de las capitales* (1979), *Bicicleta* (1980), *Peperina* (1981) y *No llores por mí Argentina* (1982, en vivo, disco de la primera despedida). Hay más, pero *don't bother*: éstos son los imprescindibles.

Solo: *Pubis angelical/Yendo de la cama al living* (1982), *Clics modernos* (1983), *Piano Bar* (1985), *Parte de la religión* (1987), *Cómo conseguir chicas* (1989), *Filosofía barata y zapatos de goma* (1990) y *La hija de la lágrima* (1994).

Con Pedro Aznar (ex Serú Girán): *Tango* (1986) y *Tango 4* (1991).

GRAN CONCIERTO GRAN

Seguimos acercándonos a nuestros hermanos chicanos (que tienen una escena interesantísima) y ellos a nosotros. Esta vez, la fiesta es el 24 de febrero en el Luna Park, pero anoten bien porque la agenda viene cargadita:

En el escenario de arriba: Los Olvidados, Juana La Loca, Yeska ("rastas chicanos") y la cantautora chicana **Lysa Flores**. El escenario será diseñado por la artista chicana **Patssi Valdez**.

En el escenario de abajo (el CHISME Lounge): un *unplugged* con **Las Tres, Nicole Presley** (de **Boca de Sandía**), **Aztec Radio** (con ex miembros de **Los Illegals**), **Jesse Nuñez, Lety Pérez, Hermana Luna, Yvonne** (¡la del Club de Rock en Español!) acompañada por algunos miembros de **Voz D'Mano**, la poetisa chicana **Linda Gamboa** y **DJ Sánchez**. El escenario será diseñado por la artista chicana **Diane Gamboa** y todo el espectáculo es auspiciado por Café Caliente y *La Banda Elástica*.

One mo' time: Noche de Chicano alternative/rock en español el 24 de febrero a las 8 pm en el Luna Park, 665 N Robertson Blvd., W Hollywood, $10, mayores de 21.

ROCK EJIDAL, ALTERNATIVO Y AGRARIO
Miércoles 15 de febrero de 1995

(Discos GAS/BMG)

Ya era hora de que se le prestara un poco más de atención a **Tex Tex**. El divertidísimo trío integrado por los hermanos Mujica — conocidos como **Lalo Tex**, **Chucho Tex** y **Paco Tex** — es una mezcla de **El Tri**, **Los Tigres del Norte**, **ZZ Top** y **Los Texas Tornados**, y acaban de lanzar su quinto álbum, *Te vas a acordar de mí* (BMG).

Se trata de una producción de **Paco Rosas** y Tex Tex que marca el inicio de la carrera del trío dentro de un sello importante. Entre los logros del grupo se destacan el Premio Sol de Neón a la mejor canción por "Perdido" (incluida en *Perdidos*, de 1990) y el reconocimiento a la "banda más popular" por el periódico mexicano *El Nacional*. Su discografía, además, incluye *Un toque mágico* (1988, producido por **Paco Barrios**, de **Botellita de Jerez**), *Tex Tex III* (1991) y *Tex Tex en concierto* (1992, disco doble).

Los tres nacieron en Tlaxcala (del pequeño estado homónimo) pero el grupo surgió en Texcoco (estado de México) en 1986. Probablemente se presentarán en Tijuana a fines de febrero y posteriormente en Los Ángeles, y me huele que esa tocada estará prendidísima.

Otras yerbas (legales)

- El bodrio anual de Radio & Música contó con la esperada Primera Conferencia de Rock en Español, organizada por **Mariluz González** y las chicas del **Club Rock en Español**. Allí estuvimos junto con otros 12 panelistas (demasiados). Todos dijimos algunas huevadas y pido disculpas por haberme apoderado del micrófono para lanzar algunos misiles contra los dinosaurios radiales, pero era difícil tratar de convencer a los señores de traje y corbata sobre el mercado rockero, cuando en sus propias narices tenían un salón repleto de gente. Por supuesto, no se llegó a nada y las cosas seguirán igual hasta que, a su debido tiempo, todo caiga por su propio peso. Igual fue un éxito porque se confirmó que, cuando se habla de rock en español, ahora escuchan todos. Es decir: todos menos los que tienen la lana y el poder. Ya van a venir con el caballo cansado…

- **¿Nuevo sello? Manny Marroquín** es chicano y trabaja como *freelance* en varios estudios de grabación. Su idea es simple: lanzar un sello independiente de rock en español, y parece que habla en serio. Lo que quiere es lanzar una compilación de las mejores bandas de Los Ángeles, con dos temas cada una. Manny tiene buenas ideas y parece que en realidad siente el proyecto. "La idea no es tratar de atar a las bandas, sino contratarlas por disco. Son las bandas las que tendrán que decidir qué hacer después", dijo Marroquín, quien agregó que

María Fatal ya está "casi firmada" y **Los Olvidados** "será la segunda". Además, prometió que regalará éste y futuros discos al que se le ocurra un nombre para el nuevo sello. Manden demos (de Los Ángeles o el resto del país) y sugerencias para bautizar el sello a Manny Marroquín, XXXX Glover Place, L.A. 90031.

- **¡Nuevo sello! Elena Rodrigo**, una de las pioneras del periodismo de rock en español en L.A., se juntó con **Jonathan Melrod** y **H. Nathan James**, de Jam'N Productions, para lanzar **Aztlan Records**, un sello independiente dedicado al rock en español. Elena está esperando que le envíen demos a P.O. Box XXXXXX, San Francisco CA 94134. *Good luck!*

Calendario

23 de febrero: María Fatal, Las 15 Letras, Voz D'Mano y **Emilio Morales** en gran-acusticazo-gran en Las Pampas Restaurant, 4680 Firestone Blvd. (South Gate), all ages, $7. Además, **María Fatal** tendrá su propio electricazo el viernes 3 de marzo en el mismo lugar. La última: la revista *Ciudad Rock en Español*, del D.F., eligió a MF como la "mejor banda de California". ¡Salud!

No se olviden de la radio: Por años, nos quejamos de que la radio no nos daba bola. Ahora tenemos no uno, sino *tres* programas que, por el momento, vienen muy bien. Anoten y escuchen:

Todos los domingos: Caracol Puccini en KPFK-FM (90.7) a las 6 pm (nuevo horario).

Todos los lunes: Rock latino en KWIZ-FM (96.7), de 1 a 4 am.

Todos los días (!): Rock en español en KALI (10.30 AM) a las 7:30 pm.

LA HORA DE MARÍA FATAL

Miércoles 1 de marzo de 1995

(María Fatal por María Madrigal para Aztlan Records)

Desde que los conocí en 1991, los chicos de **María Fatal** se convirtieron en uno de los símbolos más queridos del rock local. En el camino hubo algunas piedritas, pero el balance es plenamente positivo.

Pese a estar entre los favoritos, fracasaron en su intento por quedar entre los finalistas del Primer Concurso de Rock en Español en 1991 pero se negaron a desaparecer, haciendo gala de una persistencia a prueba de balas.

En los últimos cuatro años fueron una de las bandas más activas de la ciudad, y me animo a decir que la primera en tener seis o siete hits que son coreados de memoria por su cada vez mayor legión de seguidores en la escena local.

Cuando **Emilio Morales**, autor de varios de los éxitos

del grupo, decidió seguir como solista y concentrarse en su trabajo con *La Banda Elástica*, algunos pensamos que *that was it* para María Fatal, una banda que insinuaba mucho y metía ganas, pero que pecaba de repetitiva. *We were dead wrong*. Por el contrario, el talento compositivo de Emilio fue reemplazado por un rápido proceso de consolidación de la banda, con un sonido más guerrero e impactante, como si María Fatal supiera que necesitaba quemar todos los cartuchos. Las cosas salieron bien y quedó demostrado que la banda existía como banda, no sólo como "el grupo de Emilio".

En 1994, luego de una brillante actuación en el Roxy abriendo para **Sergio Arau**, son contratados por Peter Asher Management y, meses después, lograrían la hazaña de satisfacer al público de **Alejandra Guzmán** sin alterar en lo más mínimo su propuesta. Previamente también se habían dado el lujo de tocar junto con **Charly García** en el Palace. "Nuestra primera gran emoción", dijo el guitarrista **Ernesto Ramírez**.

Su participación en el Big Top Locos del Olympic Auditorium solidificó su buena reputación, esta vez frente a un público mayoritariamente chicano. "Es algo muy reconfortante, porque tradicionalmente hubo algo así como una 'ley de hielo' de los chicanos contra nosotros", dijo Ernesto. "Por ejemplo, en el *high school* los mexicanos siempre fuimos discriminados porque, aunque éramos latinos y habíamos crecido aquí, se burlaban de nosotros por nuestro acento. Siempre fuimos considerados inferiores, pero la música nos ayudó a cambiar eso".

El *LA Weekly* los tiene entre sus bandas consentidas, y los lectores de la revista mexicana *Ciudad Rock en Español* los escogió como la mejor banda de California.

Hoy, María Fatal sigue con sus demos a cuestas y está lista para firmar con alguien y grabar como Dios manda. *[2020: debutarían discográficamente poco después de esta columna en 1995, con María Fatal, para Aztlan Records]*

Pase lo que pase, María Fatal tiene asegurado su rinconcito en la historia de nuestro rock, por culpa de ese terco e indomable espíritu que obliga a muchas bandas a seguir luchando pese al escepticismo de dinosaurios con lana o la sordera de quienes alguna vez pronosticamos que, con ellos, "no va a pasar nada".

En un par de días, MF se presenta en *yet another* concierto, pero esta vez es una tocada especial: lo recaudado será destinado a cubrir los gastos para que el grupo asista a la convención South by Southwest en Austin. Pasemos por la boletería y achiquemos un poquito nuestra deuda con una de las bandas que más puertas han abierto para nuestro mundillo subte.

María Fatal tendrá su "electricazo" el viernes en el restaurante Las Pampas, 4680 Firestone Blvd., 8 p.m., todas las edades.

VUELVEN LAS VÍCTIMAS

Miércoles 8 de marzo de 1995

(Reuben Muñoz. Copyright © 1995 Los Angeles Times. Used with Permission.)

Vuelven las **Víctimas del Dr. Cerebro**, una de las bandas más populares de los últimos tiempos. El sexteto de Neza fue el primer grupo de rock mexicano en firmar con EMI México y se anotó un golazo con "Esqueleto", su primer sencillo.

Su segundo disco — también producido por **Chiquis** e **Iñaki**, de Fobia, a quienes ahora se le suma su compañero **Paco Huidobro** — ya los tiene bastante ocupaditos, pero antes regresarán a Los Ángeles para un concierto junto con **Los Olvidados** en el Palace (ver el calendario).

El concierto es organizado por **Kiko Vargas Jr.** y su Rock Latino Management, y la entrada costará $15, lo cual se me hace bastante accesible para una tocada que estará para alquilar balcones. Un detalle más: *all ages!* Todos podrán ir, *no matter* cuán chiquitos o *how* viejos decrépitos.

Ya que hablamos de Vargas, escuché algunos rumores de que él había tomado control del Hotel del Rock e *Impacto Rock*, que funcionan los domingos en el Hollywood Circus, y que en poco tiempo el Hotel sería trasladado al Palace. *Once and for all*: no es cierto.

"Es un gran malentendido", dijo Vargas. "No quiero que mis conciertos se hagan en lugares de 21 & *over*, así que decidí hacer todas mis tocadas del año en el Palace, para que todos los rockeros puedan ir. **Gabriel Klériga** [de El Hotel del Rock e *Impacto Rock*] tendrá los derechos para filmar mis conciertos del Palace, pero solamente para utilizarlos en *Impacto Rock*".

Además del de las Víctimas y Olvidados, son varios los conciertos planeados por Kiko, pero hay solamente dos que están casi confirmados: el 3 de mayo con **Fobia** y **Sergio Arau** y el 18 de junio con **Los Lagartos** y **Tex Tex**. Según Kiko, los depósitos están hechos y sólo falta que se firmen los contratos. *By the way*, medalla de oro a Kiko por insistir con el asunto del *all ages*. *Good, man*. Y recuerden que Kiko hace volantes gratis para las bandas locales. Llámenlo al (213) XXX-XXXX.

Galería de *Bloopers*

La semana pasada publicamos que **María Fatal** estaba por viajar a una convención en Houston. *Wrong*. Quise decir Austin. Otra: el programa *Rock Latino* se transmite los domingos desde la medianoche a las 4 a.m. por KWIZ-FM (95.9). Es decir, el sábado de noche, tardísimo y para las víctimas del insomnio. *Sorry for the inconvenience*. Fue sin querer queriendo.

Quinta *Jornada*

Mis vecinos **Iván**, **Vicky** y **Kahlúa Munguía** (que viven a dos cuadras pero jamás se dignaron a tomarse un cafecito conmigo, aunque Kahlúa no toma café porque es una *pit bull* preciosa) acaban de sacar el quinto número de *La Jornada Rockera*, con otra emotiva edición dedicada a la memoria del siempre presente **Miguel Ángel Rodríguez**. Para suscribirse a LJR, manden un cheque (de papel, no de goma) o giro por $18 a nombre de **Victoria González** o **Iván Munguía** a XXXX Larga Ave., LA 90039. Los primeros tres que se suscriban cada mes recibirán tres CDs de regalo (fanáticos de **Cristian** abstenerse).

Mensaje a los de *Rok Era*

¿Y, muchachos? Ya estamos en marzo y queremos leer el segundo número de la revista. Apúrense o nos morimos de la tristeza.

Atención fans de Lora

Jaime Gallardo (rockero, periodista, esposo ejemplar y *bartender* de primer nivel) sigue al frente del **Club de Fanáticos de El Tri**. Envíen $15 a nombre de Fan Club Oficial de El Tri, P.O. Box XXXXX, Alhambra CA 91803, y recibirán una credencial firmada por **Alex Lora**, llavero y calcomanía de El Tri, noticias durante todo el año, descuentos para conciertos y mercancía oficial.

Ondas de Sinaloa

Hechos Raros, grupo rockero de Mazatlán, tenía planeado visitar Los Ángeles el domingo. El motivo de la visita era oler un poquito cómo están los aires por acá y organizar alguna tocada. Los promotores interesados pueden llamar al mánager **Nicolás Insunza** al (916) XXX-XXXX o a **Luis Machuca** al (213) XXX-XXXX.

Calendario

23 de marzo: Víctimas del Dr. Cerebro y Los Olvidados en el Palace. Todas las edades, $15, desde las 7 p.m.

Todos los jueves:

El Reventón, pop-rock con DJ, 333 Union Ave. (Bakersfield).

Pedro's Grill, DJ y bandas, chicas gratis antes de las 10 p.m., 1748 Vermont.

Todos los viernes:

Baby Rock, DJ y bandas (a veces), de 8 p.m. a 2 a.m., chicas gratis antes de las 9 p.m., mayores de 21. Metrópolis, 425 Campus Drive (Irvine).

Todos los sábados:

El laberinto de la soledad, 132 E Florence. Desde las 8 pm, sin límite de tiempo ni edad.

Todos los jueves, viernes y domingos:

DJ y bandas en Las Pampas (South Gate).

Todos los domingos:

Estrellas, DJ y bandas locales, $5, mayores de 21. Costa Brava restaurant, 9026 E Florence (Downey).

El Pozo, DJ y bandas, mayores de 21, $5, Coconutz Nite Club (Lakewood).

Todos los días:

El programa "sin nombre" de KALI 1030 AM, de 7:30 p.m. a 8:30 p.m.

WE FOUGHT THE LAW AND THE LAW WON (OTRA VEZ)

Miércoles 15 de marzo de 1995

(María Fatal por María Madrigal)

La historia oficial: Continuando con su loable lucha contra ese crimen que amenaza con destruir a la pujante comunidad de South Gate, el departamento de policía local movilizó 12 patrulleros, dos vehículos *undercover* y dos carros de bomberos para suspender el concierto que **María Fatal** iba a hacer el viernes 3 en el restaurante Las Pampas. ¿El motivo? *Too many people*, dijeron las autoridades. No sea cosa que haya un incendio y mueran quemados 400 mexicanos de pelo largo. *Therefore*, para evitar desgracias, se llevaron a siete borrachos y dos que supuestamente lanzaron botellas a los guardianes del (des)orden, aunque testigos dicen que los arrestados fueron 15.

Se pudrió todo, nadie escuchó ningún concierto de nada y María Fatal — que había organizado la tocada para juntar fondos y viajar a la convención South by Southwest en Austin — tendrá que recurrir al 1-800-CALL-MOM y pedir una lana prestada.

María León, periodista independiente que está filmando un documental sobre el rock en español angelino, afirmó que un policía amablemente le dijo "*Stop filming if you don't want to end up in jail*". Y decenas de testigos se quejaron de la prepotencia de la banda del SGPD.

Lástima que, como suele suceder, no hay nombres, *badge numbers* ni nada, pero uno es terco y siempre tiende a creer cualquier queja contra la policía (*don't ask me why*). Menos mal que el Teniente **Robert Todd**, presente esa noche, respondió mi llamado y me cantó *su* mera neta.

"A eso de las 10 p.m., uno de nuestros agentes vio a 150 personas esperando en la cola para entrar y otros 50 o 60 reunidos en los alrededores. Cuando surgió una pelea en la entrada [*nota del autor: no estuve ahí y no encontré a nadie que haya visto pelea alguna*], intervino para detenerla.

"En eso, el agente vio toda la gente adentro del lugar y se dio cuenta de que había mucho más de 179 personas [el *occupancy level* del lugar], y aún más personas afuera esperando entrar [*yeah, right*]. Incluso si no hubiéramos visto adentro, la gente de afuera era más de la que permitía el lugar.

"Entonces entró y vio entre 300 y 400 personas adentro. Llamamos a los bomberos para confirmar cuál era la capacidad del lugar, y le dijimos a la propietaria que tanta gente representaba un peligro de incendio y que estaba violando el Código Municipal, porque un restaurante no puede tener *cover charge*. Le ordenamos que sacara algunas personas para llegar a 179. Le dimos 30 o 45 minutos para sacar a todos, mucho más tiempo de lo que deberíamos haberle dado. Sacó a 50 personas y todavía quedaban 220 personas adentro. Cerramos el lugar para sacarlos y ver exactamente cuántas personas había. La cuenta final fue de 421 personas.

"Hubo nueve arrestos, no 15. Siete de ellos por borrachera y dos por interferir con la policía. Nos tiraron botellas mientras salíamos; no golpearon a nadie pero las tiraron, así que los arrestamos. Nunca le prohibimos a nadie que filmara. ¿Tienen filmado algo que demuestre lo contrario? Yo vi una mujer filmando y no tengo conocimiento de que nadie se lo hubiese prohibido. Yo le dije a los agentes que ella estaba filmando y que estaba bien, no nos importaba. Para nosotros no hay ninguna diferencia: pueden filmar y hacer lo que quieran".

Conclusiones: 1. María Fatal y el rock en español siguen llevando gente a cualquier lado. 2. Muchos se quejan de que no hay suficientes policías, pero eso no impide que aparezcan milicos de cualquier lado para "controlar" algo y armar un escándalo innecesariamente. 3. No sé si el restaurante o los promotores, pero alguien está metiendo la pata al organizar conciertos. ¿Nadie sabía que el límite era 179? ¿Nadie sabía que no podía haber *cover charge*? 4. ¿Qué va a pasar cuando se arme lío en serio? ¿Nos mandan a la Guardia Nacional? (les recuerdo que, hace un par de años, nos gastaron a golpes y gases lacrimógenos por una estupidez similar que interrumpió una tocada de **Café Tacuba**). 5. Quedan todos informados: cuando la policía movilice su ejército en un concierto de rock mexicano, filmen tranquilos que no pasa nada.

Kiko's 10-*day service*: Después de semanas de promesas sin cumplir, finalmente visitamos **Rock Latino**, la nueva disquería de **Kiko Vargas Jr**. En pleno corazón de Hollywood (1702 N Vine), Rock Latino tiene los más importante de México y Argentina, además de algunas cositas de España (Kiko dice que pronto también tendrá un catálogo español).

"Ustedes lean mi catálogo, díganme qué CD quieren, y en 10 días se los consigo", dijo Kiko.

Así que quedan informados, especialmente los argentinos, cuyo rock es prácticamente imposible de conseguir en Los Ángeles. ¿**Los Redonditos de Ricota**? ¿*Early* **Divididos**? ¿Todo **Spinetta**? ¿**Sui Generis**? ¿**Color Humano**? ¿**Vox Dei**? ¿**Pastoral**? ¿Lo viejo y lo nuevo? *Heeeere's* Kiko!! Lo único es que hay que pagarle por adelantado, pero creo que vale la pena.

Calendario

17 de marzo: Verdadera Fe en el Silver Grill de Beverly Hills, 464 N Bedford, 10 p.m.

18 de marzo: Stigma y **Ptolemy** en El Pozo, Coconutz Nite Club (Lakewood), $5, mayores de 21, damas gratis antes de las 10 p.m. El mismo día: **El Rescate**, **Voz D'Mano** y **Aurora Negra** en Natural Fudge Co., 5224 Hollywood (tres cuadras al Este de Western). Organizado por el Club de Rock en Español y el Sindicato del Hambre, $10 u $8 con una lata de comida, todas las edades.

23 de marzo: Víctimas del Dr. Cerebro y **Los Olvidados** en el Palace, $15, puertas abren a las 7 p.m., todas las edades.

25 de marzo: Encrucijada en El Pozo (Lakewood).

1 de abril: Motita, **Nessi** y **Cábula** en El Pozo (Lakewood).

Todos los sábados: Bandas en vivo en El Laberinto de la Soledad, 132 E Florence. Próximas tocadas:

18 de marzo: Siinsaiy, **Titanium** y **Perros Lobos**.

25 de marzo: Titanium, Eclipse, Pacheco Blues, Valle Brothers y Motita.

MANO A MANO EN EL PALACE

Miércoles 22 de marzo de 1995

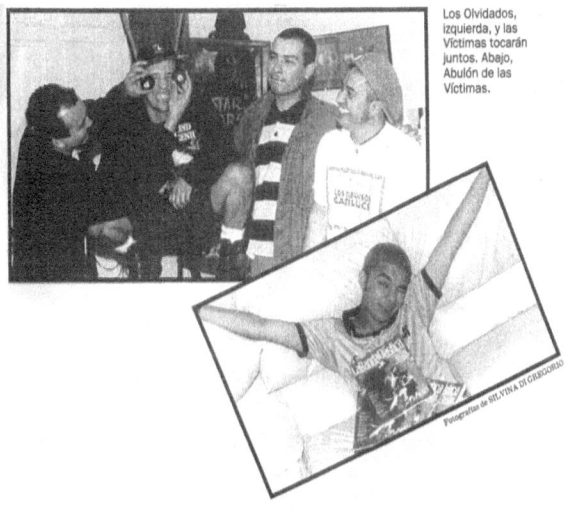

(*Los Olvidados y Abulón, de Víctimas del Dr. Cerebro, por Silvina Di Gregorio*)

Abulón llegó a Los Ángeles con el pelo amarillo, pero después se lo tiñó de rojo.

"Estaba caminando por la Melrose y la gente me gritaba 'pelota de ping-pong', 'Madonna' y cosas por el estilo", dijo el vocalista de **Víctimas del Dr. Cerebro**, quienes se presentan el jueves en el Palace junto con **Los Olvidados** en uno de los conciertos más importantes del año. Abulón todavía no se decidía sobre el color que utilizará en el concierto, pero sabe que eso es lo de menos: lo importante es divertirse y divertir a ese público mucho mayor de lo que ellos mismos se imaginaban.

"Nunca creímos que la banda rockera de Los Ángeles fuese tan grande", dijo el cantante, la primera Víctima en llegar a L.A. El grupo de Neza, que lleva vendidas alrededor de 60,000 copias de su primer disco con EMI, ya está trabajando en el segundo, producido por **Iñaki** y **Chiquis** (que produjeron el anterior) y **Paco**, todos ellos miembros de **Fobia**.

Lo que le espera a las Víctimas en el Palace será mucho más grande que su debut en La Cama el año pasado, pues esta vez compartirán el escenario con uno de los favoritos locales.

"¿Los Olvidados? No, no los conozco pero escuché hablar muy bien de ellos", dijo Abulón. "Lo que pasa es que tienen un nombre que hace que uno no se acuerde mucho de ellos…" (ruido de platillos)

La importancia de esta tocada es no solamente por la notoriedad de las bandas, sino por todo lo que las rodea. Es la primera vez que una banda "nueva" de México y otra local se juntan con grandes posibilidades de llenar el lugar, algo tradicionalmente reservado a **Caifanes** o **Maldita Vecindad**. Un cartelito de *sold out* o algo cercano confirmaría el continuo crecimiento del fenómeno subte y la cada vez mayor popularidad de las Víctimas. Para Los Olvidados, grandes candidatos a grabar un disco este año, la responsabilidad de representar a los de acá en la tocada más importante de su carrera. Unos ingredientes tentadores que, casi por accidente, se mezclan en el momento justo.

"Es una tocada muy especial, pero no creas que es tan diferente de las demás", dijo **Tucupá Delgado**, cantante de Los Olvidados, pinchándome el globo. "Por supuesto que queremos dejar una buena impresión y, en algún momento, grabar un disco. Pero no nos queremos desesperar sino hacer las cosas con tranquilidad".

En una onda más *behind the scenes*, hay otro detalle que fue fundamental para el crecimiento de las Víctimas: su equipo de productores. Chiquis, Iñaki y Paco son, quizás, el equipo de productores mexicanos más activos del momento.

Es curiosa la facilidad con la que fueron capaces de salir del sonido más popero de Fobia para experimentar con la ferocidad del punk de las Víctimas (aunque Chiquis, alias Jorge Amaro, ya se había destapado con el debut de **Cuca**).

"Los tres somos bastante flexibles y estamos realmente interesados en la propuesta de Víctimas", dijo Paco. "Y lo que más nos da placer es ver que cada vez es menos necesario buscar productores afuera. Hoy hay más opciones mexicanas y jóvenes, y ésa es una de las mejores facetas de nuestro rock".

Víctimas del Dr. Cerebro y Los Olvidados se presentan mañana en el Palace a partir de las 7 p.m., todas las edades, $15.

PARA LOUIS: MIRAGE SIGUE EN LA LUCHA

Miércoles 29 de marzo de 1995

Poco más de un año después del suicidio del baterista **Louis McCorkle**, el renovado **Mirage**, siguiendo con los deseos de Louis, ya está grabando su segundo disco con Del-Fi Records, el sello dirigido por **Bob Keane** (para siempre asociado a la memoria de **Ritchie Valens**, a quien descubrió).

"Tanto emocional como profesionalmente, este segundo disco es muy importante para nosotros", dijo **Roberto Conte**, tecladista y uno de los fundadores de Mirage. "Louis siempre está presente con nosotros, y eso nos da una motivación muy especial para seguir adelante".

El segundo disco de Mirage forma parte de la "segunda ronda" de Del-Fi con el rock en español. **Eclipse** (también de Los Ángeles) y **Lynx'e** (de Chihuahua) grabarán sus respectivos CDs en los próximos meses, mientras que los pop-rockeros de **Bambú** lanzaron a la venta una nueva tirada de su primer disco para el Discos Musart de México — con un remix del éxito "Ponte a bailar" — y esperarían un poco más para regresar al estudio.

Sigue la bronca con la policía... y conmigo

El miércoles 15, **Ernesto Ramírez** (guitarrista de **María Fatal**) llamó por teléfono minutos después de leer la columna sobre los incidentes en Las Pampas. Como es costumbre con la inmensa mayoría de los rockeros locales, la conversación fue en buena onda, pero Ernesto se mostró molesto (se los digo con rima y todo).

"Estoy un poco sacado de onda", arrancó Ernesto. "La verdad fue un poco alterada y dio la sensación como de que los rockeros somos unos animales y la policía tenía razón".

O Ernesto no entendió nada o yo no me expresé con claridad.

Él insistió en que el tema no fue encarado con seriedad, y yo me defendí explicándole que, simplemente, mi actitud fue irónica porque estoy harto de que los problemas empiecen ni bien llega la policía. Otras personas lo entendieron bien, pero por las dudas les aclaro a todos que, aunque no estuve presente el día de los incidentes, la información que recogí es idéntica a la de incidentes pasados. Y mi conclusión, una vez más, es que la policía armó un escándalo cuando no pasaba nada.

De todas maneras, Ernesto y yo decidimos seguirla un poquito más y se nos ocurrió una idea: juntar a algunos testigos y visitar — pacíficamente — al teniente **Robert Todd** en el Departamento de Policía de San Gabriel. Si la ley acepta, los involucrados podrán decirse todo en la cara y, en una de ésas, las cosas podrán aclararse o, por lo menos, comenzará un contacto más amable entre las autoridades y nosotros (eso, o terminamos todos presos).

Por su parte, la gente de Las Pampas está decidida a llevar el caso hasta las últimas consecuencias, en una de esas raras ocasiones en las que los dueños de un establecimiento se ponen del lado de los rockeros.

"Vamos a llevar el caso a la Corte", dijo **José Calderón**, mánager de Las Pampas, afirmando que el restaurante no hizo nada ilegal.

"Nuestro negocio tiene un *cover charge*. Además, había solamente 50 personas por encima del límite de 179, no la cifra que ellos dieron". Calderón agregó que no se enteró de ninguna pelea en la puerta ni de botellazos lanzados contra la policía, como se informó oficialmente.

"Estos muchachos son tranquilos y todo iba bien hasta que entró la policía con unas pistolas eléctricas. Hasta ese momento, los chicos estaban tranquilos, escuchando música y tomándose una cervecita. Pero no es lo mismo tenerlos adentro que tenerlos afuera. Nosotros vamos a pelear esto, porque es una injusticia para nuestro negocio y para estos chicos que sólo querían pasar un buen rato civilizadamente".

Para Calderón, los motivos del incidente son muy claros.

"Si los dueños del restaurante fuesen [estadounidenses], esto no hubiese pasado", dijo. "Pero como este lugar es de mexicanos para mexicanos, para la policía es mucho más fácil venir a humillarnos".

Calendario

1 de abril: Motita, **Nessi** y **Cábula** en El Pozo, Coconutz Nite Club (Lakewood), $5, damas gratis antes de las 10 p.m.

5 de abril: La Lupita, **Sergio Arau**, **María Fatal** y **Hechos Raros** (de Mazatlán, se los recomiendo) en el Palace. Todas las edades, $17, 7 p.m.

TIJUANA SÍ

Miércoles 5 de abril de 1995

Tijuana me dejó violeta, *literally*.

Que me perdonen los muchachos de **Tijuana No**, pero una vez más me perdí su concierto. La vez anterior salí corriendo del Roxy para escribir sobre cómo **Voz D'Mano** me había partido la cabeza, incapaz de esperar el set de los tijuanenses. En esta oportunidad, fue el frío lo que me mató.

Eran las 4 pm del 25 de marzo y el Hipódromo de Agua Caliente de Tijuana empezaba a recibir a las primeras de las 6,000 personas que se reunieron para ver el gigantesco concierto de **Maldita Vecindad**, **Fobia**, **Tijuana No**, **Mexican**

Jumping Frijoles, **Ansia**, **Guillotina** y varias otras bandas (la mayoría de Tijuana). La banda rockera se aguantó un frío de película por casi ocho horas, haciendo gala de un comportamiento ejemplar.

"Si hubiese hecho calor le prendían fuego al escenario", dijo en Los Ángeles **Luis Güereña**, vocalista de Tijuana No, dos días después de que el grupo más importante de Baja California enloqueciera a su público mientras yo estaba en mi carro tapándome con lo que encontraba. Lo lamento, pero aguanté mientras pude: cuando entré, sólo temblaba; a las dos horas tenía las uñas violetas; a las tres horas no sentía el cuerpo y 60 minutos después decidí dar marcha atrás y juntar calor para poder ver la parte final.

"A diferencia de los movimientos del D.F. y el resto de la república, los rockeros de Tijuana siempre tuvimos un contacto más cercano con la escena más rockera de Estados Unidos", dijo Güereña. "Además, como nos resulta mucho más fácil conseguir buenos equipos usados por poco dinero, creo que nos ha resultado más fácil acostumbrarnos a un buen nivel de sonido".

Con su demoledor segundo disco, *Transgresores de la ley* (Culebra/BMG, 1994), Tijuana No se transformó en una banda mucho más aguerrida que, en lugar de sutilezas poéticas, optó por una feroz crítica *in your face* que no deja espacio para las dudas: están enojadísimos.

"Si Zapata viese en lo que se transformó la revolución, los mata a todos", dijo el guitarrista **Teca García**, esmerándose en no olvidarse de nadie a la hora de los insultos. "Era inevitable dedicar este disco a los zapatistas, porque los mexicanos estamos cansados de ser gobernados por ladrones de todo tipo: están los ladrones burdos como **López Portillo** y otros más sutiles como los que vinieron después, pero todos son unos sinvergüenzas".

¿Quién mejor que **Fermín Muguruza**, líder del grupo

vasco **Negu Gorriak**, para producir *Transgresores*...?

"El país vasco es un lugar muy politizado y con una realidad muy diferente a la nuestra, pero la esencia de su lucha es muy similar a la nuestra", dijo Güereña. En el disco también participó **Manu Chao** (**Mano Negra**) y el resultado es una pequeña joyita/cóctel Molotov.

Sigue la bronca con el SGPD

"Antes que todo, deseo comentar que en tu columna del 15 de marzo en *Nuestro Tiempo, you hit the nail in the head, man*, con tus observaciones sobre lo que pasó en Las Pampas el 3 de marzo. Tuve la oportunidad de platicar con **María León** este fin de semana en la función de El Rescate (con **Ravia**, **Aurora Negra** y **Voz D'Mano**) y he llegado a ciertas conclusiones.

Si la reacción policíaca fue demasiado exagerada, ¿no te parece que se debería hacer algo para que no se repita semejante abuso? Tú como periodista puedes meter una petición de F.O.I.A. (*Freedom of Information Act*) exigiendo los reportes oficiales de esa noche.

María también me contó que a algunos de los que arrestaron les dieron *illegal deals*: les dijeron que, si no firmaban ciertas declaraciones, los iban a encarcelar por una semana. No se sabe si les avisaron de sus derechos, más que todo, de su derecho a representación y consejo legal. Tienes razón que, desgraciadamente, nadie les tomó ni los nombres, ni los números de identificación, ni nada. Pero la agencia oficial sí tiene récords oficiales sobre todo esto.

Si es posible desafiar estos abusos en las cortes, debemos hacerlo.

En buena onda, siempre tu fiel lector.

Carlos X. Colorado

Huntington Park"

Respuesta: *Okay*. Pero dejame que escriba sobre música por un par de semanas, o me va a venir una úlcera.

Sigue la fiesta en el Palace

Esta noche continúa el "Kikopalooza" en el Palace.

Después de la exitosa noche con **Los Olvidados** y las **Víctimas del Dr. Cerebro**, **Kiko Vargas Jr.** se manda otro conciertazo con **La Lupita, Sergio Arau y la Venganza de Moctezuma, María Fatal** y **Hechos Raros**, estos últimos de Mazatlán; los vi en el Whisky y se los recomiendo a todos.

La onda es para todas las edades y la entrada cuesta $17 por adelantado en Ticketmaster o Rock Latino (Vine y Hollywood). Las puertas abren a las 7 p.m. y el Palace está ubicado en 1701 Vine.

MANÁ *ROCKS!*

Miércoles 19 de abril de 1995

[2020: la columna del 12 no salió porque dediqué todo mi tiempo a la cobertura del asesinato de Selena]

(El nuevo Maná con Sergio Vallín a la izquierda, por Brad Hitz)

They did it again: El estribillo me sigue por todas partes, el *riff* del nuevo guitarrista no me deja dormir, y mi pie derecho no deja de llevar el ritmo de "Déjame entrar", la nueva, pegajosa, ultracomercial *yet* irresistible nueva canción del grupo más amado y odiado de la historia del pop-rock en español.

Sí, señoras y señores, me temo que **Maná** *is back!* y

lo peor — ¿o mejor? — de todo es que el nuevo single del ahora cuarteto tapatío es lo mejor que **Fher** y compañía han grabado hasta el momento. *Meaning*: hay Maná para rato y, si el resto del disco es tan impactante, me animo a pronosticar que *Cuando los ángeles lloran* va a vender un chorro de copias; no sé si los dos millones de *¿Dónde jugarán los niños?*, pero un milloncito *is enough* para que WEA Latina y la banda se sigan riendo *all the way to the bank*.

"Déjame entrar", compuesta por Fher, es la carta de presentación de **Sergio Vallín**, el nuevo guitarrista del grupo. Por si todavía quedaban dudas sobre la capacidad instrumental de Maná y la habilidad de Fher como compositor, el sencillo explica por enésima vez que, pese a todos nosotros, Maná la tiene bien clara.

Aquí todo suena bien: desde el sabor funk de las guitarras hasta la ya conocida fuerza de Álex en los parches, que se mezclan lo suficientemente bien como para que les perdonemos unos horribles arreglos de vientos y la poesía *trademark* de Fher ("*déjame entrar/en la alberca de tus ojos/déjame entrar/en la alberca de tu ombligo*", y cosas por el estilo). Pero, *hey*, Maná *couldn't care less* por los detalles. El resultado final de la canción destruye cualquier duda sobre la vigencia del grupo y me pone en un gran aprieto: la canción me gusta. *Will you ever forgive me?*

Quizás la pregunta sea: después de esto, ¿qué más le queda por hacer a Maná? Si con "Déjame entrar" los rockeros no nos convencemos de que, pese a todo, Maná puede rocanrolear cuando se lo propone, nada nos convencerá. Claro que queda la posibilidad de que el resto del disco sea un bodrio, en cuyo caso deberemos conformarnos con que "Déjame entrar" es, simplemente, una de las mejores canciones del año.

The chapines are coming!

En la lengua maya-quiché, **Alux Nahual** significa "el espíritu de los duendes". Pero en la lengua de los rockeros guatemaltecos (que los hay, *and I don't mean* **Arjona**), ése es el nombre del grupo más importante del rock chapín, que se presentará en un único concierto el domingo (ver calendario).

Es poco lo que sé de ellos, pero de vez en cuando me da por escuchar *Américamorfosis*, un CD que me llegó por sorpresa y que, por acá, creo que ni los guatemaltecos conocen. Es una lástima, porque se trata de una digna grabación que, aunque no inventó la pólvora, sí me dejó la sensación de que Alux Nahual es una de esas bandas "para escuchar en vivo". Y como éramos pocos y mi abuela salió de noche, la idea de que ahora nos empiecen a invadir buenas bandas centroamericanas es algo que me gusta.

Alux Nahual se formó en 1979 en un café-teatro y, desde entonces, lanzó ocho discos: *Alux Nahual* (1981), *Conquista* (1982), *Hermanos de sentimiento* (1984), *Alto al fuego* (1987, Disco de Oro), *La trampa* (1989), *La leyenda* (1991) y el mencionado *Américamorfosis* (1993). El grupo está integrado por **Álvaro, Plubio** y **Ranferí Aguilar, Paulo Alvarado, Oscar Conde** y **Lenin Fernández**.

La cita es el domingo, con dos buenas bandas locales y un importante representante del rock guatemalteco. ¡"Muchá" de Pico-Union, uníos! La causa del olvidado rock centroamericano no admite la menor demora.

Calendario

23 de abril: Tardeada con **Alux Nahual** (de Guatemala) a beneficio de los niños minusválidos chapines (todo el rollo manejado por el Comité de Beneficencia Guatemalteco en Los Ángeles). Con **Tequila Soul** y **Sur**. Mayan Theatre, 1038 S Hill. Todas las edades, $12, desde el mediodía a las 2 p.m.

29 de abril: Chicanostock con **Rick Nájera, L.A. Teatro, Lysa Flores, Ollin, 15 Letras** y **María Fatal.** *Come in bell bottoms and beware of the red menudo!!* Plaza de la Raza, 3540 N Mission Rd. (Lincoln Heights), de 7 p.m. a 11 p.m., $10 por adelantado o $15 en la puerta.

3 de mayo: Tex Tex, Los Olvidados, Juana la Loca, 15 Letras y un grupo sorpresa, celebrando (?) el 5 de mayo. Va en el Palace, 7 p.m., todas las edades. Boletos por adelantado en Rock Latino.

13 de mayo: El Guateque 2, con **Voz D'Mano, Los Olvidados, Juana la Loca, Cábula, 15 Letras, Aurora Negra, Verdadera Fe, Motita, Penumbra** (de Mexicali), **Mexican Jumping Frijoles** (de Tijuana) y otras bandas por confirmar. Anoten bien: es el 13 de mayo, no el 15 como anuncié la semana pasada (*sorry*). A beneficio de la Coalición Nacional de Democracia de Chiapas. Aztlan Cultural Foundation, 401 N Ave 19 (Lincoln Heights), de 4 p.m. a 2 a.m.

LA MODA SEGÚN BYRON (NO PRECISAMENTE EL *LORD*)

26 de abril de 1995

(Ilustración sobre idea del autor. Copyright © 1995. Los Angeles Times. Used with Permission.)

Todo por una cachucha. *Big deal.* Pero el incidente igual da rabia y suma otro frijolito en la Galería del Horror de los "clubes de rock" (bah, simples discotequitas donde supuestamente "se da a la gente lo que la gente quiere" con la esperanza de que algún rockero distraído se la crea).

Just the facts, ma'am, dirían en *Dragnet*, así que vayamos a los hechos.

El domingo 16 de abril en el Florentine Gardens, los muchachos de *Retila* presentaron oficialmente su revista con una tocada a cargo de **Verdadera Fe, Channel, Via Crucis, Tequila Soul** y **Cábula**. Alrededor de las 8 p.m. me encontré en la puerta con **Sergio Lavis**, editor de **La Neta**, quien me dijo que no lo dejaban entrar a causa de su cachucha (aclaro que la parte de arriba de su sombrero no tenía un agujero del que le salía lava en ebullición; era una gorrita común y corriente). Le pregunté si le molestaba mucho sacársela y Lavis — aka "a mí no me manda nadie Lavis" — me respondió que sí.

"¿Por qué me tienen que decir cómo debo vestirme?", me dijo. "Yo no me saco nada. Si me tengo que ir, me voy". Hasta aquí, todo bien. Me pareció una tontería el problema de la cachucha, pero era poco lo que podía hacerse: las estúpidas reglas eran cosas del club, aunque tanto *Retila* como los promotores de El Planeta debieron haber especificado que había un estricto *dress code*.

Justo cuando estaba por entrar al lugar y olvidarme del asunto, los guardias dejaron entrar a un muchacho con una cachucha similar a la de Lavis, y ahí sí que empezó a salir lava, pero de mis ojos.

"Él ya estaba adentro, vino antes de que llegáramos nosotros", me dijo el jefe de seguridad, un tipo que afirmó llamarse Byron. "Además, él está trabajando en el sonido".

"*So what*??!!", le pregunté. "Las reglas son las reglas para todos, ¿no? ¿Se puede o no se puede usar cachucha?"

Empezamos a discutir, me pidieron el ID, copiaron mi información en una tarjeta (*"for our files"*, me dijeron) y, cuando se dieron cuenta que yo todavía tenía unas preguntitas, tres guardias se me vinieron encima y, con su habitual dulzura, me pidieron que me parara "ahí" (?). Después, directamente me echaron y me pidieron que no volviera nunca más, lo cual me rompió el corazón porque me será muy difícil vivir sin el Florentine Gardens.

Joe Heaven, uno de los promotores de El Planeta, se acercó preocupado y amablemente se ofreció a tratar de solucionar el problema, pero al rato cayó su socio **Armando Cossyleón** (mánager de **Aurora Negra**) quien, con cara de piedra, dio a entender que el *dress code* no se aplica a todos por igual.

"La persona que está adentro está trabajando, se le está pagando, pero [Lavis] es un invitado y debe seguir las reglas", dijo Cossyleón, confirmando mis sospechas de que la mayoría de los promotores "de rock" no tiene la menor idea del espíritu libre del rock.

"¡Pero la libertad tiene límites!", dijo Cossyleón, quien también negó que en los volantes no hubiera información alguna sobre un *dress code*. "¡Claro que sí la había! Pusimos '*dress to impress*'", dijo. Ah, bueno…

Saquen sus propias conclusiones, pero por el momento quedan avisados: para los bailes del Florentine Gardens NO se puede usar cachucha. Y si quieren saber qué significa "vestirse para impresionar", pregúntenle a Byron. *If that's his real name.*

Calendario

26 de abril: Miguel Mateos en JC Fandango (Anaheim). Mayores de 18.

29 de abril: Chicanostock con **Rick Nájera**, **L.A. Teatro**, **Lysa Flores**, **Ollin**, **15 Letras** y **María Fatal**. Plaza de la Raza, 3540 N Mission Rd. (Lincoln Heights), de 7 p.m. a 11 p.m., $10 por adelantado o $15 en la puerta.

3 de mayo: Tex Tex, **Los Olvidados**, **Juana La Loca**, **15 Letras** y un grupo sorpresa. Aunque se los anuncia en el volante, la presencia de Olvidados y Juana no está confirmada. Todas las edades, 7 p.m. en el Palace, entradas por adelantado en Rock Latino.

5 de mayo: Miguel Mateos en la inauguración de La Faya (¿habrán querido decir "Falla"?), Empire Ballroom, 640 W 17th St. (Costa Mesa), mayores de 21.

El mismo día: Verdadera Fe en La Rumba, junto con mariachi y otros rollos. 6130 Pacific Blvd. (Huntington Park), $10, todas las edades.

7 de mayo: Verdadera Fe, Motita y otras bandas en el Whisky, $7, todas las edades.

13 de mayo: El Guateque 2, con **Voz D'Mano, Los Olvidados, Juana la Loca, Cábula, 15 Letras, Aurora Negra, Verdadera Fe, Motita, Penumbra** (de Mexicali), **Mexican Jumping Frijoles** (de Tijuana) y otras bandas por confirmar. A beneficio de la Coalición Nacional de Democracia de Chiapas. Aztlan Cultural Foundation, 401 N Ave 19 (Lincoln Heights), de 4 p.m. a 2 a.m.

9 de junio: Caifanes y **Sergio Arau** en el Greek.

[2020: ...Y a partir de acá hay casi tres meses de columnas que absolutamente desaparecieron del mapa. Si alguien las tiene, por favor contáctenme por candombe108@yahoo.com y vemos cómo le hacemos. Si me/les vibra/late, en una de ésas saco una segunda edición más completita. Por el momento, como cierre de este "librito", en el siguiente capítulo sólo puedo ofrecerles la última columna que pude rescatar. Gracias por el aguante y un beso y abrazo a todxs. Wait! ¡No se vayan que falta una columna!]

SEMANA ROCKERA A MIL POR HORA

Jueves 21 de julio de 1995

(Café Tacuba por Jessica Chornesky)

Esta semana hubo de todo — más bueno que malo — y suficiente actividad como para deshacerme el calendario, que me había quedado tan prolijito. Trataré de hacer malabarismos con el espacio para poder contarles todo lo que vi y algo de lo que vamos a ver.

LA PRIMERA TOCADA

María Fatal decidió firmar con Aztlan Records, pero la idea de grabar una compilación con varias de las mejores bandas locales sigue en pie (la reunión de varias bandas con Rodven Records quedó en la nada).

Para que vean que los rockeros no sólo hablan sino también cumplen, este domingo empieza una serie de conciertos para recaudar fondos y grabar, independientemente, un CD con muestras de varias bandas representativas del rollo local.

Voz D' Mano, **Los Olvidados**, **Juana la Loca** y **Emilio Morales** (que estaban en la lista original de la fallida reunión con Rodven) invitaron a **Motita** (cada vez más populares) para dar el primer paso de un proyecto histórico.

Ojalá que todo salga bien, porque sería una lástima que estos importantes momentos de nuestro rocanrol no queden debidamente documentados.

VAMO' ARRIBA:

- Vinieron tres grupos importantes en una misma semana: **Café Tacuba**, **Los Auténticos Decadentes** y **Tex Tex**.

- Los Tacubos tocaron en un Palace repleto y no dejaron dudas sobre su vigencia.

- Los **Tex Tex**, más que abrir el concierto de los Tacubos, se tocaron absolutamente todo en dos horas de rocanrol en ebullición. ¡Vuelvan pronto!

- **Todos Tus Muertos** fueron invitados a **Big Top**

Locos II y Voz D' Mano a **Revolución '95**. Dos buenos *gigs* para una buena banda argentina que quiere hacerse conocer por aquí y otra local que ya está lista para cosas mayores.

TODO MAL:

- El concierto de Tex Tex en Pasadena (14 de julio) fue organizado a las apuradas y no recaudó lo suficiente para cubrir gastos (*sorry, brothers*, se me pasó en el calendario). Empezó tarde, hubo algunos problemitas con las bandas que querían tocar más de lo acordado y los de Texcoco tuvieron que acortar su set (¡hasta les desconectaron el sonido para que pararan!). Lo peor de todo: cuando el club Leonardo's canceló a último momento el concierto original, el promotor **Iván Munguía** (*La Jornada Rockera*) tuvo que salir a buscar un club por todos lados y se le complicó la publicidad. *Too bad* por las pérdidas, pero *you'll be back, bro*.

- Un rumor, nada más que un rumor: ¿Es cierto que a Tex Tex no les pagaron por tocar en el Palace? *What?* ¿"Concierto promocional"? *C'mon, guys*... Aunque sea dénles para un par de Coronas.

EL CHORIZO:

- **Radio Kaos** será lanzado en México en agosto. Desde hace más de un año viven en Cuernavaca, y EMI México aparentemente les está dando un apoyo sin precedentes (para esa disquera) para un grupo de rock. Sobre el lanzamiento en Los Ángeles, la cosa no pinta muy alentadora: "Por el momento no hay planes para el lanzamiento aquí", dijo **José Behar**, presidente de EMI Latin (quien, dicho sea de paso, me tiene las bolas llenas con **Jon Secada)**. "Primero queremos ver cómo funcionan en México". Una lástima: escuché un demo hace unos meses, y los ex **Scarlett** están *sssssmoking*.

- **Los Illegals,** una importante banda chicana formada hace 16 años, graba su nuevo disco bajo la producción de **Johnette Napolitano (Concrete Blonde)** y **Jim Mankey (Sparks**, Concrete Blonde).

- *Dando y Dando*, el programa que sale en el 52, es algo que desconozco por completo, pero ahora tengo una razón para darle manija: el productor **Manuel Monroy** empezó a incluir grupos de rock en español, y parece que la cosa va en serio. Café Tacuba, **Sergio Arau**, **Maldita Vecindad**, Tex Tex, **Tijuana No**, **Víctimas del Dr. Cerebro**, **Alejandra Guzmán**, **Fobia** y **Fito Páez** (¡Fito!) ya se presentaron o están por presentarse, algunos confirmados y otros por confirmar. "Por cuestiones lógicas de *rating*, queremos empezar por los grupos más conocidos", dijo Monroy, quien es un legítimo simpatizante del rock en español desde hace tiempo. *Dando y dando*, conducido por **Rafael Sigler**, se transmite en vivo de lunes a viernes de 7 a 8 pm por KVEA, Telemundo. *You know*, juegos *and other stuff*. Pero ahora también rock.

- *La Neta* y *Etcétera* ya están en la calle y se ven mejor que nunca (*meaning*: sigue el desastre, pero más organizadito). **La Neta** sigue sin pelos en la lengua, pero a veces comete el error de masacrar a alguien (en este caso, a un colega que está haciendo un buen trabajo) sin firmar como corresponde. Vamos, muchachos… La crítica está bien, pero exigimos nombre y apellido; si no, es muy fácil. *Etcétera* aumentó el humor y tiene una inolvidable contraportada con "La lista de Spielberg: 187 razones para hacernos ciudadanos YA".

- *Coming up!* **Soda Stereo** (*Sueño Stereo*, BMG); **Zu** (solista femenina de Culebra); compilación de rock en español, **Poligamia** (de Colombia), el segundo de **Los Necios** (de México, tres ex miembros de **Los Amantes de Lola**), todos por SDI; y Víctimas del Dr. Cerebro (*Brujerías*, por EMI Latin).

Calendario

29 de julio: Via Crucis en La Cueva del Rock, 32 N. Catalina, Pasadena (esquina con Colorado, entrar por el callejón).

30 de julio: Voz D' Mano, Los Olvidados, Juana La Loca, Motita y **Emilio Morales** en el Roxy. Primero de una serie de conciertos para recaudar fondos y grabar independientemente. $13 (o $10 con inscripción a través de *La Banda Elástica* o *Caracol Puccini* o llevando un ejemplar de *Nuestro Tiempo* o página de *Ruta Alterna*.

4 de agosto: Todos Tus Muertos en El Antro, Santa Ana.

19 de agosto: Big Top Locos II, con **Víctimas del Dr. Cerebro, Yeska, Youth Brigade, Tijuana No, Todos Tus Muertos, Voodoo Glow Skulls, Los Olvidados** y la actriz mexicana **Ofelia Medina**. A beneficio de los niños de Chiapas. $30. 7 pm hasta la medianoche.

SOBRE EL AUTOR

(Enrique Lopetegui con su hija Shanti, por Guillermina Zabala)

Enrique Lopetegui (1964) nació en pleno centro de Montevideo, Uruguay, a pocas cuadras de los tambores. Empezó su carrera a los 14 años, escribiendo para el semanario comunitario **La Voz de Paso Molino, Belvedere y Capurro**. Luego escribió para *Ecos, El Debate, Sábado Show* y *Somos Idea*.

En 1984 se radicó en Estados Unidos y, en 1986, comenzó a colaborar con *La Opinión, Variedades* y *Mundo LA*, donde estrenó su primera columna de rock: "Rock del Exilio" (de la cual sólo quedan retazos, como dice el Jaime).

En 1992 comenzó a escribir en inglés en el *LA Weekly* y, entre 1993 y 1997, fue el crítico de música pop latina en *Los Angeles Times* y columnista de *Nuestro Tiempo*, revista semanal en español publicada por el *Times* (la casa de

Ruta Alterna).

Entre 1996 y 1998 produjo y escribió *Radio MTV* (una coproducción de **MTV Latino** y **Westwood One International**, conducido por los VJs **Ruth Infarinato**, **Alfredo Lewin** y brevemente por **Gonzalo Morales**) y, entre 2000 y 2002 escribió, editó y tradujo los programas oficiales de las primeras tres entregas del **Grammy Latino**.

Sus créditos incluyen *Noticias del Mundo*, *El Diario de Los Ángeles*, *Vida Nueva*, *Billboard*, *The Guardian*, *Rumbo* (diario en español en San Antonio, Houston, Austin y el Valle del Río Grande, Texas, entre 2004 y 2008, como editor de música), *San Antonio Current* (reportero y editor de música y cine entre 2008 y 2014) y *The Associated Press* (AP).

Por su trabajo en el *Current*, fue dos veces finalista de los AAN Awards (**Association of Alternative Newsweeklies**): Tercer Premio en 2010 por sus columnas "Kamikaze" ("El Moz", "Die, Reggaetón, Die" y "*The Incredible Shrinking Grammy*") y Segundo Premio en 2011 ("*The Remains of the Daily*", la historia de *Rumbo)*.

En 2009, lanzó independientemente el disco *Defectos especiales*, una colección de *demos* de canciones (en su mayoría candombes, milongas y murgas originales) grabados entre 2004 y 2009.

En 2014 colgó los botines y ahora hace *some of this* y *some of that*. Reside en San Antonio junto con su esposa Guillermina Zabala e hijita Shanti Radhe.

Ruta Alterna es el primero de dos libros planeados. El segundo es aún mejor que éste, pero él seguirá publicándolo independientemente, manteniendo el espíritu insobornable del arte independiente, sin lazos algunos con las multinacionales y bla bla bla. Salvo que, claro está, venga una editorial grande con un gran cheque, en cuyo caso escuchará ofertas.